美国大萧条

[美] 狄克逊·韦克特 ◎ 著

秦传安 ◎ 译

THE GREAT DEPRESSION

生活·讀書·新知 三联书店　生活書店出版有限公司

Copyright © 2025 by Life Bookstore Publishing Co., Ltd.
All Rights Reserved.
本作品版权由生活书店出版有限公司所有。
未经许可，不得翻印。

图书在版编目（CIP）数据

美国大萧条 /（美）狄克逊·韦克特著；秦传安译 . --
北京 : 生活书店出版有限公司 , 2025.1. -- ISBN 978
-7-80768-516-6
　　Ⅰ . F171.244
　　中国国家版本馆 CIP 数据核字第 20253CM851 号

选题策划	紫云文心
责任编辑	李佩姗
装帧设计	扁　舟
责任印制	孙　明
出版发行	**生活書店**出版有限公司
	（北京市东城区美术馆东街 22 号）
邮　　编	100010
经　　销	新华书店
印　　刷	河北鑫玉鸿程印刷有限公司
版　　次	2025 年 1 月北京第 1 版
	2025 年 1 月北京第 1 次印刷
开　　本	710 毫米 ×1000 毫米　1/16　印张 20.5
字　　数	269 千字　图 146 幅
印　　数	0,001– 5,000 册
定　　价	68.00 元

（印装查询：010-64052612；邮购查询：010-84010542）

目录
CONTENTS

第 1 章　**从富足到寒酸** 001

第 2 章　**新的生活设计** 025

第 3 章　**换　帅** 041

第 4 章　**百日新政** 061

第 5 章　**公民及其政府** 081

第 6 章　**行进中的工会** 105

第 7 章　**变革中的城乡** 121

第 8 章　**老地区和新区域** 151

第 9 章　**寻找机会的年轻人** 173

第10章 **寻求保障的时代** 197

第11章 **新有闲阶级** 215

第12章 **阅读、写作与革命** 243

第13章 **消费与科学** 275

第14章 **与命运约会** 297

缩写对照表 321

第1章 从富足到寒酸

The Great
Depression 美国大萧条

　　1929年10月中旬，展现在一个中产阶级普通美国人面前的，是一眼望不到头的繁荣兴旺的远景。上一年，刚刚走马上任的赫伯特·胡佛总统曾一本正经地宣布：征服贫穷不再是一个遥不可及的幻想，"我们尚未达致目标，但我们有机会沿袭过去八年的政策，继续向前，在上帝的帮助下，我们很快就会看到，把贫穷从这个国家驱逐出去的日子就在前头"。这是一项庄严的经济许诺，其中混杂着很快就会被通俗历史学家称为"美国梦"的那种东西。自鸣得意的欧文·费希尔和其他洞悉华尔街秘密的经济学家们，更是信誓旦旦地向老百姓保证：他们正在凝望一个繁荣的"永久性高原"。

　　这块富庶的高地——比古老的新教徒赞美诗所珍爱的"乐土"更切实——看上去应该是一场始于内战时期的工业大发展的最终胜利。美国最近这场战争的结果，已经出现在大规模生产的力量中，混合着新技术的奇迹。甚至就在眼下，1929年10月的第三周，有总统及其他名流出面捧场，亨利·福特正在主办"电灯发明50周年庆典"，以纪念爱迪生和白炽灯的50岁生日。摩托车、浴缸、电冰箱、收音机，都是进步的试金石。在时尚和广告的刺激下，要想跟上潮流，所需要的行头不亚于最新潮的模特儿。营销手段带来的压力，甚至怂恿人们购买双份的奢侈品——每间车库里两辆汽车——在消费市场上，已经显示出过度的征兆，这倒不是因为所有美国人都在贪婪地吞噬俗世的商品，而是因为购买力的不均衡。

　　国家的政策和制度，与繁荣的中产阶级紧密纠缠在一起。1929年夏天，一位观察者写道："郊区社群是美国占支配地位的群体。"

某些组织——共济会、商人午餐俱乐部、退伍军人协会之类——的团结和友谊所面临的越来越大的压力,以及其他像反沙龙联盟这样的组织所面临的道德麻烦,导致了严格的管制,他担心,这预示着"滋生未来法西斯党的群体,如果真有法西斯党的话"。巴比特①没准脱掉了他整洁的绸衫,换上了褐色或黑色的,亦未可知;但是,对一致性——就其对物质成功的促进而言——的膜拜正大行其道。科顿·马瑟、本·富兰克林、彼得·帕利和霍勒斯·克

繁荣的20世纪20年代(纽约,第42大街)

里利想必会懂得这个时代的精神,即使吃苦耐劳、集腋成裘的古训似乎已经被快速致富的捷径所取代。

1929年1月,这十年最有活力的周刊《时代》(*Time*)杂志向沃尔特·P. 克莱斯勒欢呼致敬,推选他为"年度人物",因为在过去十二个月里,他把普利茅斯和德索托牌汽车介绍给了公众,以1.6亿美元买断了道奇兄弟公司,并开始建造"世界最高的摩天大楼,一幢68层的巨人"。眼下,在1929年10月14日《时代》周刊的封面上,出现了小威廉·里格利的面孔,接下来连续几周依次在封面上露脸的

---

① 巴比特:辛克莱·刘易斯同名小说中的人物,典型的中产阶级市侩。

第1章 从富足到寒酸　003

是：哈里·F. 古根海姆、伊瓦尔·克罗伊格、塞缪尔·英萨尔和托马斯·W. 拉蒙特——全都是英雄。华尔街崩盘之前的最后一期《时代》周刊登载了新创刊的《财富》（Fortune）杂志（以"绝无仅有的一年十美元的价格"）长达三页的宣言，宣称"人们普遍同意这样一句老生常谈：美国的伟大功绩就是商业"。另外几幅大广告是巴布森的《报告》（Reports）（"你的美元——你是否在连续而有效地工作？"），汉密尔顿牌手表（"你能告诉一个成功的男人他实现成功的时刻么？"），罗伯特·I. 沃肖的新书《华尔街的故事》（The Story of Wall Street）（"这些巨人正从本书的字里行间阔步走过……就像中世纪的冒险家一样……丹尼尔·德鲁、吉姆·菲斯克、杰伊·古尔德、范德比尔特、希尔、哈里曼……以及很多其他人，他们的丰功伟绩令举国震惊"），以及一家到1932年破产时留下了数百万未付债券的投资公司S. W. 斯特劳斯公司（"他把他微薄的收入投入到稳妥可靠的优质证券中"）。它们代表了连续不断地击打普通读者心灵的刺激物。

大多数在1918年的"自由公债"中购买自己平生第一笔债券的美国人，都转向了更具投机性的股票。广告夸耀的是高价格，而不是便宜货——从帕克大街上价值45,000美元的公寓和配备"克兰牌路易十六酒店金质器具"的浴室，直到价值2.50美元的口红和价值50美分的剃须刀片——为这一代轻松挣钱的人设定了奢侈的消费标准。在这场向永久性繁荣高地攀登的比赛中，要想跟上趟，股票市场是显而易见的交通工具。1920年，美国有29,609个股票经纪人，十年的时间里，这个数字跃升到了70,950人。人们普遍注意到，大多数市民不再阅读报纸的头版，而是手忙脚乱地翻到金融专栏。小报和内情通报向缺乏经验的外行们提供建议。广播电台里汩汩流淌的是"老顾问"的声音，像教堂执事一样四平八稳，吟诵着塞缪尔·英萨尔自己的经纪人的智慧。

人们对商业周期之谜的兴趣日渐浓厚。左右商业周期的，究竟是生产过剩，还是生产不足，是银行的运作、方法的创新，还是希望或恐慌的歇斯底里，抑或是太阳黑子，这些并不清楚。猜测穿着预言的长袍，一厢情愿优于客观计划。乐天派相信，旧有的经济规律已经失灵；另一些人则勉强承认，困难的日子可能再次来临，但每一场暴风雨过后，天空总归还会晴朗——倘若人人都能保持他阳光的一面的话，正如这个季节最流行的歌曲所告诫的那样。最重要的是，衰退是反常的，繁荣无须解释，它既非所谓有闲阶级的垄断，也不为共和党人所独享，尽管他们总是竭力要把这一切归到自己的名下。

一个人如果每周存下15美元，投资于优质普通股，并让红利和股权不断积累，那么，20年后，他将至少有80,000美元，来自投资的收益大约是一个月400美元。他会阔起来。因为收益能让他变得富有，我坚定地相信，任何人不仅能变得富有，而且也应该变得富有。

1929年夏天，民主党全国委员会主席约翰·J.拉斯科布声称：雇员被鼓励投资于老板的股票和债券——这一制度，被有点含糊地视为美国的职工分红或是社会保障的等价物。

大部分的股票购买都是以保证金形式进行的，这意味着投资者包括那些现金不多但抱有很大期望的小投资者，仅支付了大约四分之一的价格。经纪人通过向银行借款提高了其余部分的利率，这种不稳定的经纪人贷款信用结构在1929年2月发生了动摇。当时，联邦储备委员会下令其成员银行，不得为此类投机目的放贷。但是，由查尔斯·E.米切尔领头的私人银行家立即为投机打开了他们的保险柜，释放出了数百万美元，给大牛市以及它赖以构建的信心时代以进一步的刺激。这导致了另一次活动的痉挛，没有任何诸如消费需求之类的切实保证，生产效率的增长或股票的真实收入都是有问题的。当富人越来越富的时候，千百万收入微薄的底层公民正掏空他们的储蓄，降低他们的购买力，为了投机而抵押他们的未来。有人估算，20世纪20年代的这些市场交易，其中百分之九十与其说是长期投资，还不如说是赌博冒险。

几乎是不知不觉之间，经济控制中的一场变化发生了，从早期的产业资本主义转变为金融资本主义。对投资者的剥削,以及会计账目中的频繁欺诈,都属于新秩序中不那么令人愉快的特征。控股公司——19世纪末从"信托"中被杀死的恶龙里诞生的化身——如今蓬勃发展。它允许一小撮股东控制一个分散在四面八方的帝国,这个帝国的利益相互关联,甚至是松散地关联,比如塞缪尔·英萨尔在公用事业领域30亿美元的领地。控股公司所行使的权力(尤其是在公用事业领域)常常跟它的规模是如此不成比例,以至于身为总统的富兰克林·D. 罗斯福形象地把它描述为"一只96英寸[①]的狗摇着一根4英寸的尾巴"。

这些担忧有时一个接一个地堆积起来,巴别塔高耸入云,底部却震颤不已。它们有时被用来掩盖公司财务的真实状况,以逃过监管当局或公众的法眼,这种情况并不少见。1930年1月,一家被称为"合众国银行"的纽约州立银行,为隐瞒日益增长的亏空,创立了一家名为玻利瓦尔发展公司的傀儡公司,以100美元的资本变戏法似的购入和出售傀儡公司的股票,以制造繁荣的假象。直到一年后,银行轰然破产,导致近50万存款人遭受了灭顶之灾。局外人被这场一本正经的闹剧所欺骗,后来慢慢才怀疑这座表面有很多花岗岩和大理石的建筑成了一个债台高筑、账目不靠谱的空壳。

华尔街病症的另一个发展,是在20年代后期迅速兴起的所谓"信托投资公司",其功能是将借来的钱用于投资,并将净回报分配给他们的股东或受益人。有些公司是"刚性的",即:其投资局限于一份受限制的有价证券清单,但很多公司是"软性的",这意味着对投资证券的选择很宽泛。实际上,他们比赌博公司好不了多少,在这样的赌博公司里,就连天真的顾客也不会把自己的赌金委托给一个胡乱选择的赌伴,而是交给赌台管理员——当然,他们主要是代表"赌场"的利益。据说,有450万美国人把他们部分或全部的积蓄交给了信托投资公司,最后损失了大约三分之一的本金,或者说损失总金额高达30亿美元。

---

① 1英寸合2.54厘米。

纽约证券交易所俯瞰

信用的过度膨胀，是1929年接下来那场灾难的主要原因。第一次世界大战开启了一个不计后果的融资继续加速的进程。在这一背景下，隐约显现出美国长期债务的庞然大物——330亿美元的公债（联邦的、州里的和市县一级的），1,000亿美元的公司和个人债务——这些债务需要不断扩大市场和推进全世界的繁荣才能承担。购买力的稍稍降低，或者价格的回落，都可以把震动传遍整个山脉。庞大的信用运作——这是一股新的力量，一位经济学家把这一力量比作物理学的原动力——依然没有被人完全理解，依然被某些人鲁莽地滥用着。1929年，普通的美国人对特大规模的信用没有什么概念,比方说,国际金融的增长,依靠持续不断地把信用从富国注入到穷国,就连华尔街在其1929年9月3日空前高峰时所记录的80亿美元的信用(以经纪人贷款的形式),他们也全无概念。

普通人更熟悉像分期付款之类的家常形式的信用膨胀。为了打破"销售阻力"(小市民的购买力往往不足)而开展的大规模运动,导致了购买汽车、衣服、洗衣机、电冰箱、家具、珠宝的分期付款方式的新一轮扩张。实际上,它是生产者借给消费者的一笔贷款,因为后者缺钱,而前者急需销售自己的产品,比起通过降低价格、增加工资来提高民众购买力这种颇为费劲的办法来,他们更愿意选择分期付款的方法。到1929年,分期付款的好运气为它吸引到了成千上万的人。在大萧条的强光之下,这一制度中的某些方面,比如夸大的价格、过高的分期付款利息连同对产品的虚假宣传等等,将会变得再清楚不过了。某些州(像纽约州和肯塔基州)的法律,设下了一个更恶毒的圈套(在1930年代发展起来的),凭借这一圈套,可以扣下一个债务人的全部工资,直到他的欠账结清。

与此同时,重要的商业企业集中在更少人的手里。遍及全国各地的连锁店的打造,其重要性不亚于最近的汽车行业的大规模并购。集中化的产业,让每一座都会都成了地区网络的中心,每一个这样的网络,都适合制造、销售和分配产品的全国模式。大陆的经济从来不曾这样高度整合过,其平衡也从未如此敏感。边境、农场、乡村和中心集镇,最终都被城市的崛起所吞没。城市工业主义发号施令,这是此前从未有过的。1870年,工薪工人大约占劳动人口的一半,如今,他们占到了五分之四。一种老式美国所不熟悉的相互依赖,成了基本的经济事实。工业生活和团体生活的结构,结合了工会和劳动立法所强加的组织结构,不知不觉地把放任主义的灵

华尔街

活性转变成了某种更刚性、更难对付的东西。

这些范围广泛的变革,几乎没有进入普通百姓的意识。在他们的脑海里,从未有一刻比1929年时更忠于个人主义及不受阻碍的私营企业的信条。理论与实际的冲突,就像劳资间的潜在摩擦一样,只要国家的经济机器还在以繁荣作为燃料运转着,就几乎感觉不到。

事实上,20世纪20年代的繁荣并非始终如一地健康。从后来的情况看,它类似于发烧带来的面红耳赤,而不是健康的脸色红润。农业依然在为它1917—1918年间浮肿般的过度扩张而呻吟。连同烟煤矿和纺织品一起,它也属于被称为"生病产业"的临床病房。产业剧变的确很大,一种对饭碗的不安全感出现了好几年。甚至早在1926年,据估计,失业者就有15万之众;到1929年,这个数字增加到了180万以上。乐天派们没有注意到,在美国,失业和贫困已经成了长期的社会问题——既不是短暂的危机,也不容易通过个人慈善的努力来应对。随着公共救济支出的逐步攀升,用于同样目的而筹集的个人基金与公共基金的比例正逐渐下降。1911年,16座大城市用在公共慈善事业上的钱是150万美元,到了1928年,一年要花2,000万美元。

银行业务中的缺陷也引起了人们的怀疑。在1929年10月大崩盘之前的6年时间里，银行破产以每天将近两家的速度发生，但由于违规者都是一些较小的机构（主要在小城镇），因此就缺少公开。商品出口跟生产能力不成比例。这个国家至少20%的资源没有得到利用，导致国家收入损失了大约150亿美元，占它实际生产的商品和服务的四分之一。

然而毋庸置疑，美国经济的主要缺点不在于生产，而在于消费。1929年初秋，报纸的金融版面已经在为汽车和无线电的"沉重"、建筑业的不景气、沿着航空新边境蔓延的失望而愁眉苦脸。这段时间，美国的大部分生产性努力和资金投入都进入到了奢侈品和耐用品领域，这些商品的购买可以在不影响日常需求的情况下往后放一放。最早的风暴警报过后，这些商品就会堆积在仓库里，导致机器停止运转，以及失业大军的出现。这就是1929年接下来的那场大萧条空前地严重而持久的原因。

甚至在1929年，美国人的购买力就已经显示出了严重的失衡，人们很快便引用卡莱尔的一句短语"丰裕中的贫困"，来强调这一反常。1923—1928年间，投机收益从100增长到了410，工资指数仅仅从100增长到了112。自然而然，用于消费品的收入，比起流入投资渠道和短期拆借市场、流入为未来生产购置新的固定设备中，以及流入富人腰包的滚滚洪流，实在太少了。此前从未有过这样的十年，国民收入中有如此大的份额被存下来用于投资，也从未有过当前生产如此壮观地超过当前消费。"潜在生产能力全国调查"后来把1923—1929年这段时期描述为"富人当中的存钱狂欢"。

全国三分之二的储蓄是年收入超过10,000美元的家庭存下来的。那些年收入低于1,500美元的家庭（占总人口的40%），实际上入不敷出。600万个家庭（占全国的五分之一）年收入甚至在1,000美元以下。当一个人快要淹死的时候，未雨绸缪就显得不切实际了。年收入在5,000美元以下的美国家庭要花掉绝大部分收入才仅仅维持温饱。因此，在那些"不能享受充足食品"的家庭当中，十家有九家几乎别指望有可观的积蓄。布鲁金斯研究所在介绍他们对经济光谱的两端所作的一项研究时指出，1929年收入超过100,000美元的24,000个家庭，其总收入是600万个最穷家庭的总收入的3倍。顶层群体的平均收入是底层群体的630倍。

正统经济学家认为，储蓄带来了更多的资本设备和更高的效率，进而降低了生产成本，位低了价格，提高了大众的购买力。然而，到1929年，有一点已经变得很清楚了，这就是：这条因果链发展出了薄弱环节。大众的购买力并不能消化全国的产出，不只是因为工资增长的幅度相对较小，而且还因为零售价格在1922—1929年间实际上没有下降。技术进步所实现的节省，并没有以价格更低的形式传递给消费者。它们被转化为红利、存量以及更高的薪水和奖金。各种形式的垄断，像采矿业和制造业中伪装起来的托拉斯、联合、兼并，有助于维持价格的居高不下，即便新式机器、更好的生产方法和"效率专家"们提供的服务在第一次世界大战后的十年里把全美国的劳动产出提高了三分之一以上。在某些行业（比如汽车业），据说生产效率提高了3倍。

但是，从这种丰裕中，普通消费者所收获的仅仅是不足挂齿的碎屑，就连生产商也只是收获了眼前的那么一点好处。计算利润，不应该按天，或者论季，而要基于广泛而长期的购买力，不难证明，这样做更明智。后代子孙多半会同意胡佛总统事后发表的观点，他在对技术专家发表了一通赞扬之后，接着评论道：

当我们充分理解了20年代经济史的时候，我们将发现，终结了另一个繁荣时期的这场崩溃，其主要原因是：工业没能把它的进步（通过省力设备）传递给消费者。

其他一些人不太倾向于赞扬工程师，而是谴责他们。有人指控，他们的创造天才让机器取代了人。当然，创造发明在颠覆群体平衡上的作用并不新奇。在过去，管理层有时候显得不愿意对设备拆旧换新；更常见的是，劳动者害怕这些"铁人移民"。自然，面对

The Great
Depression 美国大萧条

最早的大范围失业所带来的威胁,机器受到了指控,因为这一代人比起他们的先辈,更不容易相信一切灾难都是神秘的天谴。很快,在忧惧之后,紧接着出现情况的是:技术的表现太出色了,以至于带来了一大堆关于社会工程学的观念。让工厂摆脱掉浪费和低效的这种魔法,能不能给社会带来同样的效果呢?这一希望——对美国人的生活来说,它比对应用科学的必胜信念更新——带来了很多东西,从"伟大的工程师"胡佛,到国家复兴署、田纳西流域管理局、国家资源委员会,以及管制经济的其他观念。在1929年,很少人能预见到这一计划的所有路径。然而,就是在这一年,庞大工业文明的基本平衡正在失衡:工资与价格、生产与消费、机器和人力之间的关系变得岌岌可危。

在这个焦虑不安的繁荣世界上,第一场风暴在10月末降临了。像启动阿尔卑斯山雪崩的隆隆炮声一样,纽约股票交易所的一场

黑色星期四

不大不小的恐慌，开始于价格被投机者推到奇高的23支股票。第二天——"黑色星期四"——见证了歇斯底里的疯狂。经纪人们鬼哭狼嚎，扯掉自己的衣领，试图跟上抛售指令；观光者挤满了华尔街，目送着大银行家们乘坐他们的豪华轿车来到摩根财团的门前。在集体自杀的谣言下，人们聚集到一起，注视着脚手架上的一个普普通通的工人，病态地期待着他一跃而下。

起初，那些金融魔术师们看上去似乎已经阻止了这场灾难，但是，正当公众为他们欢呼喝彩、大大地松了一口气的时候，又一阵令人眩晕的踉跄把市场推入了新的深渊。人们普遍相信。这些巫师只能把正在倒下的大树支撑一会儿，时间长到刚好足够逃离树下。10月9日，创下了挂牌待售的可怕纪录，总共16,410,000股。当月收盘时，市值蒸发了150亿美元，年底之前，损失估计高达400亿美元。

最初的震惊过后，官方的乐观主义重新抬头。这一代人被教会了要做"美国公牛"，他们习惯于做出反应。感觉到最初的摇晃时，很多人似乎就像一艘已被甲板下的冰山所割裂的豪华邮轮上的乘客一样，不相信情况的严重性。起初，当乐队还在继续演奏的时候，救生艇只被列为无足轻重的小摆设。曼哈顿那位衣冠楚楚的市长吉米·沃克要求电影只放映一些兴高采烈的画面。给患者的建议，是让他试试以毒攻毒的办法：《真故事杂志》(*True Story Magazine*)在报纸上刊载大幅广告，怂恿工薪阶层以赊账的方式购买更多的奢侈品。"华尔街能卖股票，但缅街可以买商品"是来自《星期六晚邮报》(*Saturday Evening Post*)的愉快保证。11月初，曼哈顿一位珠宝商在橱窗里摆上了一根"价值750,000美元的珍珠项链"，而舒伯特兄弟公司则透露，他们计划在百老汇建一家15,000,000美元的剧院酒店。广播电台大声嚷嚷："前进美国，没有什么东西能让美国停下来。"11月7日，一首叫作《幸福时光再次来临》的热门歌曲因为一部新的有声电影而被授予著作权，这部电影的名字倒是颇为贴切，唤作《追逐彩虹》(*Chasing Rainbows*)；三年之后，这首歌曲成了"新政"的竞选歌曲。1930年初，随着天空变得越来越暗，廉价收音机的制造者们推出了一种"繁荣模式"。

美式幽默的溶解剂早已开始向这场危机发起进攻。有一些冷笑话，说的是高盛集团的每一股都配发免费左轮手枪，还有笑话说，客房服务员会询问每一位登记者："是用来睡觉，还是用来跳楼？"不久之后，当大规模失业开始占领来自华尔街的头条新闻的时候，虚张声势便取代了尖酸刻薄。广告开始问："大萧条是不是很可怕？"商店破产了，黯然离去的店主在大门上涂写这样几个大字——"本店由错误所开"（如果他是个幽默者的话），或者写上"破产和厌弃"（如果他满腹忧伤的话）。1930年10月19日，国际狮子会俱乐部协会把该周定为"商业信心周"，予以庆祝。繁荣就在对面的街角那儿，没准已经拐过了街角呢。

大牛市的势头还暂时在支撑着某些企业。例如，1931年见证了世界上最豪华的酒店、曼哈顿的沃尔多夫－阿斯托里亚酒店的开张，以及最高的摩天大楼帝国大厦的落成，这幢大楼共120层，顶端是一个用来停泊飞船的系泊杆——但从功能上说，就像它所超越的、离它最近的竞争对手克莱斯勒大厦的金属针一样毫无用处。这些宏伟的商业宫殿，每一幢都有很多楼层幽灵般地空着，超前于时代。同一年，还公布了建筑师们为纽约城最令人难忘的建筑群洛克菲勒中心所设计的平面图，这些设计规划在接下来的两年里实现了。这个建筑群容纳了播音室、华丽的电影厅和音乐厅、外贸辛迪加及其他商业公司，规模空前，以低调质朴的灰色70层美国无线电公司大厦的尖顶为最高点。

有些建筑批评家预言，这些将会是美国大都市时代最后的恐龙，并确信，这样的虚荣自负是弄巧成拙，除了交通堵塞、过度拥挤和债台高筑之外，其他的促进甚少。像这个世纪其他许多虚荣自负的东西一样，摩天大楼多半也是资不抵债。不管怎样吧，在1931—1932年间，当繁荣的势头突然停止的时候，全国用于新建筑的费用下降了60%。到1933年，建筑师们所承接的业务，还不到他们在1928年的业务的七分之一。

建设中的洛克菲勒中心

　　庆祝活动的开幕和宽慰人心的声明，不再对这个时代的脾气。官方乐观主义的微笑，慢慢凝固为某种类似于苦笑的东西。1931年，爱德华·安格利把华尔街和华盛顿的一些更令人厌恶的保证收进了一本小书里，这本书有一个带嘲弄意味的标题：《噢耶！》(Oh Yeah!)。1932年初，出现了一本新杂志，叫作《大吹大擂》(Ballyhoo)，它的第一期封面采用玻璃纸，有点商业戏仿的意思。不到6个月的时间，这份杂志的发行量蹿升到了200万份，主要靠的是揭穿20世纪20年代华而不实的营销手段。

　　公众一直在为自己的艰辛困苦寻找替罪羊，功夫不负有心人，在民主党所雇用的一位精明的时评家查尔斯·米切尔森的帮助下，他们果然找到了一个。旧报纸被称为"胡佛毯"①，野兔被称作"胡佛猪"，建在市郊的饥民棚屋被称作"胡佛村"。公众憎恶的很大份额

---

① 大萧条时期，很多无家可归者经常用旧报纸御寒。

也落到了富甲一方而又令人讨厌的安德鲁·梅隆的身上,最近,他被商业界尊为"自亚历山大·汉密尔顿之后最伟大的财政部长"。1932年2月,梅隆高高兴兴地放弃了部长职务,明升暗降,当上了驻英国大使。

正如柯立芝总统在全盛时期所说过的那样,美国的事务实际上就是生意。但现如今,奢侈和娱乐,以及权力所带来的忙乱感(正是这种感觉,为兴旺发达的城区或郊区市民披上生活中本质上的物质主义的外衣),突然之间都被剥夺了。这次最大的经济倒退,让数百万市民猛烈摇晃了一下,使得他们在本指望向上大跨一步的时候,却在黑暗中向下跌出了一大步。一个习惯于把繁荣视为惯例的民族,发现自己被惊呆了,接下来是怀疑,再接下来是一点点无助,最后是愤恨。愤恨并不能让这样的境况变得更轻松一些:对手是无形的,不像国内或国外的敌人,它刀枪不入,不管是嘲笑、选票,还是子弹,都无损于他的毫毛。

但是,这个敌人的真实性却是不容怀疑的。它那看不见的身高,可以用收入和就业这两把尺子来衡量。收入(主要是纸上富贵)的损失最早被置于聚光灯下。自烧其翅的飞蛾寥寥无几,那么是谁烧的呢?早在1930年春,当联邦基督教协进会把4月27日定为"失业星期日"的时候,这场危机就显示出了它的宽度和深度。人们很快就在持续不断的交互作用中看到了收入的降低和失业,迫使国民经济进入下降通道。白领工人开始降薪,劳工们则在自己的工资袋中发现了解雇通知单。城市最早感受到冲击。最初的症状并不夸张:新车购买或新家动工延期;年轻夫妇搬出他们的公寓,去和父母同住;愉快旅行和剧院看戏的次数减少;清洁工、修理工和补鞋匠的业务更多了,而裁缝和服装商的生意则更少了。

几种更严酷的征兆早就出现了,只不过规模不大。1930年2月底,西雅图、洛杉矶和芝加哥都发生了失业者的小规模示威。同月,鲍厄里区每天排队领取救济的人数达到了2,000人。3月,密尔沃基开办了市施舍处。正像整个大萧条期间周期性地发生的那样,1930

年的夏天带来了救济措施。食品更新鲜、更丰富、更便宜，衣服、燃料和藏身之地的提供，使得问题变得不那么严重。但是，1930—1931年间寒冬的来临，开始了一段更艰苦的时期，纽约市拨出了100万美元用于直接救济，伦敦的劳埃德保险协会宣布，他们破天荒头一遭大量向美国客户销售暴动和内乱保险。

　　城市之外，危机的先兆则不那么有新闻价值。农民们只知道停战繁荣爆发之后的萧条，即使他们的境况在持续恶化，他们有长期的条件作用所带来的悲观的满足。然而，更小的工业城镇却不愿意承认艰难时期的事实，在很多市民看来，所谓的艰难时期，要么是曼哈顿赌徒的惨败，要么，只是一种心境而已。他们庆幸自己的基础更牢固。尽管印第安纳州曼西市——社会学家著作中的"中镇"——四分之一的工厂工人在1930年年底之前失去了他们的工作，但这个社区的有钱人直到1931年底依然坚持认为，大萧条"主要是我们从报纸上读到的某种东西"。他们依然靠装点门面的信条为生，1932年，一个本地商人所组成的代表团劝说通用汽车不要封死他们已经废弃的曼西工厂的窗户，它们挡住了路过列车的清晰视野。这些精神饱满的人，他们的处世哲学还很顽固。

　　正如普通市民自己就能看出的那样，流动资本和就业岗位紧密

失业大军

地互锁在一起，萧条岁月就跟它们之间缺乏接合有关。我们可以简要地说明一下收入方面发生了什么。国民收入从1929年的810亿美元减少到了1930年的不到680亿美元，然后飞流直下，降至1931年的530亿美元，并在1932年以410亿美元触底。相应地，在这一时间跨度里，国家的财富估值从3,650亿美元下降到了2,390亿美元，这一下降，代表了不动产、资本和商品的贬值。当然，全国有很多实体工厂，都在闲置和荒废中生锈。这三年，总共有85,000家企业破产，留下了45亿美元的债务，5,000家银行停止支付。900万储蓄账户被一笔勾销，工资损失维持在260亿美元以上。

美国经济的债务融资结构基本上没什么改变——1932年付出的利息只比1929年少3.5%——与此同时，在其他领域，通货紧缩在疯狂地继续，使得长期债务比借款人在借钱时所预期的更要命。作为薪金支付出去的钱减少了40%，分红减少了56.6%，工资减少了60%。危机之初，在胡佛政府的强烈要求下，主要工业企业工资削减的比例都很小，但是，在1929年—1931年9月之间，通过工作小时和工作日的急剧减少，他们还是设法把薪水册上的金额大幅砍掉了40%。由于工人家庭不得不靠工人带回家的钱维持生计，上述措施在头条新闻里看上去比在个人身上似乎更好一些。

对于整个国家而言，人均实际收入（与生活费用相适应）从1929年的681美元狂跌至1933年的495美元。在经济金字塔的顶端，报告年收入超过100万美元以上的人数，从1931年的75人下降到了第二年的20人。尽管有来自政府圈和金融高层的反复保证：衰退已经触底——这帮预报员们喜欢称之为"终极低谷"——但总的商业趋势还是断断续续地下降了3年多的时间。

很多工业企业和小商业甚至拒绝口头上支持政府要它们维持工资水平的恳求。日益增长的失业逆流，导致一些百货公司付给员工的薪水甚至低到了每周5—10美元。对一群芝加哥女工所做的调查显示，绝大多数人在为每小时不足25美分的薪水而埋头苦干，四分之一的人时薪在10美分以下。成衣工、糖果店雇员和罐头厂工人，都属于受剥削最残酷的阶层。纽约第一流速记员的薪水,从每周35—45美元下降到了16美元。家庭用人不得不为了每个月10美元(外加膳宿)而劳作。像往常一样,没有技能的工人是先头部队,紧随其后的是白领工人和技术员。专业阶层稍后才感觉到了震动,当教师和牧师们的薪水被削减或拖欠的时候,其他专业群体的业务也迅速下降,而收费却越来越难。即使在1936年,医生们的收入也依然比他们在1929年的水平要低18%到30%,律师的收入要低18%到38%。

从收入降低和流动资本减少转到硬币的另一面,你所看到的,就是失业人数的那一面。1930年4月,胡佛总统下令,挨家挨户调查失业的情况,这是美国历史上第一次联邦失业人口普查。总共已报告失业的可雇用人员有300万稍多一点,相比之下,有4,500万人有报酬地被雇用。但大潮涨得很快,1931年1月,商务部根据取样所做的一项专门普查显示有600万人失业。在这一年结束之前,几乎所有评估者都同意:失业人数已突破千万大关,1930年又有四五百万人失业。多亏了季节的因素,以及或进或退的局部波动,全国的图景才经常改变。失业往往还自我繁殖,那些拖家带口的赋闲男人,都不得不参与争夺任何收入微薄的零工岗位。储蓄的耗尽和投资的损失,迫使那些上了年纪的老人也加入到这场疯狂的搜寻中,并被计算在内。

街头兜售苹果

这一周期产生了其不断改变的标志和象征。如果说,1931年那依然愉快的绝望具体体现在歌曲《生活就是一碗樱桃》(*Life Is Just a Bowl of Cherries*)中的话,那么,1932年更严酷的下降则被体现在《兄弟,你能省一毛钱吗？》(Brother, Can You Spare a Dime?)中，这是代表受害人（比如失业退伍老兵或工业帝国被抛弃的建筑者）发出呼吁。失业大军，以及在面对失业时所表现出的自豪，其最令人难忘的符号，还得算是苹果。1930年秋，国际苹果托运人协会设计了一套处理产品过剩的方案。方案建议，把苹果赊销给失业者，以每只5美分的价格零售。到11月初，6,000名苹果销售员站在了纽约大街的人行道上，这个主意很快就传播到了其他地方。在大萧条的早期阶段，美国人（无论是穷人还是富人）的坚定自信，抑制了直接救济或施舍的想法，而在英国，自第一次世界大战之后就一直是这么干的。但是，给过往行人的这点微不足道的甜头很快就失去了它的新奇。1931年，曼哈顿开始禁止在某些大街销售苹果。到1932年，据说人们都"厌恶苹果"。

那些能够从这幅萧瑟黯淡的家庭图景上抬起他们的眼睛、去扫视国际地平线的人，至少可以从难兄难弟们身上得到某种安慰。起初，胡佛本人倾向于把终极责任归咎于美国之外的原因。他从第一次世界大战及其后果当中找到了这服苦药的源泉。浪费和破坏、人力的损失、战争债务和税收、通货膨胀及接下来的贬值、其他国家的贪婪和帝国主义，加上恐惧和重整军备所导致的新的开销，都是一场"我们的人民对之毫无责任"的斗争所留下的有害遗产。并且，就美国本身而言，这些并发症源自伍德罗·威尔逊时期，"这场战争是在民主党执政期间开始的"。

就算这一分析看上去似乎给人以极大的安慰——让美国人民在国内和国外扮演清白无辜的经典角色——但至少不能否认，大萧条正在一个经济上互相依赖的世界上迅速蔓延。我们看到，各国就像登山者一样，被贷款和债务、卡特尔[①]和关税，以及迅速交换的信息（不管是希望还是恐慌）的绳索牢牢地捆绑在一起。主要以农业立足的国家往往首先垮掉，工业强国的滑落更晚一些，但更加惊心动

[①] 卡特尔：由一系列生产类似产品的独立企业所构成的组织，目的是提高该类产品价格和控制其产量，是垄断组织形式之一。

魄。到1929年春，或者稍早一些，澳大利亚、巴西、阿根廷、加拿大和波兰以及东方、近东陆续出现了衰退的征兆，而德国战后的长期萧条则加剧了。比美国更晚感觉到震动的是英国、法国、捷克斯洛伐克、瑞士和斯堪的纳维亚各国。第二波大约在1931年开始，比第一波更严重，同样影响了所有这些国家，直到1933年春天左右才开始退潮。

在大多数地方，类似的因素都在发挥作用，尽管危机的形式和严重性各不相同。然而，打量一眼全球的图景，我们会看到：并非只有美国人容易被盲打误撞的繁荣所欺骗，共和党人并不是1929年独一无二的祸根，民主党人也不是1933年舍我其谁的英雄。

1930年6月的《霍利－斯穆特关税法》最清楚地显示了有些人拒绝承认经济相互依存的这个事实。1918年的停战让人们看到，美国有史以来第一次成了一个大债权国。与此同时，美国公民在国外的个人投资增长得如此迅猛，以至于其投资总额从30亿美元猛增到了1932年的140亿美元。作为一个强有力的生产大国，美国天真地把对外贸易解释为在交易中卖东西的权利，而只有很少、甚或没有买东西的义务。的确，外国倾销的噩梦，导致农民和实业家都大声疾呼，要求制定迄今为止最高的保护性税率，并在1930年成功获得了平均40%的关税税率。胡佛总统希望把该法案主要限制在少数几种农产品，但他的建议被否决了。在国外，《霍利－斯穆特关税法》被解释为一场经济战的宣战书。它所遭遇的报复性关税、配额和反美禁运是如此迅速，以至于到1932年，有25个国家加入了这场报复，从而让美国的出口量减少了一半。这种恶性循环带来了另一种扭曲。为逃避这种联合抵制的威胁，在《霍利－斯穆特关税法》实施的头两年，美国的制造商们在外国开设了258家工厂，其中包括71家工厂就在加拿大边境线的那边。普通美国人如何看待这些事情，取决于他所在的地区，所持的政见，以及所从事的行业。

南方人总是把高关税视为不公正，但是，在工业的北方和农业的中西部，"保护"依然在发挥着它的魅力。毫无疑问，很多实在的市民会附和一家"中镇"报纸的社论："在美国，就历史所显示的情形而言，好日子和坏时光之间的差别，就是恰当的关税（能够保护我们的农场和工厂的产品）和不恰当的关税之间的差别。"当紧随其后的不是进步而是衰退的时候，这位社论的作者依然顽固地坚持自己的观点，嘲笑那种认为"欧洲的境况跟美国走出萧条有一定关系"的"错误"观点。

在美国内部，20世纪20年代，同业公会的数量和影响力有过一次引人注目的增长，通过这样的组织，互为竞争对手的生产商共享统计信息、信用标准、成本公式，以及诸如此类，并设法抑制不公平的市场行为。在这个范围内，这些组织是有益的，胡佛在担任商务部长的时候①，以及在当总统的时候，都留下过这样的印象。但是，下面的情况并不少见：这些组织通过它们对"公平的"和"不公平的"价格政策的定义，试图在顶着《舍曼反托拉斯法》逆风航行的时候，实现对价格的控制，而且，有时候其作用就是要消灭小的独立经营者。最高法院一连串的裁决进一步怂恿了它们的发展，这些裁决，早期的进步主义者会带着怀疑的态度把它们看作是本土卡特尔和资本家工团主义不断打进的楔子。

尽管根据联邦法律，国内的卡特尔依然是非法的，但在国际领域，某些美国公司也在通过集中经济力量让自己受益——杜邦、美国钢铁、通用电气、西屋、本迪克斯航空、钻石火柴、阿纳科达铜业、新泽西标准石油等等——在20和30年代与外国生产商达成一致，经常为了抬高价格和增长利润而限制生产，更为常见的是瓜分世界市场和交换专利。在阻碍自由企业卡特尔上，往往要压缩供应流，抑制国外和国内的贸易，防止引入新的产品和改良措施（例如，像可以多次使用的"耐用"火柴之类）。

下面这个事实可以说明它们对价格的影响：1914年，硫酸奎宁的价格是一盎司25美分，但在默克公司加入国际卡特尔之后，它的价格上涨到了1941年的75美分。下面这个事实让人想到了生产配额的

---

① 胡佛曾在哈丁总统和柯立芝总统手下长期担任商务部长。

大萧条来了（纽约华尔街与宽街拐角）

强制推行：1930年，当国内的铝产量超过了10万吨的时候，德国的铝产量才只有3万吨，1934年，即美铝公司加入卡特尔三年之后，美国的产量下降到了33,000吨，而德国的产量则增长到了37,000吨。在大萧条中，它们的影响显然是恶化了失业和消费不足。20世纪30年代晚期，因为其所谓的对国家安全的威胁，卡特尔开始引起了来自参议院调查委员会和司法部反垄断局的不利关注。总体上看，大企业的国际主义所采取的形式，似乎就像经济国家主义在"促进绝大多数人的最大利益"上所采取的形式一样白费力气。

在普通美国人与世隔绝状态的背后，潜伏着的依然是第一次世界大战所带来的未还债务的老问题。他们相信，这证明了，在和外国人打交道的时候，美国人总是上当受骗。孤立是上策。另一些人则把催逼战争债务和赔款看作是对欧洲经济的扼杀，最终也会伤害到债权人。1931年6月，胡佛总统决定，倡议政府间战争债务的延期

第1章 从富足到寒酸　023

偿付，这个决定在某些圈子里大受欢迎，被认为是对善意和复兴的巨大贡献，另一些人则认为它是一个花招，旨在帮助银行家和外国债券持有人。到富兰克林·D. 罗斯福走马上任的时候，几乎所有战争债务都无可救药地违约了。公众对这些未偿付票据怨声载道，这在很大程度上助长了上个世纪30年代中期的反战主义，并妨碍了美国人的留学教育。

1929—1941年这段时期是从国内的一次崩溃开始的，这场崩溃源于多种原因，但最根本的原因多半是对群体福祉和个人满足之间的关联自私自利地视而不见。灾难帮助美国人记起了他们是一个民族，只有通过合作，才能把大车从泥潭中拉出来。这一时期结束于美国卷入一场全球大战的前夕，导致这场战争的主要原因，是很多国家都同样顽固地拒绝承认它们的安全与所有国家的良好状况之间有着密切的联系——即"一个世界"的观念。关于人类的公共性和国家的公益性的辩论是这十几年来最重要的活动。即便是在日常生活中，普通美国人也不能不受到其结果的深远影响。

第 2 章　新的生活设计

这次最严重、最漫长的大萧条，对日常生活的冲击无处不在。普通妇女烧茶做饭、缝补浆洗、操持家务的世界，比普通男人的世界受到的损害要小，也就是说，只要有米可炊，有衣可补，头顶上有片屋顶可以遮风避雨，她们的日子就一如平常。然而，在1930年，五个女人当中有一个女人——总数将近1,100万——在家庭之外工作。自1890年以来，她们的人数增长了6倍。这样的女人容易受到就业危机的直接伤害，尽管刚开始她们的处境往往相对要好一些，因为她们的工资较低，而且通常也更听话，从而受到雇主的青睐。

随着经济大萧条的持续，劳动力过剩导致工作时间缩短，工资水平降低，这种女性优势稳步缩小。那些在失业的回潮中失去立足之地的女人发现，再找工作已经很难了，为了战胜"容颜渐老、韶华不再"的障碍，一场女性主义运动打出了"永远28岁"的欢快口号，强烈要求女性雇主们雇用年龄较大的同性，以平衡男性雇主对年轻、美丽的偏爱。

甚至在教师行业，她们也遭遇了越来越多的歧视。1931年，全国教育协会报告，有超过四分之三的城市禁止雇用已婚女性。这一政策意味着更快的人员流动、结婚的推迟以及很多心系孩子的母亲被赶出教室，这些更多地帮助女性在职业上取得成功。无论在哪个领域，女性工作者都被认为是为了获得零花钱或增加家庭额外奢侈花费而窃取男性养家者的工作。

在家里，艰难时期导致很多城市女性迅速放弃了家政服务。在小镇和乡村地区，逆境的袭击有时候使得女人不得不重新捡起早已忘得差不多的古老手艺，从而给已经忙碌不堪的妻子们增加了额外的负担。这些手艺多半是老祖母教的，很多家庭开始制肥皂、烘干水果、腌制泡菜、烤面包、做蜜饯、在熏制室加工食品并储藏在地窖里、用药草制药、染色和制衣。1931年，玻璃缸的销售超过了此前11年中的任何一年，而对罐装食品的需求却逐渐减少。

女性失业的状况也不容小觑

但这种复兴是短命的，很难持续到最严峻的时期，因为即使是乡村家庭，也很少能长时间地维持对那些依然被欧洲农民所珍视的手艺的兴趣。收入的锐减，使得贫困家庭无缘于那些令人愉快的事物，比如报纸、杂志、电影，常常还有像卫生纸、咖啡、茶和糖之类的日用品。观察者们往往轻松愉快地谈论"居家过日子运动"；不太抱有幻想的农民家庭则辛酸地称之为"木屐"。妻子们常常接一些诸如洗熨缝纫之类的活，烤蛋糕和馅饼拿到集市去卖，或者为搭伙人、旅行者提供膳宿，以此贴补家用，而代价却是牺牲自己的精力。小本经营的个体户可以开设驾车旅行营地、路边售货亭、美容厅、小商品店。

工业企业倾泻到美国家庭中的小器具的洪流——电烤箱、搅蛋器、烤架、华夫饼熨斗、咖啡渗滤壶、洗衣机、电炉——连同家具和缝纫机的销售，在1930年代初期突然间放缓了。另一方面，电

第 2 章 新的生活设计　027

冰箱以它们新的功效和便利性迎合了依然没有满足的市场，继续红红火火地卖着。炼乳、人造纤维和收音机是另外一些公众拒绝放弃的商品。汽油和汽车配件的销售也在坚持，但新车的购买量却像自由落体一样垂直下降，如今，开去年流行的车型不再是一件丢脸的事。曼哈顿的出租车司机眼睁睁地看着自己的收入从每天7美元下降到了2到3美元。

纽约市更能说明问题的缩减指标是：1930—1931年间减少了大约4万部电话，儿童餐厅提供的廉价午餐数量增长了4倍。1917—1918年间，战争的紧张情绪导致香烟销量激增，同样在30年代的大萧条中成为了人们的慰藉，其产量从1930年的1,230亿支，增长到了1936年的1,580亿支。吸烟上的单一标准继续大行其道，一个典型的中等城镇上为妇女服务的餐馆，如今也放上了烟灰缸。

"中镇"的情况为我们提供了特写镜头。1929—1933年间，汽车加油站的数量翻了将近一倍，与此同时，销售额也仅仅下降了4%，因为大多数家庭都把汽车看作是不可或缺的。在另一端，珠宝店的顾客人数下降得最厉害，其销售额下降了85%。木材和建筑材料的生意下降了几乎一样多，而家具店和糖果店损失了其70%的主顾。商业饮食行业眼睁着它们的生意减少了63%，家庭放弃了"上馆子换换口味"的奢侈。然而，或许应该补充一点：这并不是永久性的逆转，因为，随着好日子的最早征兆的出现，人们重新走出家门，出外享用美食，在20世纪30年代结束之前，餐馆的数量比家庭的数量增加得还要快。

在任何一个地方，服装都为节约开支提供了一个天然的领域。男人的服装比女人的更容易受到大萧条的影响，因为，哪怕只具备最基本的骑士精神，也能认识到时尚对妻子和女儿的重要性。早在1930年，女装和童装的产量只比上一年下降了13%，但男装的产量却比1929年的水平下降了25%，第二年下降了32%。既是为了经济，也是为了方便，更多的男性开始放弃硬衣领、帽子、吊袜带和泳衣上装。

就女人的衣服而言，上个世纪30年代初期出现了大规模仿制的时髦连衣裙，材料和做工都比较便宜。而且，在需要的情况下，平常人家的女孩子也倾向于自己动手，缝衣制帽，这是此前从未有过的。1930年9月的一份时尚报告，谈到了更长的裙子和更女性化的样式开始否定爵士时代摩登女郎棱角分明的中性气质，并预言"这是一次对更庄重的道德和举止的伴随性回归"。褶边、蝴蝶结、丰满的线条，宣告了1931年末对尤金妮娅皇后的帽子和其他款式的重新发现。小成本的虚张声势，在描画得闪闪发亮的手指甲上得到了表达，这种时尚是1929年在巴黎流行起来的，在接下来的两年时间里，便从帕克大街蔓延到了推销女郎和打字员。

女性是时尚的风向标

在此期间，初次参加社交活动的懒人则在仪态上追求更好的时尚，倾向于"尽情吃喝、挺直腰杆"。短发赢得了持久的胜利，尽管爵士时代那种剪到极短的发型越来越少见，这段时期过去一半之后，发梢内蜷的齐肩发型开始戏弄冠冕堂皇的老式观念，并与一种匆匆而过的时髦相一致，这就是在任何跟随"摇摆乐"的节奏跳舞的女孩身上都可以看到的头发上的蝴蝶结和"小姑娘"装束。宽松的运动衣是如此明显地被现代人所偏爱，以至于到30年代中期，裙子再一次流行起来——几乎成了国民信心的一项指标——而佛罗里达和加利福尼亚的不拘礼仪把海滩睡衣、休闲裤和短裤介绍给了美国的其他地区，许多严肃古板的社区对此表示抗议。街上穿的凉鞋，以及晚礼服，为30年代后期的露趾鞋铺平了道路。

只要大萧条依然是头等重要的大事，人们就不得不面对节省，不仅仅是节衣缩食，常常还有住房上的节省。富人当中的节约包括关闭或低价卖掉位于纽波特、巴尔港、棕榈滩或圣巴巴拉的"村舍"，或者出让法国南方的别墅，中产阶级可能不得不退掉海滨或山

第 2 章 新的生活设计　029

区度假胜地的一幢租来的房子，并搬到镇上的一幢花费较少的房子或公寓（这种情况十分普遍）。与父母、公婆、岳父母和雇员"挤在一起"的情况不计其数。1934年1月，对64座城市所做的一项调查显示，在所有的种类与境况中，"特大家庭"的数量所占比例从2%到15%不等，比例最高的是南方。大萧条期间，南卡罗来纳州的人口增长了六分之一，佐治亚州与之相当。

有些年轻人离开了阴郁而邋遢的环境，以便为自己赢得独立或更好的机会，出钱养活老人，或者用借来的钱进入师范学校，如今，他们身无分文、垂头丧气地回来了，默认了罗伯特·弗罗斯特对家的著名定义：家是一个"这样的地方，当你不得不去那里的时候，它不得不接纳你"。如果儿子在一段时间的自给自足后再失业回来，父子之间的紧张关系就会处处加剧。挣工资的父亲往往要重申他的权威，就好像年轻人从来都不是自己的老板一样。在城里，一家人挤在狭小的公寓楼或出租房里，这无疑加剧了人们的脾气和挫折感。那些在不停地寻找更便宜住处的接受救济的人，往往比其他人更频繁地搬家，尽管他们尽可能地依附于熟悉的老街区。

然而，失业者和他们的家人常常离群索居——衣衫褴褛的孩子躲着不见客，成人则一脸不高兴地拒绝来自依然工作的朋友们的盛情邀请，因为他很难拿出三明治和咖啡回请朋友们玩一个晚上的牌。更容易受伤害的人恰恰想要独处。就这样，富国与穷国之间的联系，连同美国生活在丰年和歉年的老友谊，往往因为骄傲而被中断了。有些家庭决定不惜一切代价也要打肿脸充胖子，以惯常的速度迈步向前，直到灾难将他们的精神打垮；另一些家庭因为对生活远景的展望过于乐观，或者因为不愿意降低某些生活标准，而走到了同样的关口。还有一些家庭则以谋略和勇气与大萧条搏斗，有时候他们会玩一种嘲弄吝啬的游戏，尽情享受难得的奢侈消遣。

在家庭圈子之内，很可能居住着这样一些幽灵：未付的账单，疾病，照料眼睛和牙齿的需要，为了孩子的教育或老人的保障而舍弃防老的储蓄。诸如此类不断累积的烦恼，常常会扭曲正常的家庭关系，导致此前一直忠心耿耿的妻子责骂正在找工作的丈夫回家吃饭太晚，或者对他口出恶言，奚落嘲弄——从富人的嘴里很容易搜集这样的话："任何人都能找到工作，如果他想要工作的话。"丧失信用的养家者往往也会丧失他们的勇气，而丧失信用的家庭也会丧失它的主动权。旧有的工作习惯已经一去不返，懒惰不再是责备的理由，一家人常常睡得很晚，漫无目的地听着无线电广播，或者只是干坐着，然后一直睡到第二天上午。焦虑有时候导致人渴望酗酒和赌博的刺激——如果手头还有点钱的话——结果就是自责或沮丧。

在那些传统上由丈夫和父亲独裁统治的家庭，比如从欧洲大陆来的移民家庭或农村家庭，在这样的家庭里，养家者失去威信、甚或放弃权利被证明是惊人的。出钱养活家庭的年纪较长的孩子，作为内部议事会的成员而获得了新的威信。如果妻子成了主要的挣钱者，她通常会僭取更大的家庭控制权，而失业的丈夫则只好转向家庭杂务。然而，在城市家庭，丈夫常常并未主张过严格的男性统治。在黑暗时期，妻子常常试着给没有工作的丈夫打气，或者迁就他，正如在他们繁荣兴旺的日子里他总是宠着她一样。失业的父亲长期待在家里，也有可能增强他与年幼的孩子们的友谊，促进游戏和亲密。

很多观察者试图在家族的这种更强大的团体精神中找到一线希望。1932年5月，内政部长雷·莱曼·威尔伯在全国社会工作者大会上说，对儿童的委托责任已经结束了，"在这场灾难中，家庭回归了它正常的位置。没有什么东西能取代父母的悉心照料，白天管你吃饭，夜晚控制适当的睡眠"。这些话足够准确地应用于女佣被解雇的家庭，但对于那些将妻子赶出去挣外快的工薪阶层，对于那些食物匮乏、孩子穿着太寒酸的家庭来说，这些话几乎不现实。一些"中镇"的鼓吹者以类似的口吻愉快地承认："很多家庭虽说失去了汽车，却找到了它的灵魂。"这多亏了更坚定的勇气，得到了休息的身体，更强的消化力，以及更严肃地遵守安息日礼俗。诸如此类说法，并不纯粹是古老的清教徒福音的新教修订版，因为圣母大学的校长约翰·F. 奥哈拉神父还加上了他的确信："大萧条让大部分美国公众重新发现了家庭，重新发现了朋友的乐趣，重新发现了属灵的东西。"

这样的乐观主义虽然有一点道理，但也有很多漏洞。比方说，几乎可以肯定，丈夫和妻子有更多时间待在一起，分享一些廉价的娱乐，比如听广播、玩牌和朗读。主要以男性为顾客的娱乐场所——比如桌球室、保龄球场、棒球赛球场、拳击赛赛场——越来越门庭冷落，则从反面佐证了这一变化。但是，就算有些夫妇被灾难的纽带和被迫的亲近重新联结在一起，也有一些夫妻，因为匮乏、不安全感和互相之间琐碎无用的责备，而怨恨渐深。一位在一座大型工业城市搜集了很多个案的研究者发现，在已婚的失业者当中，"性生活如果说受到了什么影响的话，那也是减少了"，女性担心怀孕，担心因为经济上的失败而失去尊重，因此产生了焦虑压抑的整体气氛。

迷惘困惑，犹豫迟疑，冷淡漠然，自信尽失，是长期失业最常见的标志。一个男人不再操心人们怎么看他。头发蓬乱，胡子拉碴，蔫头耷脑，走路拖沓，这些是一个人内心世界崩塌的外在征兆，营养不良又常常会让这些症状加剧。失业被证明是一种萎靡病。社会工作者所谓的"失业休克"，对某些人的影响就好像他们被恐慌所攫住了一样，驱使他们白天疯狂地去找工作，夜里在烦恼中沉沉睡去。对少数人来说，失业明显带来了个人的重要感——感觉到自己是国家危机的一部分，是头版头条重大问题的一部分——但更普遍的情绪感受，是丧失自尊，是茫然失措，是对老雇主和整个生活的怨恨。

这些对以往养家糊口者的影响，使他的士气更加低落，并形成了一个恶性循环，使得他更难找到工作。1933年，对赋闲工程师所做的一项调查显示，4个人当中有3个人的士气显得比有工作的平凡百姓更低落。另外一些类似的身体亏空是：当他重新工作时，往往肌肉无力、协调失衡、缺乏毅力。就像一家停工歇业的工厂，生锈给它造成了损害。1933年，当40个长期失业的速记员被安排在纽约

无所事事的失业者

的一家政府机关工作的时候，在老一套的日常工作中，他们全都很快有了神经性疲劳的症状，有几个人甚至发展成了歇斯底里。超过三分之二的人需要两到三周的时间重新调整，才能不停顿地记录别人的口述。

那些暂时保住了饭碗或者在无所事事和轮班工作之间来回转换的人，也同样被不安全感的幽灵所纠缠。他们下定决心要牢牢抓住已经拥有的东西不放，他们不敢放弃微薄却稳定的工资以换取报酬更高、但风险更大的工作，这些都消磨了美国人的进取之心。对工作的热情，以及对公司的忠诚，也日趋黯淡。很多人都同意："干活太卖力不值得，因为老板只会利用你。"关于成功的传说——它们的光辉曾让几代年轻人心驰神往——如今明显开始失去光泽，连同勤奋和节俭的清教徒美德也是如此。那些值得信赖的老规矩似乎已经失效。20世纪30年代中期，托马斯·杰斐逊的大学[①]里的一位学生说："我们认识到，诚实、正直和勤奋，再也不能让你登上顶峰。"

诸如此类的担忧，并不局限于年轻人。那些眼看着银行一家接一家关门大吉、辛苦积攒起来的钱被蝗虫之年吞噬一空的老家伙们也都说："再开始存钱没有任何好处。我们已经陷得太深，我想，我

---

① 即杰斐逊创办的弗吉尼亚大学。

们再也甭想出来了。"在一群将近400个失业的男人当中，半数人同意这样的观点：成功更多地取决于"幸运"或"门路"，而不是能力。在商业中，接受"粗犷的个人主义"①传统的人略少于一半，尽管在一群类似的有工作的男人当中，四分之三的人依然认可这种历史悠久的哲学。对很多人来说，这场灾难让人怀疑节俭的古训。有些人断定：储蓄的使徒们——银行家和白手起家的实业家——在很大程度上要对已经发生的事情负责。还有一些人则从哲学上反思："你不能带走它。"——这句古老的谚语因为1931年一首风靡一时的歌曲而流行起来，并在五年后的一部深受欢迎的戏剧中发出了回声，这是乔治·S.考夫曼和莫斯·哈特所创作的一部喜剧，说的是一个随遇而安的家庭一辈子过着快乐逍遥的生活。为什么烦恼呢？那些还有能力买得起书的人，使埃德蒙·雅各布森的《你必须放松》（*You Mast Relax*）成了1934年最畅销的一本书，不久之后，他们又拿起了玛乔丽·希利斯的励志手册《享受独居生活》（*Live Alone and Like It*，1936）和《如何精打细算》（*Orchids on Your Budget*，1937），在轻松愉快的漫不经心当中，混合进了她的父亲（曾经是一位著名的国会鼓吹者）在他那个时代以他们单纯质朴的满腔激情所提出的那些信条。

对普通市民来说，这场灾难的洪水深不可测，它们滚滚而来，冲掉了古老的潮标，在祖传智慧的停泊处挣扎着。这个时代把质疑深深地带进了美国人的生活，比内战以来其他任何时期都要深。思想的条条框框，传统的陈词滥调，长辈的古老智慧，全都在书籍、杂志和私人谈话中受到了挑战。或许，归根到底，美国生活的许诺终究被证明只不过是一种宣传，是词语的暴政，或者是资本主义的民间传说。但是，在年轻人动辄造反的同时，中、老年人却常常更加顽强地坚持古老的忠诚，特别是如果现状中有他们的个人利益的话——他们会奋起捍卫像苦干、节俭和个人进取这样一些真理，反对改变法律和政体中的某些方面，他们把这些方面与更幸福的时光

---

① 这个说法是胡佛总统提出的。

联系在一起。然而，即便是在这个群体当中，贫穷的威胁也在发挥它的影响，正如汤森改革运动①所证明的那样。

因为，在经过两三年之后，失业已经进入了美国生活的肌理中。它的严酷以及显而易见的毫无希望，可谓空前绝后。金融恐慌和银行倒闭，雨天和荒年，洪水和干旱，自最早的殖民者在这片荒凉偏僻的旷野上开拓文明以来，多少次来来去去。看起来，这次危机尚没有先例。贫困无处不在，失业的人被它逼到了绝境，如今感觉到了某种类似于幽闭恐惧症的东西。

1932年，加利福尼亚州失业委员会文件中的一个案例，生动地说明了这种差别。这位80岁的老人，自1873年在纽约市参加工作的那天以来，经历了太多的盛衰沉浮，他回忆说："杰伊·库克公司的银行破产了，我的老板关门大吉，我丢掉了工作，成了一个流浪汉……那年头，整个西部都向自耕农开放。那年头，大山里挤满了新家，以及正在开挖的新矿。那年头，全国各地都在修铁路。"

他从一个流浪汉变成了一个护路工，打那之后，工作变得稳定，最早是煤矿工，后来是杂货商，直到1890年，他发现自己已经成了"一个还算富裕的商人"。但是，1893年的金融恐慌把他洗劫一空，他再一次流落街头，成为一个流浪汉，直到1895年，在加利福尼亚的诱惑下，他设法筹到了足够的资金，去经营牧场。当他积累到可观收入的时候，生活再一次变得宽裕起来。如今，在垂暮之年，他又失去了一切，在心底里，他知道这是错误的，是不同寻常的。"没有一片像样的土地用来安家。任何地方没有一条铁路要修建。"他回忆道，"多年前，霍勒斯·克里利发表了一篇声明：'年轻人，去西部吧，与国家一同成长。'"现如今他就生活在西部，他会这样声称："去西部吧，年轻人，然后把自己淹死在太平洋里。像挪威的旅鼠②所做的那样。"再没有更远的远方了。

---

① 30年代兴起的运动，提倡老年人应获得充分的老年保障，主张提供老年保障是政府的责任。

② 北极地区的一种动物，有时以淹死来结束自己的生命。

The Great
Depression 美国大萧条

一个试图把自己的境遇合理化的人，往往会遵循下面几条路径中的一条。如果他把这样的境遇看作是机器取代人的结果，他可能就会心平气和地看待它，因为没有谁会跟一台机器生气。如果他归咎于自己或自己的糟糕运气，他就会滑向一条无法挽回的失败之路。如果他把责任归到社会或经济体制的身上，他就会选择激进主义的岔道，走不了几步就会左倾。有人做过一项认真细致的研究，结果发现，跟女人比起来，失业使得男人更加激进。将近四分之一的闲人（比有工作的人当中多四倍）都同意"革命对这个国家来说是一件非常好的事情"，尽管几乎所有人都反对"外国激进分子"之类的观念，并且断言："一个人应该欣然为自己的国家而战斗。"

住简易棚屋的失业老人

实际上，像这样的激进主义，大体上是朴素的，理论上是天真的。对于被商店所包围的贫困，普通人有着本能的愤恨，随着食品和农场窒息在他们自己的生产过剩之下，这种愤恨突然爆发了。1932年，一个穷困潦倒的人对一位社会工作者说："这些日子，思考是危险的，请别烦我。"同一年，一位新闻记者走遍了北卡罗来纳州的城镇和偏远林区——所经之处，身边是一片废墟，造成这些废墟的原因是廉价棉花、工厂停产、银行倒闭、抵押物丧失赎回权，以及很轻易地降临在华尔街的美国佬身上的其他不幸——他听到了人们咕哝着"革命"这个词。在新政初期，密歇根州的一位村民告诉联邦紧急救济署的官员：

我不相信你在这家机构启动之前就已经认识到了情况有多么糟糕……他们全都说，如果情况变得更糟，而且并没有很快就发生点什么事情的话，他们就会来到主街上，砸碎窗户，拿走他们所需要的东西。他们不会欺负小店。他们首先会去找那些大店……没人愿意让自己的老婆孩子饿死。

对于某些人的丑行，巴尔的摩和俄亥俄铁路公司主席丹尼尔·威拉德曾经于1913年在沃顿商学院的一次演说中这样说过：资本主义已经脱臼。他还勇敢地补充道："在我饿死之前，我会去偷。"

第二年春天，全国各地到处都出现了反饥饿游行，密歇根州的迪尔伯恩市还爆发了一场严重的失业骚乱，导致了流血。离广泛的群众运动最近的途径是"补助金大军"。1924年由国会授权颁发给第一次世界大战退伍老兵的"调整后的补偿"凭证，要到1945年才能支付。1931年初，退伍老兵事务管理机构的负责人向胡佛总统报告：大约有272,000人需要救济。很快，国会在推翻总统的否决之后，就为这些补偿凭证提供了一笔贷款，但不久之后，"帕特曼提案"建议立即支付剩下的余款。

反饥饿游行者聚集在国会大厦大门前

The Great
Depression 美国大萧条

为了游说国会议员，让这一措施得以通过，1932年晚春时节，大约12,000到15,000名退伍老兵，紧随俄勒冈州一支由失业罐头厂经理沃尔特·沃特斯领头的乐队，从四面八方聚集到了华盛顿。他们藏身于联邦政府的空建筑内，或者在波托马克对岸的泥地上支起帐篷。联邦政府强调，他们的团体已经被少数共产主义分子和有犯罪前科的人所渗透。然而，事实上，是有人把所谓"左翼分子"的名头安在了这帮汹涌而来的流浪者们的头上。当参议院在6月16日以压倒性多数否决了"帕特曼提案"的时候，正在国会大厦的台阶上守夜的退伍老兵们强忍住内心的失望，振奋人心地唱起了《美国》这首歌。

7月初，当国会投票决定为穷困潦倒的游行者们支付回家路费的时候，大约有5,000人离开了华盛顿。这个月的晚些时候，随着国会的休会，总统命令陆军参谋长道格拉斯·麦克阿瑟将军让其余的人疏散。这些人与华盛顿警察之间的暴力冲突导致了两名退伍老兵的死亡。携带催泪瓦斯和刺刀的军队很快就驱散了那些掉队的人，他们撤回各自来的地方，或者加入了沿途（公路和铁路）被逐出者们的流浪洪流。有人在某些容易激动的圈子里听到了这样的谈话：老兵们将会遵循外国的先例，成为一场革命——不管是向左还是向右——的先头部队，无论如何，这样的谈话被证明是愚蠢的。

即使是在1932年最黑暗的日子，美国人依然坚信民主程序，这是人民满怀希望的习惯，是他们对"外国"煽动者的不信任。当美国公民渴望改变的时候，他们所指望的，必定是投票箱，而不是肥皂箱①。在不同的地方，在几个工业中心，不满在锅盖之下慢炖着：比方说，有工团主义背景的西雅图以及该市的失业公民联盟在1932年的活动；或者，城市信用达到枯竭之后的底特律以及开始浑水摸鱼的查尔斯·E.库格林神父。但是在别的地方，人们以坚忍的意志接受了同样糟糕的处境。

在纽约市，无家可归的人睡在地铁车站。1932年，在中央公园一个废弃的蓄水池里，一个被称作"胡佛谷"的著名的本地居民点在那

---

① 这是一句双关语，肥皂箱的意思是"即兴演说的讲台"。

里繁衍生息，这里的居民以变质的面包和市场的垃圾为食，他们面无表情地凝视着被空了一半的摩天大楼所围起来的曼哈顿的剪影。在俄亥俄州的扬斯敦市（那里的炼钢平炉不久以前因为一家重要工业企业的兴起而点燃），数以百计的流浪汉挤在市政垃圾焚化炉所在的建筑里取暖。全国各地都有人住在废弃的工厂、侧轨上的货运车厢或者用废木料和敲扁的易拉罐所搭起的棚屋里。拖家带口的无家可归者往往聚集在市郊，过着朝不保夕的日子。这些人都是没有购买力的消费者。到1932年夏天，很多社区把公共土地交给失业者作为小农场或菜园来耕作种植。例如，在印第安纳州的加里市，有两万家庭在该市借给他们的土地上给自己种粮食。

尽管官方反复保证，不会让任何人饿死，但据报道，1933年纽约市至少有29人死于饥饿，在1934年之前，全国共有110人死于饥饿，其中主要是儿童。而死于疾病、意外事件和整体崩溃的受害者则要远远多得多，就最后一种情况而言，饥饿是他们死亡的主要原因。在1928—1932年间，费城的公共卫生中心所诊断的营养不良的病例增长了60%，尤其是在6岁—16岁这个年龄段。牛奶、鸡蛋和新鲜水果消费的急剧下降，十分清楚地印证了佝偻病、坏血病和糙皮病的相应增长。公共保健护理全国组织报告，在纽约的一家健康中心，营养不良的患者从1928年占患者总数的18%，增长到了1931年的60%，这是一个令人吃惊的数字。

长期以来，"玉米粥"一直是南方贫穷白人的"毒药"，如今，其他地区新增穷人的食物在营养不良上可以与之相匹敌，他们以面包、马铃薯和豆类为主食，每个星期

捡拾垃圾为食的饥民

能吃上一次卷心菜，就算是改善伙食了。自然，餐馆经理常常会捐赠一些残羹剩菜，面包师捐赠他们的变质面包，水果蔬菜批发商则捐赠他们的过熟产品。在下东城，卡车司机偶尔会让一箱橘子从车上掉下来，并假装对散落一地的水果一无所知。恶化的极致是吃垃圾，很多城市都有过这样的行为。1932年，一帮调查芝加哥贫民窟的人描绘了这样一幕："在正卸下垃圾及其他废弃物的卡车周围，大约有35个男人、女人和孩子。卡车刚一离开垃圾堆，他们所有人便开始用棍子（有些人干脆用手）去挖，抓住零零碎碎的食物和蔬菜。"

大萧条所带来的烦恼和挣扎，让少数人承受了无法忍受的后果。1930—1932年间，公立医院中因患精神病而住院的人数，年增长率几乎是1922—1930年间的三倍。当然，这一增长的主要原因是家庭和私立医院没有能力照料精神病患者。但在纽约州，每10万人口当中精神病患者的数量在1932—1933年间呈现出一次急剧的增长。

在股票市场崩盘之后，人们预料自杀率将会有惊人的增长，但这并没有得到事实的佐证。1929年10月和11月，纽约市只报告了219例自杀，而在1928年同一时期则有223例。但全国的年自杀率却稳步增长，1929年为万分之一点四，1932年突破最高纪录到万分之一点七四，1936年才逐步下降为万分之一点四二。

很明显，对经济衰退所带来的冲击，男人的感觉远甚于他们的妻子，自杀主要集中在经济天平上的两个极端（尤其是地位较高的那一端），社会地位的从高到低所导致的自杀，常常更甚于穷困本身。值得注意的是，作为大萧条的最后指标，不得不动用公费安葬死者的死者数量，1931年是1929年的三倍多，相当于每10个死者中就有1人需要公费安葬，而在乡村地区，自备棺材的数量倒是有所增长。

第3章 换 帅

在抗击大萧条的战斗中，赫伯特·胡佛所承担的责任，比他的任何一位前任在类似困境中所承担的责任都要大。1837年危机中的范布伦，1873年的格兰特，1893年的克利夫兰，都曾批准过旨在缓冲打击的货币措施。1907年，西奥多·罗斯福给国会寄去了一份措辞激烈的咨文，从而产生了一部临时法律，给予紧急时期的流通货币以更大的灵活性。1921年，哈丁召集了一次关于失业问题的总统会议，其目的就是要把问题交回到地方慈善机构的手里。但在1929年之后，前所未有的灾难要求前所未有的行动。在试图让联邦政府干涉经济周期的运转上，胡佛欣然采取了一些措施，并迫于环境和民主党控制的众议院的压力，不得不采取另外一些违背传统的措施。

在过去，经济复苏表面上是由自然原因造成的。产量的减少导致了多余商品的吸收，同时资本费用的降低和原材料的降价拉低了新产品的生产单位成本。消费和就业因此都得到了刺激，工业开始再次扩张。不仅是大陆边境，对外出口市场也引发了这样的复兴，就像由于高出生率和移民而导致消费者的持续增长一样。现如今，全世界都受到了同样的打击，美国的工业扩张似乎接近它的极限。国家所患的，不是单一的疾病，而是混合的传染病，生活安逸的岁月，帮助耗干了它与生俱来的抵抗力。在这一场漫长的消耗战中，如果不用完它所有的储量，患者能自己恢复吗？老式的治疗方法——比如忍耐、苦干、少量的货币调整和大量的希望——能否治愈它呢？

相信社会计划、憎恶浪费和低效的赫伯特·胡佛对这些问题的回答是否定的。然而，这位医生在很大程度上是他的继任者轻松地称为"马车时代"的那个时期的产物，因为胡佛坚定地相信，经过改良的放任主义、金本位、个人奋斗和谋利动机是社会进步的主要推动力，相信节俭和克己是经济安全的根本之所在。在1928年的竞选演说中，他把自己的学说精简提炼为"粗犷的个人主义"这样一句短语，在危机的那些年，这一短语受到了持续不断的攻击、嘲弄，甚或被戏仿为"衣衫褴褛的个人主义"。1934年，在回应对他的批评时，胡佛写道：

> 我不会为提出"粗犷的个人主义"这一术语而主张任何权利，但我会为发明它而感到自豪。半个多世纪以来，美国的领导者们都使用这一短语来赞颂那些敬畏上帝的男男女女，赞颂他们的诚实，他们的毅力、品格和对权利的大胆主张，这些让他们能够在生活中获得成功。正是他们担负起了重担，并在他们的社区中发挥领导才能。

胡佛总统携夫人进入白宫

这样一种姿态，结合了对政府的家长式作风的深刻不信任，利用税收的力量缩小富人和穷人之间的不平等，减少大手大脚、不用偿还的联邦支出。因此很显然，这位医生，在面对新的、令人担忧的症状的时候，肯定会谨慎地少量给药，对大手术抱怀疑的态度，即使患者本人越来越想试验一把。

事实上，在遭逢艰苦岁月之前，部分国民已经习惯于那些似乎风行于现代的政府承担更多责任的观念。第一次世界大战甚至让美国感受到了联邦控制在危机时期的必要性。更深一层的是，城市工业秩序的发展几乎是不知不觉地把政府与商业交织在一起，把国家与个人的日常生活交织在一起。有些市民认为，政府就是私营企业力量当中的一个经济平衡轮；也有人认为，在战争时期，在民众的痛苦或恐慌中，政府是行动的最高来源；还有一些人——显然是大多数——则认为，政府是普通人用以抵抗企业的贪婪和剥削的盾牌。那些还记得西奥多·罗斯福、塔夫脱和威尔逊的进步主义的人，看到了第三种意见的示范。政府所扮演的这几种角色，诉诸其中的任何一种，都足以把联邦政府的力量注入1929年之后的令人绝望的僵局中。此外，那些在20世纪30年代初期把目光投向国外的人都感觉到了，英国、法国、德国、日本及其他国家的政府都在承担起巨大的责任，它们所采取的措施，常常比美国在这十年所见证过的任何措施都更加激烈。

1929年秋天，像他的大多数同胞一样，胡佛也没能正确评估这场危机的严重性和持续时间。他把这次市场崩盘看作是纸上的崩溃，可以通过高层的精明合作来加以阻止，1929年11月和12月，他多次把工业、金融和劳工的领袖们召集到白宫。从铁路公司、电话公司和钢铁公司，他得到了增加支出的承诺，从大型工业企业得到了维持工资水平的保证。大多数这样的许诺，其所得到的尊重（如果说有任何尊重可言的话）是半心半意的，或者是推诿躲避的。在接下来的三年时间里，胡佛对工商企业的自我恢复能力与合作精神的基本信心，注定要一而再，再而三地失望。在此期间，他试图通过说一些类似于教练给运动员打气的话，来消除"毫无根据的恐惧"，恢复人们的信心。"我们在萧条时期所遇到的困难，百分之九十是由恐惧引起的。"他这样告诉他的秘书，这句话预言了他的继任者在就职典礼上所发出的响亮宣言："唯一让我们恐惧的东西，就是恐惧本身。"

在结束了1929年最后几个星期忙乱的活动之后，胡佛相信该刹车了，他停止了乐观主义符咒的运转，企业的自救开始行动。他很不情愿地放弃了他的期望，几个月过去，一种急躁情绪开始产生，不仅在那些穷困的失业者当中，而且在有钱人当中也是如此，在"囊中羞涩的时代"，人们盼着政府出面，就像他们在繁荣时期抗议政府干涉一样急切。1930年，出现了一些抗击大萧条的小规模战斗，比如政府对旱灾受害者的援助，帮助农民喂养他们的牲口（虽说不是喂养他们的孩子），以及一些公共工程建设计划，包括拨款5亿美元修造联邦政府的建筑，及花费6,500万美元用于修建巨石水坝（后来改名"胡佛水坝"）。这些公共工程计划持续了好几年，在救助当地失业人口上扮演了一个重要角色，但是，在不断增长的绝望情绪下，它们看上去似乎有点缩手缩脚、半心半意。到处都在大声疾呼，要求采取行动。

胡佛总统签署《农业救济法》

从1931年6月的延期偿付开始，胡佛默认了这场危机的严重性，并把自己的全部精力集中到了处理这场危机上。他是一个工作刻苦的人，顽固而真诚，然而他没有能力以某种方式把他抗击大萧条的战斗戏剧化，以点燃公众的想象，重振国民的士气。人们都把这样一场灾难归咎到他的头上，而究其根本，灾难的种子早在他上任之前就已播下，1928年的竞选倘若是他的竞争对手获胜，这场灾难无疑也会到来。

但很不幸，胡佛很适合充当替罪羊的角色。尽管他有能力，但他缺乏他的继任者所拥有的那些天赋——政治上的同志关系、可以传染的个人热情、广泛而全面的计划，以及让人发抖的领导能力。在"抹黑大战"的帮助下，胡佛被塑造成了一个看上去严厉冷酷、沉默寡言的人，而且，对人民的困境冷漠无情（这样说很不公平）。有一句经常被人重复的俏皮话说，这位"伟大的工程师"已经迅速排干了水，弃水而去并筑起大坝。他的事业生涯生动说明了公众人物名声的反讽。在第一次世界大战中，他作为储藏顾问而进入了美国人的家庭和厨房，成为友好的效率、节俭和"胡佛化"[①]家常规范的象征。与此同时，1916年和1919年，他在为数百万欧洲饥民提供食品的工作中所付出的劳动，使他拥有了作为一个供给者的英雄般的魔力。当大萧条来临的时候，人们莫名其妙地指望他复制这一社会工程学的奇迹，尽管已经再也没有外部来源，让一个痛苦的民族从中分流出慷慨的恩赐。然而，这些早期经历却使得胡佛更加坚定地相信：自愿合作和共同努力是对所有紧急情况的最好回答。带着这样的历练，再加上他的曼彻斯特人的自由主义性情气质，胡佛长时间地反复研究经济崩溃之谜。

最急迫的问题是救济。美国人关于救济的传统观念并非源自现代英国（"侵蚀灵魂的施舍"），而是源自至少可以上溯至伊丽莎白女王时代的《英国济贫法》。人们普遍相信，施舍使得那些接受施舍的人更贫穷，公共救济和政治是密不可分的，尤其是，这样的支出是"不劳而获"。因此，扶危济困往往成了地方的责任，给予这种帮助的时候要尽可能地吝啬而带有羞辱性，为的是让寄生虫望而却步，并强调贫穷的可耻。济贫院的阴郁恐怖被认为是有益的。

在一个纯洁的农耕国度，地方救济还不算太糟，它得到友善的铺垫，美国人喜欢把这种友善视为一种民族特征。后来，个人慈善

[①] 即省吃俭用的意思。

通过慈善组织协会和红十字会的渠道，缓和了地方救济令人生厌的气味。对总统来说，在一场起初看上去跟旧金山地震或密西西比河洪水几乎没什么两样的危机中，求助于这些慈善组织也就是自然而然的事了。1930年10月，胡佛任命了一个由前纽约警察专员阿瑟·伍兹上校牵头的"就业紧急委员会"之后，他对新闻媒体说："志愿组织和社区服务的意识并没有在美国人民当中消失……而是强大到足以应对过去一年来所出现的问题。"事实上，为了慈善目的，自1925年之后就建立了社区公益基金，捐款在1931年秋天和1932年春天达到了高峰。第二年，要么是由于基金的枯竭，要么是因为公共机构的强势登场，捐款下降到了1924年以来的最低点。

胡佛相信，救济和再就业的义务是从个人开始的。如果没有见效，接下来就可以号召像红十字会这样的私营组织出力，然后再求助于市政府和州政府，最终，作为终极手段，求助于联邦政府——在这最后的关头，联邦政府的救助所采用的形式应该是借贷，而不是赠予。在这场胡佛认为是捍卫国库的战斗中，他缓慢地、万分不情愿地一条战壕接一条战壕向后撤退。

尽管民间的委员会在1930—1931年间零零星星地做了一些善事，但从更大范围看，这些离满足需要还有一定的距离。伍兹委员会并没能创造出足够多的新工作岗位，以建造一座哪怕是简易的人行桥，来跨越不断扩大的失业裂口。1931年8月，胡佛以失业救济组织取代了伍兹委员会，主席是实业家沃尔特·S.吉福德，后来换上了

胡佛总统接见密歇根州果园"桃子王后"

威尔逊的陆军部长牛顿·D. 贝克。这个委员会——本身就等于承认情况越来越严重——的目的是协调地方组织的活动，同时告诫各社区和各州照顾好自己。"展开工作"是它鼓励工业企业的口号。

1932年1月，美国退伍军人协会开展了一次驱车旅行运动，以争取根据每周5天、每天6小时的计划获得100万个工作岗位。同意这一计划的雇主有资格挂出一个招牌："我们参与了。"那一年的初春，纽约市发起了"街区援助"行动，保证每周从每个街区的有工作居民那里得到1美元的捐助，以帮助失业者。J. P. 摩根打破了几乎是滴水不漏的矜持，通过广播电台赞扬了这场运动。同时，红十字会在1931—1932年间的严酷冬天大约帮助了100万人。

尽管私人慈善团体英勇可嘉，但毕竟是杯水车薪。当迅猛增长的贫困人群转而求助于地方政府的时候，他们发现，由于税收的减少和萧条两年的消耗，食品柜里已经空空如也。冬天的几个星期甚或几个月的时间里，各州拨款给地方当局以支付救济的成本，直到这些来源也被消耗殆尽，饥饿的眼睛更急切地转向了华盛顿。3月，国会投票决定，从联邦农业委员会调拨4,000万蒲式耳小麦，通过红十字会分发给失业者，4个月之后，又从同样的储备中发放了4,500万蒲式耳小麦和50万担棉花，后者在红十字会的监督下被做成了衣服。这些措施，把联邦政府所拥有的商品用于救济——尽管是通过私人慈善机构的途径来分发——标志着一项革新。胡佛反对挪用联邦资金给红十字会去分发，在这一点上，国会支持他。

1932年7月到了最后的阶段（为了阻止它，总统支撑了如此长的时间），当时，复兴金融公司（RFC）获得授权，从国库里贷款给穷州。RFC——未来罗斯福政府从胡佛手里继承的新机构当中最重要的机构——是1932年1月在一家被称为"国家信托公司"的计划失败之后设立的，胡佛之所以要发起创办国家信托公司，是希望强大的银行能够自动地组成信托联营，以帮助弱小的银行。像他的许多设想一样，这一设想也过于倚重企业的开明自利。对于帮助弱者，强者显得并不热心，于是，全部负担便落在了华盛顿政府的身上。

就这样，RFC诞生了，由国会创办，贷款20亿美元给银行、保险公司、建筑信用合作社、农业信用组织、铁路公司及其他类似的企业。由菲奥雷洛·拉瓜迪亚领头的反对派批评者立即把它称作"百万富翁的救济金"。然而，胡佛相信，支持国家信用机构会间接地让每个人受益。1932年6月6日，RFC第一任首脑查尔斯·G.道威斯将军辞职，三个星期之后，他的芝加哥银行从RFC那里得到了9,000万美元的贷款，一时间举国哗然，人们强烈要求彻底公开它的贷款活动，将联邦的资金用于帮助那些忍饥挨饿的个人和捉襟见肘的银行。

1932年夏天，不仅仅是补助金示威者，而且还有大量穷困潦倒的市民，加上地方政府和州政府，全都向国会大厦和世界上最富有国家的财政部伸出了他们空荡荡的双手。众议院议长、政治上的自命不凡者和民主党人约翰·N.加纳要求把联邦贷款发放给那些穷苦的男男女女。美国劳工联合会支持拨款给破产城市的老师发工资。很多人强烈要求恢复自上次战争之后便无疾而终的联邦就业服务，创立全国性的失业保险体系。1932年7月，胡佛总统尽管很冷淡地看待所有这些建议，但他还是不得不同意一项救济提案，向财政部征收的21亿美元，其中18亿美元可以由RFC贷给各州、市、县，用于救济和公共工程建设，剩下的用于联邦政府的建筑。这一措施，像更早的时候分发给联邦政府的小麦和棉花一样，为后来的"新政"开创了一个先例。在罗斯福统治下，政府放弃了偿还这些贷款的要求，因此把这些借款转变成了赠予。

胡佛总统忠实于他的保守主义观点，时刻提防税收的增加和联邦政府的拨款（除了用于能够盈利自己清偿贷款的公共事业的贷款之外）。他不喜欢"非生产性的公共工程"，比如市政厅和州议会大厦、公路、街道、河流和港口的改造，以及陆军和海军超出通常规模的建设，但他批准了一些"产生收益的公共工程"，比如收费桥、收费隧道、码头，以及盈利能力足以保证还款的其他项目。主要是通过他的努力，1932年7月的《救济法》才偏向于后者（可以动用15亿美元），而前者则只有3亿美元。

总统对另一个问题——穷困房主问题——的解决，以不同的伪装显示了他在财政上的谨慎，以及他跟济贫机构打交道、而不是直接涉及个人的决心。大萧条给建筑业所带来的灾难性影响前面已经谈到过。其中最惊人的影响是，1928—1933年间，住宅建设下降了95%，而住宅修缮的支出从5亿美元下降到了5,000万美元。更为严重的是这样一个事实：1932年，大约273,000个房屋业主由于丧失抵押品赎回权而失去了他们的房产，到1933年初，每天大约有1,000套住宅落入抵押持有人之手。在持续几个月的强烈要求之后，1932年7月，胡佛总统诱使国会建立了联邦住宅贷款银行（FHLB），总共12家，为的是能够把资金借给建筑信用合作社，以及那些因为贷款给住宅业主和农场主而给自己的信用造成严重紧张的银行和保险公司。这一措施帮助了某些抵押贷款机构，使它们能够继续运转，但对于消除来自个人业主背后的烦恼和损失来说，效果还是小得令人失望。

与此同时，在焦虑不安的1932年之夏，共和党再次提名胡佛为总统候选人，而民主党则提名了深得人心的纽约州州长富兰克林·D.罗斯福。罗斯福最初是州参议员，后来在威尔逊手下担任海军部助理部长，正当他春风得意、前程似锦的时候，1920年，他作为副总统候选人参加竞选，遭遇了惨败，不久之后又患上了小儿麻痹症，表面上他的前程似乎就这样给毁了。但他凭着极大的勇气，以病残之躯，驾驭了自己的生活。1928年，在朋友阿尔·史密斯的劝说下，他重新步入政坛——罗斯福曾给史密斯取了一个著名的绰号："快乐战士"，这个绰号似乎更适合他自己的性情气质。

担任海军部助理部长时的富兰克林·D.罗斯福

1930年，罗斯福以压倒性多数再次当选州长，接下来，他提出了一项强有力的社会福利计划，再加上他最喜欢的两位副手詹姆斯·A.法利和路易斯·麦克亨利·豪为他提供的政治保护，这一切，使他成了民主党大会召开之前最受欢迎的人物。他乘飞机飞到芝加哥去接受提名，这一行为不仅打破了先例，而且还让人预先看到了他与生俱来的戏剧天赋，以及他极强的执行力。然而，正如罗斯福最喜欢的新闻记者欧内斯特·K. 林德利所说的那样，他"在1932年大选期间并不是个大受欢迎的偶像"。他似乎太斯文了，不可能是荒野中发出的呼喊。人们经常引用沃尔特·李普曼在1932年1月8日对他的著名描述：他"不是人民的保护者……不是既得特权的敌人……他只是一个对这个职位来说没有任何重要的资格却又很想当总统的令人愉快的人"。然而，国人很同情这位不知疲倦的竞选者，有时候他一天要发表16次演说，精神饱满，充满自信，面带微笑。然而，对他真正的品质，人们没什么概念。

关于大萧条，两党的施政纲领和竞选活动自然是有分歧的。在胡佛的带领下，共和党强调大萧条的国际根源，而自由主义的民主党和罗斯福则强调它的国内原因。关于它的疗救措施，他们的想法也有分歧。对前者来说，复兴是"至善"，改革是次要的；而后者则认为，复兴固然重要，但迫在眉睫的改革对于复兴来说同样是必不可少的要素，这些改革措施有：为下一次崩溃设立保险，建立养老保险和失业保险，控制产品过剩，拨出更多的联邦贷款用于失业救济，以及与其他国家订立互惠贸易协定。政府允诺"撤出私人企业的所有领域"，"除了对发展符合共同利益的公共工程和自然资源来说必不可少的领域之外"。

胡佛依然坚持他对地方自助精神的信念，不管是为了复兴，还是为了救济——救济一般被认为是三个R[①]当中最急迫的一个——他相信，如果商业信用机构继续得到联邦贷款支持的话，最终会一切顺利。他支持金本位，这样一来，"美元将在全世界的每一个柜台上流通"。他还支持高关税，并严肃警告："如果取消关税保护的话，千百座城镇的街道上就会野草丛生，数百万农场的田地里就会蒿莱遍地。"共和党人则为1932年夏末和初秋的一场温和的改良高潮而欢

---

① 即改革（Reform）、复兴（Recovery）和救济（Relief）。

呼喝彩，当时，RFC减缓了银行倒闭的速度。但普通市民，看着自己微薄的工资袋、施舍处和等待领救济的队伍，几乎感觉不到情况有任何好转，并热切地渴望改变。大选前夕，胡佛向他的秘书承认："我要告诉你，我们的麻烦是，反对我们的有600万失业者，1万补助金示威者，以及廉价的玉米。"

面对大量心怀不满的选民，罗斯福用行动巩固了他的承诺，同时他保证："失败不是美国人的习惯。"在佐治亚州的奥格尔索普大学，他说："常识告诉我们，采用一种办法，试它一把。如果失败了，就坦率地承认，再试试另外的办法。但最重要的是，你得试着做点什么。数百万处在贫困中的人们，当满足他们需要的东西伸手可及的时候，他们是不会默默地袖手旁观的。"他的早期言论很少提到明确的方法，但随着竞选活动的发展，它们越来越明确了，包括控股公司的改革，保护投资者免遭欺骗，互惠税率协议，田纳西河与哥伦比亚河上的联邦发电厂，放松农业抵押贷款的抵押负担，以及社会保障，等等。

他告诉旧金山联邦俱乐部："私人经济的力量就是……一种公共信用"，并且经常引用西奥多·罗斯福和威尔逊的进步主义理论，但很不幸，他们的势头在20世纪20年代已经无影无踪了。另外几次，这位民主党候选人似乎渴望让几乎每一个人安心，渴望取悦他们。他对"稳健货币"大加称赞，却没有停下来定义它，他严厉斥责胡佛"不计后果的、奢侈浪费的过去"，导致政府开支从1927年的20亿美元增长到1931年的30亿美元，然而，他愿意挺身而出，为联邦当局担负起已经增大了很多的责任。

这次竞选给政治生活带来了一些重要的新标签。在1932年4月7日的一场较早的广播演说中，罗斯福用一句短语——"处于经济金字塔底层的被遗忘的人"——把他对底层社会的关心具体化了。具有讽刺意味的是，这句话的来源竟然是耶鲁大学经济学家、直率的个人主义者威廉·格雷厄姆·萨姆纳，他的社会达尔文哲学拒绝"改造世界的荒谬努力"，他还坚持认为，那帮多愁善感的改革家们所鼓吹的"不适者生存",是对勤奋和节俭的公开侮辱。哥伦比亚大学的雷蒙德·莫利教授剥离了它的上下文,把"被遗忘的人"这个说法介绍给了罗斯福,莫利是罗斯福私密顾问圈子中最著名的成员,一位新闻记者后来给这个顾问班子取了个绰号,叫"智囊团"(the brains trust),并很快被通俗化为brain trust。不久之后,当选的罗斯福把他为美国人民所制定的伟大目标定义为"更富足的生活",把自己的政治立场定义为"中间偏左"。

所有这些短语都将被人们反复记起,但最不可缺少的是"新政"(New Deal)。在接受提名的时候,罗斯福说:"我向你们保证,我向自己保证,将为美国人民带来一次新政。"带有社会正义含义的"新政"一词,被马克·吐温笔下的"康涅狄格州的美国佬"所援引;在罗斯福发表声明之后的8月底,斯图亚特·蔡斯的一本书就以此为标题。在很短的时间内,罗斯福和他的追随者们正决定性地谈论这次新政,这个标签让人回想起他的第五代堂兄西奥多曾经鼓吹的"公平交易"(Square Deal),以及上一任民主党总统威尔逊所信奉的"新自由"(New Freedom)。要么是赞扬,要么是谴责,它很快就成了那个时代最通行的政治标签。

胡佛以在内华达州埃尔科市发表的一篇广播宣言结束了他的竞选活动,他说:"我们是一个进步主义者的国家。我们希望看到我们的国家迈步前进。关于进步的方法我们有严重的分歧……我深深地感觉到,共和党是我国历史上自亚伯拉罕·林肯时代以来最进步的党。"他警告选民,不要被"排列在五颜六色的允诺中的错误之神所误导,从而误入歧途"。罗斯福在麦迪逊广场花园发表了自己最后的演说,他说:

下届政府一定不能代表美国的部分人,而是要代表所有美国人。头脑、心灵和组织的任何资源,归根到底,都应该被用来对抗我们真正的敌人。我们真正的敌人是饥饿、匮乏、不安全感、贫穷和恐惧。

第3章 换帅 053

The Great
Depression 美国大萧条

罗斯福与胡佛同车出席他的就职典礼

决定权在人民的手里。凭借将近2300万张——只差16张——选票，罗斯福当选为总统，除了6个州（其中4个州在新英格兰地区）以外，拿下了其余所有州。民主党还席卷了参众两院的大部分议席。威廉·艾伦·怀特是罗斯福早期改革运动的一位身经百战的进步主义者，40年来，他一直从他在堪萨斯州的报社里机警地注视着这个旋转的世界，他把这次压倒性胜利看作是"美国人生活中的一种新姿态……是美国人民的一个强有力的愿望，希望把政府作为谋求人类福祉的一个媒介来加以利用"。

的确，1932年的夏天和秋天，国家处在其历史上最生死攸关的十字路口之一：两种完全不同的性情气质和政治哲学都向选民们表达了自己的诉求。站在1935年的立场回首过去，李普曼宣称："罗斯福总统的复兴计划，大多数是对胡佛总统计划的发展。"——这一断言既不可能讨好共和党人（他们决意要把新政看作是一次邪恶的背叛），也没法取悦民主党人（他们热心地维护自己对这项创新的权利）。

然而，这句话还是把握了一定的真理。这两位领袖都担负起了空前的责任，要提高国家经济的机能，使之回到繁荣的轨道上来，他们的做法是：努力提高农产品价格，巩固工资水平，通过公共工程建设来创造工作岗位、"刺激经济复苏"，通过鼓励更短的工作时间来扩大就业，并管制美元价格（尽管，一方面，胡佛通过联邦储备体系中的自由市场运作来扩大信用基础，从而着手支撑美元的国内价值，另一方面，罗斯福也在致力于支撑它的外部价值，并让国家脱离金本位）。整个新政期间，胡佛的RFC和他的住宅贷款银行（FHLB）都在持续运转；尽管共和党总统在1931年3月通过了一次冷若冰霜的否决，掐灭了田纳西流域管理局的想法——"我坚决反对政府进入任何旨在与民争利的商业活动"——但可以说，他把圣罗伦斯海道作为铁路的竞争对手来推销。胡佛的同业公会预示了国家复兴行动中的一个方面，与此同时，他以另一次预示性的行动批准了《诺里斯－拉瓜迪亚反禁令法》。

简而言之，这就是公众不能接受胡佛实际上是新政创始人的原因。像大多数似是而非的论断一样，它也忽视了很多东西，首先是两位忙于跟同一场灾难战斗的社会设计者的某些行动之间必然存在的类似之处。它还忽视了胡佛在采取某些措施上的谨小慎微与罗斯福对试验和改革的强烈热情之间的差异。在胡佛站在悬崖边上哆哆嗦嗦的时候，罗斯福却兴高采烈地跳了下去，并邀请国民们步其后尘。更要命的是，这种比较忽视了胡佛临时的权宜之计与罗斯福为改革和复兴所设计的永久性蓝图之间的差别，忽视了前者对产业自治的根本信任与后者越来越依靠法律强制之间的差别。

胡佛把1932年的竞选称为"两种政治哲学之间的竞争"，是个人主义对严格管制的竞争。罗斯福则把它看作是两种繁荣理论之间的两难选择：一种是试图让富人更富，希望多少有些好处能够滴落到普通人的身上；另一种则是"如果我们让平庸之辈能够舒适而安全，那么，他们的繁荣就会像酵母一样让所有阶层的人都蒸蒸日上"。在实践中，正如未来将会证明的那样，这主要意味着政府应该为了普通人的利益，更坚定地管理财富，更不客气地对利润和收入征税，同时还要更大方地花钱。干这些勾当是不是政府的职责呢？他们分歧的根本盖在于此。

罗斯福是一位自由主义的贵族，他的灵魂根源属于农业而不

The Great
Depression 美国大萧条

罗斯福（1931年10月）

是工业化的美国，他秉承着托马斯·杰斐逊、查尔斯·平克尼和爱德华·利文斯顿那深入人心的传统，把对弱势群体的深切关注忝列为公共服务的责任，就好像他本身的身体缺陷给了他直觉上同情所有弱势群体的钥匙。罗斯福是一个热爱公平比赛的人，一个人道主义者，他充满热情地相信，要公平地对待所有人。穷困的挤压和剥削的榨取，他只从别人的口中听说过，比如从妇女工会联盟热心的组织者们那里，在他康复期间，这些人曾看望过他，这或许就是他对劳工及其健康和工资问题的态度赖以形成的主要原因。他的品质当中，心灵和想象超越了冷冰冰的智性分析。另一方面，他的反对者们一直不厌其烦地指出，出生于富贵之家的罗斯福，对金钱动辄摆出一副贵族的姿态，这一点跟白手起家的农家子弟胡佛大不相同。无论是作为一介平民，还是作为纽约州州长，罗斯福都明显是个挥金如土的人，对他来说，把钱用在促进人类幸福上，比预算平衡和谨慎节约更有吸引力；他对华尔街大亨们从来不像柯立芝和胡佛那样敬若神明。他的大多数经济学知识，都是凭借他典型的快速（尽管不可避免地是肤浅的）吸收能力，从他所遇到的人那里得来的。

作为一个"乡绅"，他对农业问题（特别是资源保护问题）有着像杰斐逊一样强烈的兴趣，因为在他看来，国家的人力资源和自然资源的浪费，远比他的大多数批评者们所反感的财政浪费要真实和严重得多。在简单化和戏剧化自由主义对心甘情愿的大众同化的渴望上,他被证明是一个完美大师。他的方向感通常优于他的逻辑预感。他常常抢风行驶、见风使舵,总是能够利用主导风向和潮流,罗斯福是个天生的航海家。

新政所允诺的又是什么呢?它跟共和国最古老的渴望是一致的,首先是"生命、自由和追求幸福"①,是一场"促进绝大多数人的最大利益"的实验。在某种程度上,这种对完美的追求,在19世纪便从个人秩序转向了社会秩序,从乌托邦社会的孤立集群转向了对全国经济的通盘管理。自19世纪80年代起,联邦立法便致力于国际贸易和铁路公司,而另外一些形式的监管(例如对货币和外贸的监管)可以追溯到共和国的摇篮时期。对自然资源的保护,连同对"富豪罪犯"的抑制,是老罗斯福的基调,而农业救济则可以追溯到威尔逊统治时期的《乡村信贷法》,以及哈丁和柯立芝统治时期的《谷物与商品交易法》。像威斯康星、纽约、马萨诸塞和堪萨斯这样一些进步州,已经在诸如农业救济、水力管制、失业保险和养老金之类的事情上迈开了独立的步伐。

然而,在美国,更舒适的生活条件和所谓的"粗犷的个人主义"传统,延缓了政府管制和社会保障的发展,而像瑞典和英国这样的欧洲国家,早在大萧条之前就采用了这些办法,这就更不用说极端集体主义了,对大多数美国人来说,这种集体主义指的就是苏联——美国直到1933年末才承认这个国家。即便如此,这股社会主义化的世界性潮流,也并非对美国人的生活毫无影响。例如,1929年1月,代表各种不同观点的美国历史学会社会学科委员会着手进行一项大规模调查,他们抱着这样一种确信:深度输入的趋势正搅动着美国的社会和教育体制,大多数人认为,美国人正走向大民主和集体主义。

正如赫伯特·克罗利20年前在《美国生活前瞻》(*The Promise of American Life*)一书中所说过的那样,再也不能把民主的保证看作是必然的,而是必须把它视为只有通过计划和控制才能实现的目

---

① 语出《独立宣言》。

The Great
Depression 美国大萧条

罗斯福内阁

标。按照罗斯福和他的顾问们的构想,新政恰好就是要努力实现这个目标——他的顾问班子主要是些年轻人,他们要么是奥利弗·温德尔·霍姆斯法官和费利克斯·弗兰克福特教授的嫡传弟子,要么是在罗斯福州长领导下的纽约市和纽约州发展起来的社会工作实践学校里培养出来的精英。按照他们的设想,新政应该是管理者与劳动者之间、大企业与独立的小公司之间、生产者与消费者之间、农业与工业之间、国内市场与国外市场之间、丰年与荒年之间的一种制衡体系。然而,他们坚持认为,此前一直被忽视的某些利益集团需要政府给予特别的支持和鼓励,而且,即便是大企业的优质资产,也要依赖于全体国民——包括劳工和农民、白领工人和中产阶级消费者——的经济健康。

最重要的是,在当前的这场危机中,联邦政府在指导救济和复兴上必须担当更有力、更积极的领导角色。一位放任主义经济学家曾说,"自然原因"应该被允许按照它们自己的意志发挥作用,据说,罗斯福听到这话,"脸上露出了惊恐的神情",他答道:"您知道,人民并不是牲口！"至于实现这些目标的方法和手段，新政并不是根据罗斯福1932年的指示所起草的一份清晰的计划，甚或也不是在他就职的时候已经充分酝酿好的计划，而是一种对"民享"政府的一般性姿态，后来才具体化为行动，并在环境的逼迫下成形。然而，在新政的早期阶段就可以觉察到，某些宽泛的理论跟新政交织在一起。英国经济学家约翰·梅纳德·凯恩斯（他的观点在30年代获得了社会规划者们的广泛认可）认为，在大萧条时期，补偿性开支（"赤字财政"）和货币管制是值得去做的。税收和救济，事实上还有整个社会体系的管制，应该精心地加以设计，以使得更少的钱流入存钱的富人的腰包，而让更多的钱落入花钱的穷人之手，以此加快货币流通和大规模消费。据说，大笔财富并不仅仅来自个人，还来自社会的努力，因此可以公正地为了全体人民的利益而征收重税。有人认为，生产所带来的回报，应该越来越多地流向消费者和工薪阶层，而越来越少地流向投资者和投机者。

约翰·梅纳德·凯恩斯

在这一逻辑的影响下，新政很早就把目光投向了最低生活工资，合理的闲暇，大多数人的经济保障，以及缩减少数人的巨大财富和权力，尽管它的步子还是太慢，满足不了像小罗伯特·M.拉福莱特参议员之流的极端凯恩斯主义者。如果反对者提出，这一理论挫伤了积极性，惩罚了成功，同时使得投资基金因为不安全感而保持冻结，很多自由主义者就会说，一个国家只有通过这种办法，才能符合它古老的自夸：这是一个机会的国度。一种新的愿景由此浮现并进入了美国人民的视野，它是否会转变，它究竟是乌托邦的幻想还是短视的投机之举，只有未来才能告诉我们。

据支持新政的人说，它打算把立法应用于那些私营企业未能为其行为的社会后果承担适当的责任的领域。罗斯福后来引用了林肯的话作为先例:"政府的立法目标,就是要代替人民大众去做那些他们必须做、但凭借他们各自的能力却又做不了,或者做不好的事。"凯恩斯主义经济学的办法或许依然是一个值得争论的问题,但人道主义者罗斯福的宏大策略却从不缺少清晰度。而且,如果这就是方兴未艾的革命大潮的话,那么,一个见证过杰斐逊"革命"和杰克逊"革命"的国家,还是能够认出大多数古老的地标。

第4章　百日新政

尽管人民已经表明了他们对变化的渴望，但4个月的新旧交替的间歇期里仍充满了不确定性，党派间的争吵在授权生效之前便已渐次平息。这就是《宪法》所规定的缓慢而庄严的节拍，这段空窗期，就好像是美洲之鹰的力量暂时屈服于跛鸭那滑稽可笑的软弱无力。这注定是美国历史上最后一个这样的间歇期，因为，"第二十修正案"（1932年3月2日提议，1933年2月6日批准通过）规定，从今往后，任期届满的国会，其生命在1月3日结束，而卸任总统的最后期限则定在1月20日。

秋冬两季早已让夏天萌发的几粒复苏的蓓芽枯萎凋零。10月，随着商品市场和证券市场的再一次萧条，民主党人便责备胡佛的"恐怖竞选"；当这次落潮在大选之后继续低迷、并持续了整个冬天的时候，共和党人便反戈一击，把它归咎为人们担心罗斯福的就职。任期届满的国会拒绝承担重大责任，他们的继任者则急不可耐地拥挤在大门口。罗斯福拒绝与胡佛合作，联合发表关于战争债务和"可靠"货币的声明，一心在他的金库旁边玩牌，拒绝牺牲未来的行动自由以取悦他的前任。政治上的反唇相讥密集地你来我往，而等待领救济的队伍却越来越长，救济之桶的底部被一刮再刮，国家的银行体系开始了它最后的向灾难俯冲。

从1930年初到1932年底，总共有773家国有银行倒闭，涉及存款超过7亿美元，另有3,604家州银行——这些银行的资金链更脆弱——破产，涉及存款超过20亿美元。在这些年里，人们经常能看到，装甲车冲向受到威胁的银行，在持枪警卫的守护下，卸下它们的钱袋子。

全国各地的存款人都处在焦虑不安的情绪中。老的银行业务的进一步恶化和适度联邦监管的缺席,大萧条所带来的紧张不安和关于日渐迫近的未来的谣言,导致了一波又一波提款浪潮。大批手里拿着现金的惊慌失措的市民,只好求助于储存和藏匿——放进保险柜、箱子、白铁罐,甚至在自家的后院里挖个洞——或者索性把现金寄往国外。结果,胡佛在1932年初发动了一场全国性的反藏钱运动。然而,流通货币继续严重不足,以至于在这一年结束之前,几个南方城市,像里士满、诺克斯维尔和亚特兰大——在这些地方,每当危机出现,分离主义的思考方式总是甚嚣尘上——开始印刷自己的货币。这些钱用来给市政府雇员发工资,并提供一种特殊的钱给失业者去购买农民的剩余产品,通过这种办法让他们能够活命。胡佛在职的最后两周,财政部估计,大约有12.12亿美元退出了流通,正统的共和党人都悲观地看待"美元的逃跑",参议员卡特·格拉斯拒绝出任罗斯福政府的财政部长。

第一个全面崩溃的清晰征兆早在1932年10月31日就出现了,当

大恐慌(华尔街一角)

时，内华达州的副州长宣布，银行业休假12天，以挽救一连串的本地银行。在深冬，事情很快就达到了高潮。1933年2月4日，路易斯安那州开始了银行实际上的暂停营业。10天之后，密歇根州州长宣布给银行业一个类似的喘息机会，到3月初，亚拉巴马、加利福尼亚、爱达荷、肯塔基、密西西比和田纳西等州纷纷步其后尘。储蓄银行，在享受大萧条早期阶段的非凡声望之后，如今也承受了破坏性的逃离。一家接一家机构到纽约的货币市场上寻求它的平衡。3月4日星期六，总统就职日的一大早，赫伯特·H.莱曼州长关闭了纽约的银行，其他的地方很快也屈服了。在大厦将倾的紧要关头，三年来一直在勇猛地（即便有时候是笨拙地）跟这场危机做斗争的胡佛总统，眼睁睁地看着国家银行体系在他即将离开白宫的最后时刻，呼啦啦分崩离析，在他的耳畔回荡着崩溃的轰鸣。

这周周末，以及接下来的一周，人们目睹了前所未有的景象。出席总统就职典礼的来宾们陷入了没有现金的困境。在盐湖城，摩门教徒们准备发行可在本地流通、用于购买商品和服务的纸币。在帕萨迪纳，一家豪华酒店为身无分文的顾客印刷了一种临时凭证。在底特律，一位富有的市民跑遍全城也找不开一张10美元的纸钞，最后才从一位苹果小贩那里得到了一枚镍币来给他妻子打电话。邮票、电话代币、墨西哥元和加拿大元以及借据，都成了流通媒介。每个人都在同一条船上，空空如也的口袋再也不会招人嫉妒了；友善和轻松绝望的气氛普遍盛行。

所有人的眼睛都盯在新当选的总统身上，当时流传着一个故事，说他很可能是美国的最后一任总统。在迈阿密，就在他走马上任的两周之前，他险些没有躲过一位暗杀者的子弹，结果，这颗子弹让芝加哥市长安东·J.瑟马克送了命。这个国家如今感觉到，自己的命运就倚靠在富兰克林·罗斯福的肩头，他面对死亡时的镇定和勇敢让人们恢复了信心。3月4日，在一种几乎令人颤抖的紧张气氛中，十万观众挤满了国会大厦东面正前方的40英亩①草坪和人行道，

---

① 1英亩合4,046.86平方米。

还有数百万人聚集在他们的收音机旁。胡佛严肃而沮丧的面容,看上去与他的继任者充满活力的自信形成鲜明对照。罗斯福站在寒风之中,没戴帽子,也没穿外套大衣,以坚定的声音和几乎是挑战性的姿态,发表了20分钟的演说。

罗斯福就职典礼的场面(1933年3月4日)

他开头便是一句:"这是国家授予圣职的日子。"接下来补充道:"这些黑暗的日子,如果教会了我们懂得:我们真正的命运不是要被别人照顾,而是要照顾我们自己,照顾我们的同胞,那么,我们为此而付出的全部代价都是值得的。"关于国内的现况,他说到了要"像对待战争的紧急情况那样"对待失业,要帮助把家庭从破产中挽救出来,把农民从破产中挽救出来。"这个国家要求行动,现在就行动。"他关于外交事务所说的话,以及他的"睦邻政策",在后来的岁

第 4 章 百日新政　065

月里经常被人们想起，但在当时，大多数美国人最留意倾听的，多半是罗斯福关于银行体系的意见，是他所提出的要求："要终结用别人的钱去投机……要准备足够而坚实的货币。"他宣布："货币兑换商们已经从我们的文明神殿里的宝座上逃走了。我们如今可以把这座神殿恢复到远古时代的原貌。而恢复的措施，就在于我们在多大程度上赋予社会价值以比纯粹的金钱利益更高贵的地位。"

当他进入他的敞篷车返回白宫的时候，罗斯福以拳击场上的方式在头顶上方有力地挥舞着他的双手，以此回应人们的欢呼。对很多美国人来说，这仿佛就是已经终于实现的胜利一样。抗击大萧条的战斗已从防守转变为进攻。无论什么时候，只要胡佛说出乐观的话，就会有人指控他：那只不过是愿望或自满。当他最终承认了情况的严重性的时候，他便成了"著名的悲观主义者，决不会被人放过"。几年之后，《摇摆乐天皇》中还在对此讽刺挖苦。但是，一位从前任那里继承了国家灾难的领袖——罗斯福在1933年的美国，就像丘吉尔在1940年的英国一样——能够大胆地面对眼下的局势，面对它所有的黑暗、匮乏而无须为自己辩解，鼓起公众的勇气和令人振奋的牺牲精神，以征服一场给他带来授权的危机。

行动来得既迅速又密集。3月5日星期天，罗斯福让国会召集了一次特别会议。第二天，他禁止了黄金出口和所有外汇交易，并宣布全国银行放假，以便在它们逐步重开之前对个别银行的稳固性进行检查。在格拉斯拒绝出任财政部长之后，这顶乌纱帽就落到了威廉·H.伍丁的头上，他从前的联邦派同盟的共和主义

罗斯福与财政部长伍丁

传统跟他的新角色似乎不大协调，就像他作为铁路设备制造商的成功事业跟他的外表对不上号一样。但他坐在那里，头戴灰白色的假发，深蓝色的眼睛，顽皮的微笑，一边驾驭着全国18,000家银行驶过险滩暗礁，一边派发着他的双关语和奇思妙想，与此同时，在罗斯福的要求下，胡佛所任命的一些官员留了下来，给他提供了超越党派利益的帮助。

3月9日，"百日国会"开会，以压倒性多数通过决议，认可了总统所做的一切，要求RFC筹集新的资本重组银行，并授权发行更多的货币。银行的解冻已经开始了，为的是发放一些像购药款、救济金和工资之类的必不可少的款项。面对新的处罚措施，那些藏钱的人开始拿出他们的黄金，来到存款的窗口，把黄金兑换成金券。路易斯安那州那位狂妄自大的参议员休伊·朗提出了一项修正案，把美国所有的银行都置于联邦储备系统的斗篷之下，而左翼人士则为罗斯福放过了国有化信用体系的天赐良机而扼腕叹息。

罗斯福的"炉边谈话"

罗斯福骨子里是个温和派，他不慌不忙地走着自己的路。在3月12日星期天，广播里播出了他的讲话，这是新闻界后来所说的"炉边谈话"的首次播出，他以简单朴实的言辞解释正在做的事情，并邀请大家通力合作："让我们联合起来，把恐惧赶走。"普通市民对这一诉求很是热心，新政最成功的宣传媒体就这样被发现了，其背后是一位广播明星的声音。与此同时，这场危机最糟糕的时刻已经挺过去了。第二天，已经解冻的银行开始在全国各地重新开张。

更持久的银行业改革开始于1933年6月16日签署的《格拉斯－斯蒂高尔法》。该法案把商业银行与投资银行分离开了，规定了存款保险，授权联邦储备委员会阻止为投机而贷款。参议院银行委员会在

1933年冬春之间对华尔街的调查，以及检察官费迪南德·佩科拉所搞的严厉讯问，为颠覆市场的偶像出了大力。J. P. 摩根遭受了一次不大不小的侮辱：把一个侏儒放在他的膝盖上——是一位马戏团的推广代理给他放上去的——但花旗银行的魔术师查尔斯·E. 米切尔却在道德上受到了严重质疑，以至于他也加入了塞缪尔·英萨尔——最近被废黜的公用事业巨头——的行列，成了无赖中的一员。这位金融家为了减少所得税而亏本卖股票给自己家里的某些成员（仅仅一年之后便购回）的高招，就是佩科拉委员会揭露出来的、让普通纳税人铭记在心的丑闻之一。缎面礼帽曾经象征着成功的顶点，如今成了戏谑嘲弄的符号。

这之前就出现了像《华盛顿旋转木马》(*Washington Merry-Go-Round*, 1931)这样充斥着讽刺挖苦的政治流言的书，以及像《为君而歌》(*Of Thee I Sing*, 1931)这样的放肆无礼的音乐剧，如今又添加了一些商业巨人的暴露性传记，像乔纳森·N. 伦纳德的《亨利·福特的悲剧》(*The Tragedy of Henry Ford*, 1932)，约翰·T. 弗林的《上帝的金子：洛克菲勒及其时代的故事》(*God's Gold: the Story of Rockefeller and His Times*, 1932)，哈维·奥康纳的《梅隆的几百万》(*Mellon's Millions*, 1933)，马修·约瑟夫森的《强盗大亨》(*The Robber Barons*, 1934)，以及稍后出版的费迪南德·伦德伯格的《美国的60个家族》(*America's Sixty Families*, 1937)。很多美国人不再迷惑于那些曾在纽约和华盛顿一手遮天的财富和权力的超人，3月危机之后的几个月里，全国的大银行家似乎都被折磨得蔫头耷脑，再也发不出维护自己的声音。

他们还知道，罗斯福是不可抗拒的——至少暂时是。当《银行业紧急情况法》提交讨论的时候，共和党在国会里的组织秘书伯特兰·斯内尔声称："房子正在被烧为平地，而美国总统说，这就是灭火的办法。"威尔·罗杰斯在写到总统的时候，用的是同样的比喻："全体国民都站在他一边。即便他做的事情是错的，他们也站在他一边。而他正在做的事情，确实是错的。如果他把国会大厦烧为平地,我们也会欢呼喝彩,并说:'烧得好,无论如何,我们至少总算点起了一把大火。'"

国会先后通过了几项立法,显示了国家的新趋势,它们分别是:1933年3月下旬的《证券法》,1934年的《证券交易法》和1935年的《公共事业控股公司法》。这一立法网络,限制了用于投机目的的银行贷款,设置了防止股票操纵的保险装置,规定了向证券购买者提供充分的信息,设立了证券交易委员会作为监管者,通过了在1937年末之后所有公用事业控股公司的"死刑判决"——那些"在地理上和经济上构成了一个完整体系的"除外。所有这些措施,尽管在工商界遭到了激烈的反对,但为存款人和中小投资者提供了更大的安全保证,因此赢得了广泛的赞成。1940年,作为辅助性的安全措施,出台了《投资公司法》和《投资顾问法》。

没有得到那么广泛认可的是新政的某些货币风险投资,这表明,总统还扮演了一个并非不同寻常的、试图提高价格的实验者角色。他特别关注,提高农产品相对于非农产品的价格的比例,而且,由于小麦和棉花之类的农产品的价格对国际需求高度敏感,有人认为(相当有道理),美元贬值将被证明是有效的。1933年4月,政府宣布,它已经抛弃了金本位。罗斯福获得了国会的授权,可以用5种规定方式中的任何一种方式制造通货膨胀。1933年6月,抱着实现货币稳定的希望,世界货币和经济会议在伦敦召开。但这次会议一无所获,这一方面多亏了法国及其黄金集团卫星国,另一方面也多亏了罗斯福总统突然的担心,唯恐这样的稳定会阻止国内刚刚开始的一轮涨价风潮。他7月3日的电报因为"破坏"了这次会议而受到了广泛指责。最终的结果就是促使国外的敌意对准美国,在国内则强化了普通百姓的孤立主义。直到1936年9月,英国、法国和美国才最终达成协议,要防止剧烈波动和竞相贬值。

新政中最不靠谱的尝试出台于1933年秋,那是在早期复苏的蜜月期开始衰退之后。总统冒险尝试康内尔大学乔治·F.沃伦教授的"商品美元"理论,共和党人称之为"空头美元",阿尔·史密斯称

The Great
Depression 美国大萧条

罗斯福在办公室

之为"胡扯美元"。迫使美元贬值至略低于其原先含金量的60%，决策者指望这一招能够促使总体价格的上涨和特殊商品的涨价，以改善美国的出口形势。对外贸易方面的一次轻微改进紧随而至，但最主要的看得见的效果是，当黄金购买价更高的时候——这个价格是每天早晨在总统的餐桌上经过与沃伦、农业信贷管理局局长小亨利·摩根索和RFC的杰西·琼斯商议之后武断地制定出来的——黄金便立即开始源源不断地流进肯塔基州诺克斯堡的金库，最后总额高达140亿美元。这一黄金购买计划，从1933年10月25日开始实施，直至1934年1月，并没能给国内商品价格带来看得见的提升，而每天颁布的不同价格，倒被证明扰乱了人们的信心和市场的稳定。

1934年6月19日的《白银购买法》，是白银集团在与总统达成一致之后迫使国会通过的，这项法案就意图而言也是通胀的。其最切实的结果是，不仅抬升了本国白银的价格，而且还以远高于市价的价格获得了10亿美元的外国白银，并把大部分银块存放在西点的金库里。但是，在国家有望成为埋葬全世界贵金属的墓地的同时，这些操纵对价格的影响，几乎不是计划者们所祈求的那种适度通胀，也肯定不是华尔街所预言的那种失控的通胀。然而，这样的货币政策反映出了新政中的一种并不少见的大杂烩：不切实际主义，冒冒失失的即兴而为，以及精明的政策，与极其真诚、常常也非常实际的人道主义纠缠在一起。一个每件事情都想试一把的总统注定要犯错。

新政早期几个月里，联邦政府的大部分行动是基于这样一个假设：货币和信用、价格和利润的体系，都在大萧条的缓冲作用下崩溃了，听任其自然发展将会是缓慢并会带来毁灭性后果的过程。货币的流动必须通过政府的开支来加以鼓励，通向繁荣的途径可以安抚工人和消费者。由于实际上每个消费者也是生产者，而每个生产者也是消费者，所以有人认为，4个相互关联的过程将会有利于全体国民：创造由政府提供资金的工作岗位；根据工业规章制度增加就业、提高工资；通过作物种植限制，加上直接利润支付，来抬升市场价格，以此支撑农业收入；通过货币操纵，并借助联邦政府的支持和信贷机构的管制，来提高一般价格水平。为了实现这些目标，一项庞大的计划被启动了，部分是通过立法行动，部分是通过新近增加了的行政权力。国会乐于默认总统所寻求的巨大权力，并很快发现，自己正在签巨额支票，而分配和花销这些钱的权力，也正是自己交到他的手上的。

新政是以节省的调子开始的，首先是罗斯福在就职第一周便发出警告："漫长的三个年头以来，联邦政府正走在通向破产的路上。"紧接着是国会通过了《经济法》，授权把联邦政府部门的工资和退伍老兵的津贴每年削减4亿美元以上。强有力的退伍军人协会游说团和美国政治的所有传统势力都奋起抵抗。但罗斯福几乎立即便下达了总统令，一点一点地恢复了被削减的开支，由此开始亲自加入花钱的行列，并很快成为领头人——要求拿出数十亿美元用于救济、给商业企业注资，以及支付一大堆新的联邦机构的运行成本——1934年3月28日，国会在选举年的刺激下，放开了经济的缰绳，推翻了罗斯福的否决，完成了一次复辟。从那时往后，所有保持预算平衡的主张都被扔到了脑后。

1933年3月——这个月见证了太多的大戏、革新和复兴的希望——啤酒销量3.2%的回升几乎被看作是一次令人失望的转折，但它至少是一个受欢迎的预兆，预示着另一次对最近传统的背离。这个十年开始的时候，禁酒还是举国争论的热点话题。1930年1月，有人就"美国最重要的问题"做过一次民意调查，1931年1月又调查过一次，在这两次民意调查中，全国经济联盟的成员（照说他们应该是些聪明过人而又热心公益的人）都认为，禁酒是头等重要的问题，而失业则远远排在后面。胡佛总统支持全国禁酒——"一项伟大的社会和经济实验，动机是高贵的，目标是深远的"——但他的支持并没能阻止违犯禁令的汹涌浪潮，以及联邦政府执行禁令的越来越力不从心。胡佛所任命的威克沙姆委员会1931年的报告只不过证实了公众的感情已经不再支持禁酒。农民们需要卖掉他们的粮食和糖，以及政府还指望从联邦酒税中得到令人难以置信的财政收入——这笔钱眼下流入了禁酒帮助产生的黑社会的腰包——是导致废除禁酒令的另外两个因素。

1932年共和党的政纲没有正面回应这个问题，但民主党人和罗斯福则强有力地要求废除禁酒令。很快，1933年2月，任期即将届满的国会为废除禁酒令而提出了一项宪法修正案，最终结果是，把决定权交给各州。啤酒销量在下一个月的回升是未来事件的一个预兆。各州会议的批准很快就开始蜂拥而至。像印第安纳州、艾奥瓦州和亚拉巴马州这样一些支持禁酒的老据点也加入到了这个行列。来自浸信会宗主权核心的《达拉斯新闻报》(*Dallas News*)称之为"传教士界的彻底溃败"。1933年12月5日，犹他州成了支持"第二十一修正案"的第36个州，这场"实验"以失败而告终。

然而，在1933年那个至关重要的春天，一旦银行危机有所缓和，最紧迫的问题便是严酷的救济问题。超过1,500万失业者，以及各州和市县施舍名单上的将近600万人，都大声疾呼，要求得到关注。在3月21日给国会的一份咨文中，总统建议着手三类疗救性立法：授权各州主要为了直接救济而提供食物和衣服给贫困者；由联邦政府招收工人进入事业单位，这一措施可以迅速启动，而又不会妨碍私营企业；制定持久的公共工程计划。

这些紧急措施中的第二和第三项，各自包含了"公共资源保护队"和"公共工程管理局"的雏形，其实现比第一项更慢，而联邦紧急救济署（FERA）的种子则源于第一项措施。哈里·L.霍普金斯特别操心这家机构，霍普金斯是一位虚弱而认真的社会工作者，来自艾奥瓦州，在罗斯福当州长期间担任纽约州的救济委员会主席。在他的指导下，联邦紧急救济署（人们公认设立此机构是由于危机的急迫而采取的权宜之计）于1933年5月12日由国会设立，通过已经建立起来的州和市的福利渠道所管理的直接救济来帮助贫困者。它从5亿美元的资金开始起步，最终花掉了大约30亿美元。

哈里·L.霍普金斯

联邦政府期望地方机构能够依据各自的能力分担一部分担子，但并没有要求严格的配套资金。就全国整体而言，从最终的账目来看，每一美元的救济当中，华盛顿提供了70美分以上，各州13美分，市县16美分。像马萨诸塞这样一些相对较富的州，比起像南卡罗来纳这样的穷州来，贡献要大得多，新英格兰人则嘟嘟囔囔地抱怨自立精神的衰微。在南方，反对者抗议用现金去填充黑人和穷鬼的腰包。很多州把联邦紧急救济署看作是"肥缺"，希望尽可能地少付出、多获取。联邦和各州的行政官经常不得不敲打那些更小气的市县，威胁说，如果地方政府不松开自己的钱包的话，就切断救济款。

霍普金斯的想法，逐渐远离了直接帮助这种最快速、最廉价、覆盖最广泛的方式而走向"创造就业岗位"，依据需要支付的工资，

第4章 百日新政　073

最终制定了按最低工资标准实现就业的系统化就业计划，这样就可以充分利用闲置的技能。一旦他把迫在眉睫的危机置于控制之下，他就开始四处寻找可以鼓舞士气的就业机会，因为工作所产生的效用会提升工作者的自尊，使他的技能不至荒废。然而，霍普金斯的观念并没有被普遍接受。一方面，有组织的劳工担心救济工作的低工资会影响到私营企业的工资；而另一方面，很多保守分子则以完全不同的理由反对这样的救济。他们因为更便宜而青睐于施舍，并认为，公共工程计划会从货币市场转走资金，有时候会破坏现有价格（比如在低成本住房领域），会让国家背负巨大的债务，而债务本身又会进一步延缓经济复苏。

然而，大多数人都认可霍普金斯的选择，这一点毋庸置疑。1937年5月的盖洛普民意调查显示，在新政实施的四年之后，五分之四的人赞成通过公共工程进行救济；同年晚些时候，随着新一轮经济衰退的开始，罗珀民意调查发现，救济工作轻而易举地超过了所有其他被提出的解决方案，尽管贫富差距和城乡差距仍然很大。在这一计划执行的早期，有一个流传甚广的故事，说的是一位上了年纪的老人，在开始收到救济支票之后，便主动地走出家门，打扫本镇的街道，说："我得做点事情，以回报我所得到的东西。"

1933年夏天，联邦紧急救济署已经有了工作救济的想法，不管有多么即兴和琐碎——比如在公园里捡废纸、扫落叶，在十字路口数汽车作为本地交通记录的数据。根据8月1日的一项裁决，无技能劳工的最低工资是每小时30美分。除了南方和少数几个孤立的行业之外，这样的薪水并没有严重影响到私人企业的工资——这是国家复兴署试图稳定的一块，也没有影响到管理层的人力需求——最近复活的美国就业局正把这一需求在失业者当中广而告之。

这一从施舍向工作救济的转变，在国家紧急救济署的后期阶段进行得如此之久，以至于在1935年，也就是在FERA存在的最后几个月里，该机构把它将近一半的受益人算做是工作人员，在那一年1月的高峰时期，机构人员总数高达250万人。与此同时，1933—

1934年间的冬天，FERA的救济名单在大萧条期间迎来了最大范围的扩张，1934年2月，它的救济名册上有将近800万个家庭，约相当于2,800万人。

这种巨大的膨胀，要归功于一家叫作"民用工程署"（CWA）的专门从事工作救济的部门的飞速发展，这个部门通过地区分部直接从华盛顿运作，因此避免了地方上的官样文章。它于1933年10月投入运转，以应对寒冬的袭击以及公众当中乐观主义情绪的低落，这种低落已经开始不利于新政的最初萌发。CWA很快就让400万人有了工作，大约一半来自FERA的常规救济花名册，剩下的人则来自非救济失业者。它规定，体力劳动者每周工作30个小时，职员和专业技术人员每周工作39个小时，有较高的工资和良好的工作条件，这使得CWA有时候成了私营企业低薪岗位的一个很危险的竞争者。它总共花掉了大约9亿美元，大部分用于修桥补路，校舍、公园、运动场、游泳池的维修，害虫和腐蚀控制，以及市政公用事业的工作。在紧急情况的驱策下，做一些毫无价值或价值不大的工作几乎是不可避免的，大概没有哪一家新政机构比CWA更容易被人攻击为"做毫无价值的事"（boondoggling）——这是一个古老的词，最早用于手工业，1935年，一位"训练有素的专家"罗伯特·马歇尔在纽约市议会调查委员会面前作证时，把这个词引入了这个国家，并让那些抱有敌意的批评者们乐不可支。

即使CWA的某些计划的有用性确实值得怀疑，但它们的总体效果却展示了工作救济的心理价值。密歇根州一个县里的一位CWA官员注意到："即便是得到这样一个短暂的机会，能挣到一份体面的生活工资，它给人带来的快乐也是无限的。"她看到，有人在离开她的办公室的时候不禁"喜极而泣"。很多人带着他们的第一张工资支票直接去了理发店，这是几个月以来他们第一次享受专业的理发服务，在接下来的几个星期里，他们的外表进一步反映了自尊的恢复。自然，理发师本人，连同杂货商、药剂师和服装商一起，也都从中受益。有一点倒是真的，并非每一个得到救济工作的人都表现出了这样兴高采烈的姿态。对那些从专业或技术行当一落千丈、沦为粗蛮劳工的人来说,内心的苦楚足以激发对整个制度的愤怒。一位41岁的机械工程师,是7个孩子的父亲,在给CWA埋头苦干了几个星期之后,冷嘲热讽地写道:"挖沟真是一项高贵职业。"这家机构在1934年春天寿终正寝,它未完成的项目被FERA的总体计划所接管。

总的来说,FERA提升了州和市县救济的品质,只养活了极少数寄生虫,其比例大概从未超过10%。对很多落魄人群的自矜,FERA试图给予接受帮助的人以某种尊严。当越来越多的人靠救济生活,待遇也越来越慷慨时,耻辱感也就变得越来越少了,而且,另外的临界情形也使人不得不屈服,他们的储蓄已经被耗干了最后一美元。更有甚者,数百万刚成年的年轻人也找不到工作,而父母和祖父母在到达退休年龄的时候却没法养活自己。当然,有人开始心满意足地接受贫穷,并推导出这样的结论:山姆大叔有义务负责他们的生计,在长期无所事事的状态下,有些失业者最后成了没有能力就业者。地方当局常常宽容地让那些很快就会被清理出市县救济名单的可疑个案和不成器的人继续留在联邦政府的救济名单上。

有一点越来越清楚,在周期性波动的范围之内,新政的政策并没有减少,而是显著增加了接受救济者的数量,至此,政府决定抛弃FERA,把直接救济全部交还给地方政府去办,把联邦政府的经费投入到具有更持久价值的强健的客户和项目上。1935年12月,FERA寿终正寝。然而,它的继任者公共事业振兴署(WPA)的故事,属于新政的后期阶段,而不属于百日国会所启动的立法及其直接的因果链。

FERA及其短命的分支机构CWA的不足,与另一项冒险——公共工程署(PWA)——的记录形成了鲜明对照,PWA组建于1933年6月16日,有33亿美元的拨款。按照设计,PWA将通过扶植需要大量原材料的公共工程来刺激重工业的发展。罗斯福总统把这个部门交给了办事谨慎、头脑冷静的哈罗德·L.伊克斯,他是内政部长,自称是个"脾气不好的倔老头",讨厌用联邦的资金"雇用成年人在刮风的日子去追逐风滚草",这一态度决定了PWA全部信条的色彩。然而,霍普金斯所处的环境迫使他把自己的计划主要建立在工作救济连同其不可名状的所有不适当的基础之上,伊克斯却无须面对这样的要求。PWA的工作是根据与私人企业签订的合同来做的。PWA坚持在把经费(这笔经费通常占到工程总成本的三分之一到一半)贷出或拨给各州和市县之前对项目进行仔细的审查。在国家利益上,PWA还承担了另外一些事情,到最后(1938年),这些事情成了它唯一的关注点。

哈罗德·L.伊克斯

新政参与者把PWA设想成"注水泵"(pump-priming,意为政府为刺激经济而注入资金)机构,旨在刺激非政府就业,其理论基础是凯恩斯的补偿性支出理论。这一形象化的说法受到了老式水泵的启发,用这种水泵抽水,有时候必须在皮圈适当拉起之前向里面注水以使之膨胀。山姆大叔究竟能不能通过注水使得工业之泵进入有效运转,抑或仅仅只能从这台水泵中得到它所注入的那点水,这个问题引发了很多的争论。尽管那些害怕计划经济的人不信任PWA,但它似乎很早就对私营企业产生了刺激效果。尽管其初衷并不是要救助失业者,但在1934年全年的时间里,PWA还是保持了平均有50万个人遵循每周30小时工作制的规定在上班。到四十年代初开始清算时,它已经在34,000多项计划上共花掉40多亿美元。

它们的社会效用无疑得到了承认,PWA的拨款使得巨石水坝(后来的胡佛水坝)得以通过昼夜轮班连轴转的方式提前两年半的时间完工。同样是在PWA的资助下,各种水利和开垦项目启动了,其中，田纳西流域管理局是最著名的。纽约市的三区大桥1932年因为缺乏市政资金而成为烂尾工程，如今在PWA的资助下重新开工，用上了宾夕法尼亚州的钢铁厂、密西西比河流域的水泥和太平洋沿岸地区的巨大森林。1936年，大桥落成——联邦政府在债券的销售上获利150万，而在1933年，银行家们都拒绝购买这些债券，不管以什么价格。下水道系统，船舶掉头区，自来水厂，民用礼堂，中小学和大学建筑，贫民窟的清理和模范住宅，农场到市场的公路和校车公路，是另外一些受到青睐的公共事业。PWA为医院提供了121,760个床位，完成这一项目共花掉了3亿多美元——相当于5年的常规增长。

说到对未来的特殊意义，PWA在1933—1935年间筹资修建了50多座军用机场，帮助军队铺设了74,000英里①的战略公路，为飞机设计师建造了一个风洞，拨出了1,000万美元用于更新军火和改造兵工厂，在海军的监管下投入了2.37亿美元用于建造军舰。然而，1935

纽约市的三区大桥是PWA骄人的成绩之一

① 1英里合1.6093公里。

年，由于和平主义的精神和奈委员会（该委员会以主导者"奈"命名）的大声疾呼，国会禁止把公共工程和救济的资金用于"军需品、军舰，及陆军或海军的原材料"，这方面的大多数活动都停止了。PWA着手行动的时候总是慢吞吞的——面对着地方上的一方面是急躁，另一方面是猜疑——但回顾它所取得的各种不同的成就，会让人留下非常深刻的印象。

百日新政之初，国会便启动了银行改革立法，在新政最后的阶段，又通过了《国家工业复兴法》，不仅创立了PWA，而且还把大部分私营企业置于集中的监管之下。在这期间，它采取了一些对农民、贫困房主、一文不名的年轻人和田纳西河流域山地人来说至关重要的措施。这些政策的清晰表达，它们在新政中期的成形和调适，我们将在后面的章节里予以追踪，但从它们在这些至关重要时期的构想中，带出了一项经验的遗产，而国民经济不断转变的范式仅仅只会在细节上有所修改。

1932年的最后几个月，美国人的生活发生了翻天覆地的变化，尤其在1933年上半年，经过大萧条三年的持续压力之后，公共舆论的微妙转变最终冲垮了抵抗的屏障。群体价值的重新洗牌明明白白地发生了。大企业的首要地位，物质成功的魅力，金本位的神圣，禁酒的崇高，以及对自力更生的满足，全都受到了强有力的挑战，并在很大程度上被弃之如敝屣。

空气中弥漫着一种新的氛围，领导阶层的允诺让数百万人激动不已，而让少数人惊慌失措。并非巧合的是，1933年，爱德华·贝拉米的乌托邦经典《向后看》（*Looking Backward*）再版，而就在这一年，富兰克林·D. 罗斯福当上总统之后的第一本书竟被冠以《向前看》（*Looking Forward*）的标题。"我们已经上路"，他这样告诉国民，在经过长时期的不踏实之后，没有比这句话更受欢迎的了。在新政的这段蜜月期里，总统和人民之间是真正的爱情婚配，双方可能都有少许的不理性，相信对方是绝对可靠的——但话说回来，爱情毕竟是超越逻辑的。

进一步决策的时间就在眼前。有些决策明显是试验，在它的内部，某些矛盾似乎是不可调和的——短期的稀缺经济和长期的富足经济，更高工资和就生活成本而言并没有多大提高的农产品价格，《反托拉斯法》的暂缓紧挨着对小商人的新的关切。这些行为背后的哲学，比政策本身更始终如一，普通百姓倚靠在他们对这种趋势的直觉之上高枕无忧。新政的力量和弱点，成功和失败，随着时间的推移将会越来越清晰，连同下面这个事实：罗斯福即席创作的才华往往超越了他对坚实目标的掌握。当争议的尘埃仍悬在空中时，我们所能得出的最公正的判断，或许是一位英国经济学家在第一个任期快要结束时对他的评价："罗斯福先生对自己提出的很多问题也许给出了错误的答案。但是，他是现代美国第一个提出了正确问题的总统。"

第 5 章 公民及其政府

The Great
Depression 美国大萧条

一个简朴的国家塑造了杰斐逊的这样一个坚定信念：管得最少的政府便是最好的政府。长期以来，这一信念被他的同胞们所珍爱。特别是，联邦政府的活动范围传统上与公民的日常生活和需求之间的距离似乎是模糊而遥远的，尽管，他们理所当然地向华盛顿寻求服务，比如国防、邮政系统、专利法，以及随着科学知识的增长而日益寻求公共卫生和公共健康的保护。

诚然，有些美国人在必要的时候会寻求联邦政府的帮助，比如当某项工作对个人来说太重大、无利可图或者没法实现的时候，不管是开发收费公路或运河，是设置保护性关税、废除奴隶制、抑制托拉斯，还是禁止卖酒。但是，按照一个益友、一个抵御不安全感的有力帮手以及一个必须为之效劳的雇主的角色来看待国民政府——在新政以前，这种态度对某些市民阶层来说就像对其他人一样陌生——与视政府为敌（它们的管制和税收的权力越来越不友好）的态度完全背道而驰。到新政时代结束的时候，"政府"这个词——几乎总是暗指华盛顿的行政部门，在1929年，这个词很少被用来表示各阶层人士的意思和情感色彩。

在新政的治理下，国会山和白宫取代了曼哈顿和华尔街，成了国家的神经中枢。政府开始冲击公民的生活，这是

此前从未有过的——征税，贷款，支出，建筑，设置农业配额和工业的就业条件，建立对州际贸易公路的控制。华盛顿还投身于民营产业，有时候作为合伙人，有时候作为竞争对手。最后，为适应新的政府观念而建立的行政机构，创造了一个错综复杂的体系，有时候会妨碍效率。为了容纳这些机构，一幢巨大的新建筑（主要是石灰岩和大理石）沿着国家广场、宾夕法尼亚大道和宪法大道拔地而起。有些老机构，像劳工部和联邦贸易委员会，也搬进了堂皇气派的新址，而另一些机构，像内政部和农业部，则因容纳不下而只好搬进了邻近的那些规模巨大的建筑。相应地，联邦雇员的数量也出现了增长（在和平时期是空前的），文职人员从1931年的58.8万人增长到了1941年的137万人。

随着1933年夏天国家复兴署（NRA）的成立，许多人开始意识到政府与公民日常生活之间的这种新关系。它是罗斯福为复兴所开出的主要药方——一副补药，附带一副改革的泻药——旨在刺激购买和销售，让闲散人员重新回到私营企业的工资单上，促进消费，缩短工时，提高工资，禁止童工，强化劳资双方集体议价，减少竞争性的浪费，制定最低限价。在签署这项法案的时候，罗斯福预言："它将作为美国国会有史以来所通过的最重要、影响最深远的立法而

联邦机构迅速膨胀，图为国家复兴署的核心成员

载入史册。"就算这番话太过乐观，它们也无疑是源自当时的狂热，以及这样一种希望：同样的士气能够维持到复兴开始之后，而且，一家经济计划机构就能满足全体公民五花八门的需要与渴望。

作为在温和的联邦监管下实行工业自治的实验，这并非没有先例。胡佛总统曾鼓励同业公会采用公平执业规范和限价协定，如今它们又被邀请来做这些事情，而且就在政府的眼皮底下。美国商会的代表们（他们一直鼓吹稳定价格以防止大幅度削价）帮助制定了1933年6月的法案。实际上，企业界同意增加工资、缩短工时，以换取联邦政府帮助调控价格。因为对代表劳工、雇主和消费者的顾问委员会的批评，行业领袖们所提出的每一条法规都被听取，然后行政官主持召开公开听证会，在权衡赞成和反对的意见之后，再把修订后的法规提交给总统，作最后的批准。

在这些NRA法规的背后，隐藏着管理层和政府之间的另一项交换，后者再一次代表劳工的利益。通过定价和竞争监管，企业被允许从《反垄断法》中剥离出来——这几乎就好像罗斯福先把托拉斯"打碎"，然后又把它们请回来一样——但作为交换，企业必须给予劳工以类似的联合起来的权利，即该法案第7A条款所保证的集体谈判的权利。

NRA以15年前的一次自由公债驾车游行那样的阵势（号角、游行和演说）投入了行动。雇员在两人以上的所有雇主（自由职业者和农民除外）被要求到蓝鹰之下签到——蓝鹰是NRA的标志，上面还有这样一句口号："我们各尽其职。"超过225万家公司登记，涉及的雇员达1,600万人以上；最后囊括了2,200万人。一揽子协定充当了临时政策，确保白领工人最低工资为每周12—15美元（工作40小时），蓝领工人最低工资为

NRA的蓝鹰标志

每小时40美分，每周工作35小时，在季节性的间歇期可以增加到40小时。

与此同时，将近800个商品和服务的制造者和销售者团体的代表们——从钢铁巨头到蜂蜡漂白工，从压碎机制造商到私塾学校的校长——齐聚华盛顿，订立各自行业的法规。在这场大哄抢中，似乎没有哪个行业想被忽略，也不管这一行的执业需不需要法规汇编。总共将近800部法规，其中很多法规是经过焦头烂额的联邦官员与实业家（他们知道得更清楚的是自己想要什么，而不是对国家最有利的是什么）之间商议之后，仓促起草的，在缺乏足够的时间进行审查评估的情况下便获得了批准。

NRA减少了童工和血汗工厂，给工商执业和工作条件带来了一定程度的改善，倾向于为南方的黑人和白人工薪阶层制定单一的标准，并通过缩短工作时间使1,300万失业工人中有将近200万人重新就业。或许，其所有的直接影响当中，最重要的大概是对信心的恢复。第一次，数百万人觉得，国家正在做一件全民协力合作的大事情，为的是战胜大萧条。NRA的第一任署长休·约翰逊将军是个特立独行的军人和儿童文学作家，他夸口，要藏起自己的疑惧，用刚柔并济的手腕管理这家机构，他的领导起初被证明像肾上腺素一样有效——接下来，像大多数兴奋剂一样，也开始失效。行政管理的错综复杂，与其他联邦权力部门的协作乏力，以及某些商人对"不公平竞争"的强烈抗议——意思是别人比他们挣的钱更多——增加了混乱的嘈杂喧闹。物价往往比工资涨得更快，尽管约翰逊将军在1934年1月苦口婆心地劝告一帮商人："把价格压下来——看在上帝的份儿上，把价格压下来。这是通向复兴的坦途，而且也只有这么一条坦途。"

在传统上工资较低的地区和行业，比如在南方的厂矿城镇，雇主对NRA的回应常常是利用强化劳动和加快速度，以实现同样的产量而无须增加工资的支出。更有甚者，NRA仅仅根据工时而不是根据产量来定工资，这歧视了那些规模更小、机械化程度更低的工业企业。结果，NRA常常把制造成本提高了一半以上，要不就是鼓励抛弃手工工序和陈旧设备，以至于加快了技术性失业的周期。

人们不断违反那些带有"蓝鹰"标志的法规，其方式是如此五花八门，以至于几个月之后公众便开始变得越来越愤世嫉俗。约翰逊将军对那些"骗子"大发雷霆，威胁要"制裁"，但白费力气。缺乏热情而又经费不足的管制，很快就变得像全国禁酒令在最后垂死挣扎的日子里一样松松垮垮。暴力执法的阵痛带来的结果同样令人受挫。某些争强好胜的州所通过的"小NRA"法律使混乱变本加厉。当泽西城的一位小裁缝因为把套装的价格压至低于州里的法定价格而遭到监禁的时候，NRA的反对者们便利用这一事件，谴责联邦政府，尽管它并没有直接卷入此事。最引人注目的违抗蓝鹰的反叛者，是粗犷朴实的老亨利·福特，在销售上他没有遭受明显的损失；事实上，在不断高涨的反对NRA的呼声中，他开始在保守派圈子中被当作英雄一样受到欢呼喝彩。

如此多的诅咒（应得的和不应得的）瓢泼大雨般地砸向NRA，它的法规又是如此越来越难以修订和执行，以至于当最高法院在1935年5月27日废除这项法案（用总统尖酸刻薄的话说）把国家交给"马车时代的州际贸易的定义"的时候——甚至当国会正在争论是否延长它最初规定的两年寿命的时候——新政的参与者们很可能大大地松了一口气。政府主张，地方家禽市场应归类为州际贸易，布鲁克林一家家禽批发公司因为无视活禽法规、销售"不适当的小鸡"而被政府起诉。法院的裁决是，国会在授权总统制定管制那些仅仅"间接"涉及州际贸易的公司的法规这件事情上超越了它的权限，最高法院尖锐地指责一个"完全集中的政府"，其原因就是所谓的它干预地方事务。

大企业发现，曾经套在自己脖子上的管制之轭越来越让人难受，它们兴高采烈地为这一裁决欢呼喝彩。风趣的人说，9位大法官把"蓝鹰"变成了一只"不适当的小鸡"。随着400多起类似的案子被驳回，政府希望通过这些案件来警示违法行为的可能已经荡然无存。作为一个自愿协议的代理机构，NRA继续苟延残喘了近一年，成了一个活在过去的幽灵。

NRA促成了1933年的小景气，改进了工作条件和劳工的地位，这一点谁也不会否认。但是，正如布鲁金斯研究所的报告所得出的结论那样，就更漫长的向繁荣攀登的努力而言，NRA所带来的制造成本和价格的增长却减缓了、而不是加速了这一努力。换句话说，NRA尽管作为一项复兴措施在很大程度上失败了，但作为一项改革措施，它却成功了。罗斯福总统和他的顾问们没有忘掉这个教训，从1935年起，他们便把自己的精力倾注到了后一个方向。回首过去，还有一点看上去也很清楚：NRA想做的事情太多，做得太快，而实践又经常与理论相违背。新政参与者们之所以支持这一计划，乃是基于这样一种确信：大企业的运作是一项公共服务，因此应该以符合共同利益的方式来加以控制。然而，在实践中，毋庸置疑，NRA尽管对价格和产量实行管制，但在很多情况下它也助长了垄断。当NRA的当权者在第二年迫于消费者和小企业的要求而试图修改法规的时候，大实业家便迅速被孤立起来了。

罗斯福在加强开明而无私的商业合作上，是不是在重蹈胡佛的覆辙呢？至少，新政的参与者们逐步倾向于这一结论。1934年晚些时候，在一次改组的幕后，杰克逊将军在倾盆大雨般的"猛烈攻击"之下黯然离任，自由派律师唐纳德·R.里奇伯格走进了NRA引人注目的中心，许多年后，在回顾这场崩溃的时候，他写道：

最悲剧性的后果是，它不幸证明了：总体上，商人们对于为了保护自由企业的目的而对商业实施积极的管制，既没有认识到的它的必要性，也不懂得它的基本原则。

较少的党派观点倾向于把"蓝鹰"看作是非驴非马、不伦不类的东西，一方面，在自由竞争中缺乏绝对权力的分散，另一方面，想当然地认为无情的效率存在于总体国家中。它的官僚主义味道刚好足以冒犯很多美国人的口味。NRA最好的案例，多半是1937年抑制歧视性贸易惯例的《罗宾逊－帕特曼法》以及1935—1938年间所通过的一连串仁慈的劳工法律。罗斯福本人被最高法院的反对给激怒了，认为那是对个人的侮辱，但在全体国民当中，对此表示惋惜的似乎很少。

　　围绕NRA争吵不休（"计划经济"对"粗犷的个人主义"）的两年，为另一场争论搭好了全国性的舞台，这场争论几乎是以一成不变的重复持续下去，与新政相始终。批评总统政策的主要喉舌是新闻媒体，说到媒体对罗斯福的敌意，其根源颇值得在这里讨论一番。围绕新闻出版行业的法规有过一场激烈的争论——NRA官员试图禁止报贩当中的童工——这场争论很早就引起了媒体业主的不满。某些出版商不厌其烦地指出，"赤脚报童"是自立自强的神圣标志，尽管沃登·刘易斯·E.劳斯做证说：纽约州新新监狱的10个囚犯当中就有7个人在小时候卖过报纸。在雇用职员方面，NRA关于工时、工资和公平执业的提议，对美国报纸出版商协会来说也是无法接受的。1933年的晚些时候，这个团体提交了一部法规，既没有规定最低工资，也没有缩短工时，并声称，强迫接受更严厉的政策将会妨碍出版自由和某些公民服务的履行，在他们看来，正是这些服务把新闻业与普通的商业区分开来。最终，1934年2月，签署了一部看上去任何人都不满意的妥协法规。

　　作为在蓝鹰之下劳资双方集体谈判的另一个副产品，一群对1929—1933年间的薪水锐减和大批解雇有着鲜活记忆的新闻记者在1933年12月组建了"美国报业公会"。这是同类公会中的第一个全国性组织，在很大程度上要归功于直率的、热衷于圣战的专栏作家海伍德·布龙的领导才能，在不到十年的时间里，该组织就吸收了大约2万成员。它成功地帮助提高了新闻记者那微薄的薪水，但即使到这一时期结束的时候，它还是没能为他们赢得任何真正的合同保障。与此同时，出版商却大声地哀叹这一阶层当中自立精神的衰落，哀叹古老而浪漫的个人主义观念的衰微，把所有这一切归咎于新政的多管闲事。

除了这些争论点之外,把大型报业公司与其他形式的大企业等同起来往往也影响了社论的观点倾向于中间偏右。甚至早在NRA成立之前就已经开始了。威廉·伦道夫·赫斯特(他的报业链曾在1932年支持罗斯福)转而反对政府,由此加入了《芝加哥论坛报》(*Chicago Tribune*)的罗伯特·R. 麦考密克和弗兰克·E. 甘尼特(他所拥有的报业链主要在纽约州北部)的行列,他们从一开始就是罗斯福的死对头。荒谬的是,罗斯福本人在华盛顿的通讯记者当中赢得了空前声望的同时,新闻媒体的大本营却联合起来跟他作对。到他第二次竞选的时候,大约每三家报纸中就有两家反对他的候选人资格。然而,反对他的报纸杂志一般都发表总统的讲话,而且,除了最恨他的顽固分子之外,一般都能比1800年的反杰斐逊媒体或1860年的反林肯媒体更公正客观地报道华盛顿的消息。因此,正如一位新政支持者所注意到的那样,很明显,"人民都投票支持新闻专栏,而反对社论"。

"赤脚报童"曾经是一种文化符号

随着银行危机的解除和蜜月期的结束,对新政的敌意在高收入群体中浮现,NRA令其商业赞助商大失所望。1933年的焦虑不安和工业恐慌,到第二年春天便让位于"公开的对华盛顿的愤怒",《基普林格》(*Kiplinger*)杂志对它的客户做过一次民意调查之后,在1934年3月31日的一篇时事通讯是这样报道的。主要原因有:"NRA和AAA(《农业调整法》)的混乱与矛盾",《股票交易法》,劳工政策,以及对共产主义者渗透政府的恐惧。

8月,在一个由百万富翁所组成的执行委员会的领导下,美国自由联盟成立,以反对"官僚机构的反复无常"和"专制权力的暴政"。

第 5 章 公民及其政府　089

这样一些人把新政视为一场阴谋，目的是利用艰难时期作为通向社会主义的跳板。更大的恶意使他们把憎恨集中在总统的身上，"这个人"是"本阶级的背叛者"，象征着变革的威胁。彼得·阿尔诺一幅最著名的漫画发表于1936年9月的《纽约客》（*The New Yorker*）上，画的是帕克大街上一小伙市民，穿着无尾晚礼服和丧服去看电影，他们正隔着窗户邀请邻居："来吧，一起去。我们正要去电影院嘘罗斯福。"

有些人对日益扩大的联邦管制范围感到惊慌失措，这种扩张已经超出了NRA之外。例如，1933年，在《紧急运输法》中，国会通过设立一个临时的运输协调员并加强了州际贸易委员会（ICC）在重组过程中的权力，从而扩大了对原本就捉襟见肘的铁路公司的管辖权限。两年之后，另一部法律授权ICC通过公共承运人和契约承运人控制汽车运输，为的是确保安全、服务量和公平的价格。1938年创立了民用航空局，以管制空中交通。1940年的《运输法》确立了针对所有陆路和水路承运人的全国性政策，授权ICC通过降低农业出口的铁路运费来帮助农民，阻止"不公平的或破坏性的竞争行为"，并保证"公平的、不偏不倚的管制"。火车与卡车、巴士和轮船在经济运作上的巨大差异使得这一措施变得迫在眉睫。

由于民营信用机构——储蓄银行、保险公司和信托公司——的虚弱和胆小，新政便通过扩大RFC的经营范围和贷款权力（远远超出它在胡佛治下的幼年期），来确保能够服务于大多数企业与个人，从而承担起对信用流动的额外责任。尽管这一措施受到了工商界的欢迎，但与此同时也助长了人们的担心：政府正在获得民营企业资产的抵押权。也是在新政下，联邦储备体系被转变成了一个更有效的信用扩张或信用紧缩的机制。通过设定购买有价证券的保证金要求，它可以影响流入经纪人贷款中的信贷规模。在另外的一些领域，新政还通过创建联邦农业抵押公司来帮助债务缠身的农民，通过设立业主贷款公司来帮助贫困的房主。它还通过创办进出口银行，从而帮助了发货人，也帮助了需要贷款购买其商品的外国政府。

联邦政府控制跨州企业的另外几股线一年接一年地纺着。前面已经提到过的1935年的《公共事业法》，不仅试图保护中小投资者免遭控股公司之害，而且还想通过要求执行合理的价格和开放财务账目供联邦电力委员会审查，来保护消费者和公共利益。像西南部的巨石（胡佛）水坝、蒙大拿州的佩克堡水坝、西北太平洋的博讷维尔和大深谷水坝以及加利福尼亚的中央谷工程这样一些电力企业，把政府转变成了实际的经营者。在田纳西流域管理局治下，政府更进了一步，尝试去做民营企业力所不及的事：改进就业机会、安全和健康，换言之，就是改进整个地区的生活水平和社会价值。

在这方面，以及在救济和住宅计划上，你可以看到，在经济领域，政府与民营企业之间的本质差别。公共福利是前者的主动力，利润则是后者的动力。老百姓需要什么——而不是他们买得起什么——成了政府的社会服务观念中的决定性因素——一个面对这些需求的政府，着手满足它们时不是基于手头的现金或最终利润的计算，而是要带着这样一种确信：账单会通过分摊给纳税人的方式来支付。国家作为供应者的角色，预示了它作为筹款者和收税人的功能。在新政的治理之下，政府本身开始成为全国无可匹敌的最大企业。

新政的第一笔专门预算（1934财政年度），使得联邦支出比1933年增长了20亿美元，所有拨款的大约60%被用于"复兴和救济"。在1936年结束之前，尽管税收更高了，但国债还是达到了300亿美元，到1940年是430亿。像大多数美国现象一样，国债也变得很庞大。一位云游天下的记者（在全国各地进行意见采样）发现，接受救济的人自然而然地表示赞成，年轻一代中大多数人也是如此。一些重要的权威人士（甚至包括专业的经济学家）坚持认为，国债大可不必担心，因为人民会把它记到自己的头上。另一方面，批评者则指控，钱被花在了"疯狂的试验"上，不合理的税收侵蚀了商业信心，它们确实隐藏着国有化生产资料的社会主义计划。他们进一步认为，这样的税收纯粹是以更高的价格把压力转嫁到消费者的身上，而更高的价格导致更低的消费，反过来导致更多的失业，形成恶性循环。

The Great
Depression 美国大萧条

罗斯福在国会发表国情咨文（1934年5月20日）

　　本着这种精神，美国制造商协会指责1935年提高遗产税和赠予税、增加5万美元以上收入的所得税、开征累进制企业所得税的立法是滥用联邦权力，"惩罚节俭和成功"。另一个虐待狂式的压力——这些批评者是这样解释的——随着1936年的《税收法》出现了，该法案设立了一项"未分配利润税"。如果没有这些储备金，没有这些痛苦呻吟的经理，扩张的计划是不可能的，他们的大声疾呼导致了后一届更有同情心的国会让这项税在1939年终止了。新政参与者们辩护说，这些征税是建立在支付能力的基础上的，而那些胆子更大的人则坦率地声称，征税不应该仅仅用来获得收入，还要用来重新分配财富。许多州和有些城市很快就效法华盛顿所树立的榜样，纷纷加入到收税和花钱的行列当中，导致每年的政府开支——联邦、州和地方的——从1929年的110亿美元增长到了1938年的170亿。跟联邦资金配套的强烈诱惑几乎是不可抗拒的，因为，像新建的校舍、医院、公园、运动场、下水道系统和公路都是通过这种方式获得的，而且，地方的失业负担也减轻了。就各州的情况来说，对来自其边境之外的商品所征收的"保护性关税"增加了，而所得税也在继续发展，直到20世纪30年代末，大约有三分之二的州采用了这一税种。尽管累进所得税比联邦所征收的要少得多，但也足以在1939年带来3亿多美元的收入。

最重要的革新是营业税。这一税种是西弗吉尼亚州在1921年引入的，一直没有仿效者，直到艰难时期到来后有21个州在1930—1935年间采用这一税种。少数自治市也跟着效仿。例如，到30年代快要结束的时候，纽约市的营业税每年所带来的收入将近6,000万美元。诸如此类的税收，对穷人的负担比富人更重。据估算，一个年收入1,000美元的劳动者，要花掉其收入的将近61%用来购买那些征收营业税的商品，而一个百万富翁可能只需花1%的钱购买这些商品。因此，作为一项联邦政策，这一计划在受到商会和银行家协会青睐的同时，却没有得到罗斯福的支持，国会的支持也很少。

随着全国禁酒令的废止，各州意外地恢复了一个丰厚的收入来源。堪萨斯、俄克拉何马、北达科他及5个南方州都选择暂时保持禁酒，15个州将酒类销售列为州政府垄断，尽管其中7个州允许私人在规定条件下销售。新政时代的最后几年见证了地方法律不断延伸的网络。对酒精饮料征收的高额税收——由联邦政府和渴望资金的州政府征收——大大提高了合法商品的价格，以至于相当可观的私酒交易依然在继续。公众的意见和州法律都认为酒吧和酒馆的古老惯例是非法的，以支持专卖店、药店或杂货店的瓶装销售，而公开卖酒成了鸡尾酒会、露天花园啤酒店、夜总会和酒馆的职责，在这些地方，人们是坐着（而不是站着）吃喝，男女两性的同时出

在美国，禁酒曾经是一场轰轰烈烈的全国性运动

现，至少给美国人的喝酒习惯带来了明显的改变。

多亏了从联邦禁酒到州管制的转变，酒的消费变得不那么疯狂了，对健康也不那么危险，但在工人阶级当中，在那些不喜欢鬼鬼祟祟和麻烦的人当中，酒的消费肯定是增加了。无论如何，美国人民对这一变化继续感到满意。1937年末，《财富》杂志的一次民意调查显示，只有七分之一的男人和三分之一的女人赞成回到全国禁酒。

各州在福利立法上也取得了新的进展。例如，《工人意外伤害赔偿法》，20世纪初叶就在各州得到了相当可观的支持，到四十年代，在新政及其哲学的刺激下，这些法律得到了极大的加强。仅1937年，就有38个州的立法机关修订和放宽了他们的法律，增加了意外伤害和死亡的抚恤金，缩短了等待时间，扩大了覆盖范围，扩展了职业病的定义，放宽了住院、看护、牙科、修复手术和康复的规定。工薪税还被用来为州社会保障体系筹集资金，正如我们在后面将会看到的那样。

与此同时，联邦权力机构的势力范围也在不断扩大。人们如今期待政府为它的公民做那些此前的美国政府从未做过的事情。这种对新的权力的僭取，尽管对保守派极端分子来说是令人不快的，但事实证明，同样让激进派极端分子不快。直到1935年，斯大林决定共产主义者与全世界的自由主义者组成"统一战线"，他在美国的追随者才开始对新政发起猛烈的进攻。

总统的航线是"中间略微偏左"，试图调和世界社会主义和国内经济不满的风向，他认识到了坚持中间路线的必要性。在新政立法计划扎扎实实地完成之后的一次"炉边谈话"中，罗斯福指出：

> 与世界上大部分地区不同，在美国，我们坚持我们对个人奋斗和利益动机的信念；但我们也认识到，我们必须连续不断地寻求改良的实践以确保合理利润的持续，加之科学的进步、个人的积极性、小人物的机会、公平的价格、适当的工资和连续的就业。

他的任务异乎寻常地棘手，不仅要把传统与社会进步协调起来，而且还要在紧迫的压力下起草高度复杂的计划，维持复兴与改革之间的平衡。仅仅是给经济这台水泵注水、以便让经济之水通过商业和金融的渠道再次流淌起来——即使这事能做成的话——看上去似乎像在改革派的狂热中完全忽视复兴一样可疑。在实践中，新政——远远超出紧迫的救济任务——调动了其最早的巨大努力，致力于复兴，加上帮助工业的蓝鹰，以及帮助农业的AAA。1934年，罗斯福对一个社会计划者委员会说："我们的首要任务，就是要让经济体系运转起来，这样才会有更大的总体安全。我深信，我们抱着增进个人安全的目的所能做的每一件事情，也是对复兴的刺激。"因此，从一开始他就在心里盘算着这两个目标，但在这一阶段，复兴摆在了前面。

1935年被证明是新政急剧转向改革的枢纽，就好像罗斯福相信复兴已经得到确保，或者认为进一步满足大企业已经没有希望了。NRA的垮台，增加了总统的烦恼，来自自由联盟的人身攻击，大概也扮演了某种角色。他的政敌们把这一变化解释为一种获取选票的策略，目的是角逐1936年的竞选——在这场角逐中，民主党控制的国会也有一笔赌金——要么就把它解释为一个花招，目的是把人们的注意力从他在复兴国家经济上的糟糕表现上转移开。无论是出于什么样的理由，1935年通过的社会立法，比美国历史上其他任何一年都要多，包括:《国家劳工关系法》《社会保障法》《财产税法》《公共事业法》，以及有史以来最慷慨的救济计划——"公共事业振兴署"（WPA）。

对数百万的老百姓来说，公共事业振兴署很快就成了山姆大叔作为朋友、供应者和雇主的人格化符号。"我为我们的合众国而自豪，"北卡罗来纳州的一位佃农声称，他跟家人一起住在一个只有一间房的加油站里，"每次听到《星条旗永不落》的时候，我都感觉到自己的喉咙在哽咽。世界上还没有哪个国家有足够的见识能想到WPA及所有其他机构。"为WPA工作带有它自身的适度的尊严，因为它既不意味着嗟来之食，也不仅仅是打扫落叶。实际上，很多丈夫失业的妻子很快就开始这样说："我们不再需要救济了，我男人在为政府工作。"

这家机构给低收入工人与政府的关系带来了引人注目的改变。跟州政府负责执行的FERA不同，WPA在被雇用者与华盛顿雇主之间建立了一种友好的关系，而且，它很快就认识到了地方政府与联邦权力机构之间的区别，就公平和效率而言，后者似乎更高一筹。而且，尽管这一计划也有缺点，但它在心理上的效果，大大有助于证明WPA官员所宣称的目标是正确的："帮助人们昂起头、挺起胸，手里不闲着。"在1939年由WPA建成的纽约世博会大楼上，镌刻着这样的题字："工作是美国对数百万无所事事者的需求的最好回答。"人们越来越多地听到：工作的权利成了美国政府的基本保证之一。

1935年夏天WPA的出现，标志着工作救济与直接救济的分离，因为正如我们已经看到的那样，后者如今被交还给了各州和地方当局。到1939—1940年，大约有四分之三的直接救济支出是来自各州的基金。这一时期的200万受益人——家庭和单身人士——当中，有很多人不如在老的FERA体制下过得好，每个家庭每月的津贴平均是25美元，在某些州（比如阿肯色和密西西比）甚至不超过3到5美元。

然而，有能力就业的人（WPA就是为他们设计的）一般可以让自己的命运变得更好。平均月工资在50—60美元，每周的工作时间很少超过40小时。在哈里·L.霍普金斯治下，WPA尽可能把其经费中的最大份额分配给工资这一块，指望地方税收供养的公共团体在某项既定的计划上合作，提供大多数生产资料和工具。最后，据评估，后者的贡献占到总成本的四分之一。生产成品属于州、市或县。一个没能力提供配套资金的穷州，比如密西西比州，其收效就不如境况更好的州，它们无法维持学校、游泳池和运动场，还有穷困者的工作岗位。到1941年1月，财政部花了大约100亿美元，在这些年里，WPA为将近800万人提供了就业岗位，占全国所有工人的五分之一，总共养活了2,500到3,000万人。

从一开始，WPA就在极力找出那些被自由企业和公民动议所

WPA工人在工地干活

忽略或推迟的任务。它的成绩单令人印象深刻。它们包括：纽约市4,000万美元的北滩机场，以及全国各地将近600个其他机场，超过50万英里的公路和街道，超过10座桥梁和高架桥。修建或重建了11万个公共图书馆、中小学、礼堂、医院、法院及其他类似的建筑。50万个排污驳引设施和100多万个新厕所，对改善公共卫生的重要性，不亚于WPA所搞的蚊虫控制、排水沟和净化水。在南方，WPA的革新直接带来了伤寒症死亡病例的急剧减少。救灾工作紧跟着1937和1938年显得特别突出的洪水和飓风之后接踵而至。

同样值得注意到是，到1941年1月——在这个时候，WPA养活着1460家托儿所——提供了将近60亿份学校午餐，为贫困儿童和成人缝制了3亿多件衣服。WPA女性雇员主要是缝纫组的成员，在高峰时期有30—40万人。该机构在教育和文化方面的工作，我们稍后将会讨论，不过在这里可以顺便指出，这一时期新添置了将近8,000万册图书，主要在中小学和公共图书馆。就连最严厉的批评者也承认，WPA极大地增进了美国社区中的便利、卫生和整洁。在一个不那么切实的方面，WPA就业机会平等（不管种族、肤色和宗教信仰）的观

第 5 章 公民及其政府

念,也对实际民主的传播产生了有益的影响。

随便选择一份两个星期的活动记录,就可以让我们看到一幅政府通过WPA影响不同地区(特别是贫困群体)日常生活的略图。在1940年1月的两周时间里,有125万人参与了加入国籍、职业训练、艺术、保育及其他类别的活动;17,000人完成了天花、白喉及其他疾病的免疫接种;25万人接受了内科和牙科的检查和治疗;100多万人出席了2,500场免费音乐会。

起初,普通社群都为WPA欢呼喝彩,视之为一笔十分划算的买卖,在它的阳光下,市政改善就有可能在市政赤字和穷困人群混合体的漫长冬天之后,再一次繁花盛开。"本地纳税人只需支付不到一半的费用"就能得到新的桥梁、公园、会议厅和公共高尔夫球场,正如米德尔顿出版社的一篇社论所说的那样,这的确是一种讨好。人们多少有点天真地把山姆大叔视为一个与老百姓的钱袋子完全无关的慈善之源。然而,随着时间的推移,对可靠资金的期望,以及对更大经费的渴望,与老百姓的心里的一些担忧缠斗在一起,他们担心的事情有:官僚作风,对流浪汉的骄纵,以及州权的衰落。

由于显而易见的原因,WPA长期工的效率往往比不上民营企业反复淘汰所沉淀下来的人力精英。此外,不可避免的寄生虫也使得整个计划容易招致批评。例如,在1937—1938年不景气期间,当WPA从工厂购买了价值1,500万美元的衣物(既是为了给企业注入活力,更是为了分发给失业者)的时候,据报道,有些无权获得救济的人也领到了免费工装裤、衬衫、被褥及其他供应品。

像任何分发恩惠给那些除了选票便一无所有的民众的政府机构一样,WPA也经常被指控收买善意,但WPA对选票往往紧跟利益这一逻辑保持着异乎寻常的警惕,它的高层似乎一直牢牢地捂紧自己的钱包,并保持着干干净净的记录。然而,地方雇员未必总是这么小心。1938年,在宾夕法尼亚、肯塔基和田纳西等州WPA工作人员的竞选活动,导致了很多不利的关注,以致1939年7月通过《哈奇法》,约束联邦政府所任命的官员从事"有害的政治活动"。

在WPA和PWA的注水泵机制下，私人企业一直落在后面。尽管联邦的建筑费用从1925—1929年间的1.88亿美元跃升到了1933—1938年间的16.3亿美元，但在后一时期，私人企业的建筑从未达到过大萧条之前的数字的一半。全国资源计划委员会所资助的一项细心的研究得出了这样的结论：联邦公共工程对国民收入和商业活动总量的滋补效果小得令人失望。因此，注水泵机制的经济成果往往证实了这一时期新政批评者们的观点：让新政支持者感到满意的，仅仅是提升了雇员们的士气。

公共工程计划当然并不完美，其设计也不尽合理。像老百姓自己一样，行政部门也不愿意承认救济已经成了一个长期问题。计划中很多的权宜特征，以及它的关于联邦义务的优柔寡断的理论，就源自于这种乐观主义。事后看来，WPA花钱大手大脚，应对紧急救济灵活迅速，按说应该在花钱谨慎、把联邦政府与私营企业捆绑在一起的PWA之前出现。然而实际上，马车却出现在马之前。

1936年的竞选使整个新政在政府的观念中处于显要位置。的确，行政部门的活动似乎因为其规模和多样性，而提供了一个容易受到攻击的靶子。在这里，也就是山姆大叔不断为下面这些活动融资：商品的购买和出售，航运和铁路的运作，管理通货和试图控制价格，生产和销售电力，销毁和储藏农产品，教农民如何耕田种地，监管学校儿童的饮食，排干沼泽，买卖不动产，赞助文学、戏剧、艺术和民间舞蹈，而且，一直在画赤字财政这个不断扩大的圆圈。反对派把他们的枪口转向了新政的家长式作风，其集中的权力和垄断的形成，阶级对抗的结盟，以及向"神意政府"漂移，这样的政府，可以在晚期阶段的俄国、德国和意大利看到。在政府充当监管者的体制之下，总是潜伏着这样的危险：当作"公共利益"来夸耀的东西，实际上会变成一个集团的利益——如果不是实业家、银行家或退伍老兵的利益，那么便是农民、工会劳工或者一大帮无用之辈的利益。

米德尔顿出版社的编辑打磨了那句古老的格言："任何一个人，

只要他愿意苦干并节俭，善用他的空闲时间，他就能够登上顶峰。这就是美国的方式，它在今天就像过去一样正确。"嗅到了复兴的春天气息，很多上了年纪的美国人便本能地转向了自力更生这株老树根。这些人说，从来就没有人"通过每周工作40个小时"登上顶峰。戴尔·卡耐基的《如何赢得朋友、影响他人》(How to Win Friends and Influence People) 出版于1936年，注定要成为非小说类的畅销书，到最后共卖出了300万册，它来得就像一缕给人带来灵感的推销术的微风，这股风从蒂莫西·谢伊·阿瑟和奥里森·斯韦特·马登吹起，一直吹了很多年。而且，在这一年，美国制造商协会资助了一系列电影短片，批驳各种"主义"和做琐碎之事的不断增长的成本，拒绝承认机器消灭的工作岗位比它创造的就业机会更多，尤其是提升《宪法》的威信。

在克利夫兰市开会的共和党领袖们在参议员阿瑟·H.范登堡的话里发现了他们的团结纽带："我只属于一个集团，它只有一句口号——阻止罗斯福。"然而，这一政纲透露出了对新政服务型政府的观念所作出的重大让步。尽管它把"我国人民的活力、自立和品格"看作是经济安全的防洪堤，但共和党也承认，社会有责任"对非自愿失业和老年人的依靠提供某种保护措施，以此促进人民的保障"，并要求联邦政府为各州养老金的制度和配套资金制定标准。此外，"必须为贫困者提供生活必需品"，尽管公共工程与救济、政治与救济已经更清晰地分离开了，救济的主要责任已经落到了非政治性的地方机构的肩上。应该以下列方式帮助农民：为水土保持支付津贴，提供充裕的信贷，非生产性土地退耕，以及联邦政府鼓励合作营销。应该允许劳工在"没有任何外来的干涉"（包括官僚的干涉）的情况下集体谈判。共和党的政纲还支持各州采取措施，宣布童工和血汗工厂为非法，保护妇女儿童免遭经济剥削，尽管最高法院（大多数共和党人将最高法院奉为自由的守护神）刚刚宣布纽约为妇女制定的最低工资无效，因为它破坏了工人与雇主之间的"契约自由"，因此表面看来堵死了各州规定工作条件的大门。共和党总统候选人阿尔弗雷德·M.兰登性情温和，缺乏自信，在个性上缺乏鲜明的色彩，他尽了自己最大的努力来打这场选战，尽量不让对手赢得一边倒的压倒性胜利。

民主党人以新政作为他们1936年竞选的基本政纲，在费城大会上全体起立，以雷鸣般的欢呼声再次提名罗斯福，然后坐下来聆听提名演讲，总统口若悬河，滔滔不绝，并迸出了一句挑战性的短语："经济上的保皇党人。"在竞选活动中，他的守护神似乎是"老山胡桃"①——而不是杰斐逊——的鬼魂。这是一场人民对金钱利益集团的更粗犷的选战，在选举日，为了好运，罗斯福佩戴了杰克逊的那根粗重的金表链。他的最富有战斗性的一场演说保留给了麦迪逊广场花园。他先是回忆了"在股票行情收录器面前的疯狂九年，以及站在等待分配救济队伍中的漫长三年。沉浸在海市蜃楼中的狂热九年，以及陷入绝望的漫长三年"。接下来，他说："今天，强大的影响力在努力恢复这样一种政府，它的信条是：最中立的政府是最好的政府。"共和党人的反对让他兴高采烈：

在我们国家的全部历史上，此前从未有过哪些势力像今天的他们那样，如此团结地联合起来反对一位总统候选人。他们全体一致地憎恨我——我欢迎他们的仇恨。

我想这样说到我的第一届政府：在这届政府中，自私与贪权的力量有了他们的对手。我想这样说到我的第二届政府：在这届政府中，这些力量会遇见他们的主人。

一篇关于选举经费的选后分析——共和党人花了将近900万美元，民主党人是525万美元——充当了这番话的注解。在1928年和1932年，银行家都属于民主党钱包的最大捐助者，而在1936年，他们的反抗是十分显著的。投资公司的头儿，钢铁和化学品巨头，连锁店和邮购公司的执行官，像出版家赫斯特和石油商J.霍华德·皮尤这样的个人，全都慷慨地把资金倾注到共和党人的保险柜里。而

---

① 美国第七任总统安德鲁·杰克逊的绰号。

The Great Depression 美国大萧条

罗斯福在演说

另一方面，电影制片人，剧院老板，酒和烟草利益集团的公平代表，以及专业人士和有组织劳工的很多成员，则让民主党人的腰包鼓了起来。背后站着数百万农民——不种庄稼也能得到报酬；另外还有数百万领救济的人——他们啥也给不了总统，除了爱——当然，还有选票。

罗斯福以高票获得连任，这样的胜利，现代美国的任何其他总统都不曾赢得过，他赢得了将近61%的普选票，而这场竞选所吸引到的选民比1932年的选举多出了将近600万，在1932年，他也只不过得到了57%的普选票。民主党人席卷了46个州。罗斯福的死对头当中，最不服气的是赫斯特，在选举结束几天之后，他才万分不情愿地承认，美国历史上除了杰克逊之外还没有哪个人享受过"同样压倒性的普遍吸引力和普遍的胜利"。

在行情看涨的情绪中，总统打算迫使他的老对头——最高法院——居于下风。从1935年初开始，最高法院就毫不含糊地开始对新政立法的那窝幼崽给予致命的打击：不仅仅是NRA、《农业调整法》、《弗雷泽－莱姆基农业抵押延期还贷法》以及试图稳定烟煤矿的劳动条件的《加菲－施奈德法》，甚至还有像为雇员发放养老金的《铁路退休法》这样看上去很清白的措施——该法案最终被判定为与州际贸易无关，是"通过拿一个人的财产给另一个人"来否定适当的法律程序。大法官哈兰·F. 斯通、路易斯·D. 布兰德斯和本杰明·N. 卡多佐通常自命为自由主义异议少数派，有时候（比如纽约的女工最低工资法被裁定无效的时候），首席大法官查尔斯·E. 休斯也会加入他们的行列。然而，最高法院另外5位大法官似乎都是不可救药的保守派。这一时期的一本被广泛阅读的书——爱德华·S. 科温教授的《最高法院的黄昏》(*The Twilight of the Supreme Court*, 1934)认为：法官已经成了社会进步最大的绊脚石。

罗斯福总统也是这么认为的，1937年2月，他提议重组整个联邦法官席，并声称，老态龙钟往往会妨碍商业的步伐。按照他的计划，对于每一位年届七旬仍未退休的大法官，应该额外再任命一位大法官，直到最高法院总共有15位成员为止。当时6位70多岁的大法官当中，只有布兰德斯是个坚定不移的自由主义者。

这个要"塞满"最高法院的提议引发了一场群情激昂的骚动，国会淹没在来自几个立法机关的书信、电报和愤怒的抗议之中，与此同时，全国各地冒出了一大堆"保护我们的自由委员会"、"为了美国协会"之类的组织。对憎恨罗斯福的人来说，反对是自然而然的事，然而，也有很多中立的人加入了反对者的行列，这些人真诚地担心：宪政理想正受到个人统治的威胁。在很多人的眼里，罗斯福的策略看上去既轻率冒失，又躲躲闪闪，保护"九老帮"这一集体象征的力量重新集结起来了。1937年4月，一次盖洛普民意调查向被访者提出了这样一个问题："你是否支持修正宪法要求最高法院大法

最高法院的"全家福"，中间为首席大法官休斯。

官在70—75岁之间退休?"结果是,肯定答复占到了64%,但在6月,在回答"国会该不该通过总统的最高法院改组计划"这一询问时,反对者以58%的多数赢了一个回合,9月的一次民意调查显示,有68%的人反对他的"扩大最高法院之战"。

1937年春,最高法院自己动手拆了变革鼓吹者们的台,与此同时公开站出来面对怀疑者,为它超凡脱俗的公正客观辩护。大法官欧文·J.罗伯茨如今把他的分量转到了自由主义的一翼。首席大法官休斯的忠诚似乎也越来越稳固。因此,最高法院支持《铁路劳工法》和《弗雷泽－莱姆基农业抵押延期还贷法》。除此之外,它还维持了华盛顿州的《最低工资法》《瓦格纳劳资关系法》,以及《社会保障法》中关于失业保险税的规定——全都是以5比4的票数通过的。大法官威利斯·范·德温特的辞职,立即让罗斯福能够提名他所任命的第一位大法官、参议员雨果·L.布莱克,从而确保了新政能够赢得较大差额的胜利。

与此同时,1937年8月,参议院否决了总统改革最高法院的提议。罗斯福尽管没能完全如愿,但他达到了他的目的。第二年,回顾这场论战,罗斯福把它视为"赢得了一次战争的一场败仗"。最高法院对联邦政府活动范围的新的态度,完全可以引用1938年的一份裁决来加以说明,这份裁决认为,PWA有权提供资金给地方建设与私人机构竞争的配电线路。就这样清除了罗斯福的革命之路上最强大的路障,最高法院开始把它的嘉奖给予很多的新政改革。

第 6 章 行进中的工会

如果说正在展开的新政促成了一个不屈不挠地跟罗斯福作对的小集团的话，那么，它也在劳工阶层当中为他征募到了相应的支持。在他这一届政府的治下，有组织的劳工（1931年才刚刚有300万人）巩固了他们此前从未有过的地位，发现了能够对政治施加影响的优势。美国人的思想进步和日常生活中的变化，没有哪个时代比这段日子更加显著。

对组织化劳工来说，在那些看来似乎最黑暗的乌云散尽之后，这种新的声望突然喷发。战后十年见证了管理阶层牢牢地掌握着控制权，也见证了工会成员人数的缩减，到了1929年，劳工领袖们几乎没有什么理由感到满足，或者抱有希望。比方说，曾经强大的矿工联合会经历了内斗和来自无工会组织的低成本烟煤矿的竞争；一次试图组织南方纺织工人的努力，激发了野蛮的加斯托尼亚骚乱，但以失败而告终；像钢铁和汽车这样的重要行业，找不到工会主义的蛛丝马迹。在这个节骨眼上，出现了大规模事业的洪流，造成了工薪阶层人数和集体谈判力量的进一步减少。

然而，在胡佛政府治下，劳工在法律上赢得了两场重要的胜利。在劳工圈子对雇主赞助的公司工会的不断增长的愤怒中僵持了几年之后，最高法院终于在1930年的"得克萨斯州诉新奥尔良铁路公司"一案中毫无争议地做出裁决：雇主试图把公司工会强加给工人，构成了对工人权利的干涉。1932年3月，胡佛总统签署了《诺里斯－拉瓜迪亚反禁令法》，宣布强迫雇员不得加入工会的"黄狗契约"为非法，禁止联邦法院颁布针对组织化劳工的武器禁令。这部法律所依据的是这样一个前提：单个的工人总是无助的，除非他获得了可以通过"联合、组织和任命自己选择的代表，去商谈这部法律受雇条款和条件"的权力。像潜伏于胡佛时期的进步主义的其他方面一样，这部法律也播下了新政的种子，待到1933年的丰饶时节生根发芽。

《国家工业复兴法》的7A条款，以更有力的强调语气，重复了《诺里斯－拉瓜迪亚反禁令法》中的一些措辞，允诺雇员"有权组织起来，通过他们自己选择的代表进行集体谈判"，而不会受到任何压制。劳资双方都迅速行动起来，把这一保证转向了背道而驰的不同目的，前者极力增加公司工会，并把7A条款用作支持自由雇用企业的后盾，而劳工则试图消灭公司工会，使他们自己组织的工会成为独一无二的谈判单位。矿工联合会的首脑和最积极的组织者约翰·L.刘易斯以断章取义的方式宣布了劳工的福音："总统想让你们加入工会。"结果，矿工联合会的会员从1932年的15万人增长到了1935年的40万人。作为整体的美国劳工联合会（AFL）的扩张则没有这么壮观，1933年仲夏至1936年仲夏之间，其成员数增长了将近75%。

矿工联合会领袖约翰·L.刘易斯

正如我们已经看到的那样，最低工资和最高工时对于那些在NRA的主持下签署了行业法规的雇主来说是强制性的。尽管狡辩、逃避和违规的情况时有发生，尽管劳工经常抱怨工资赶不上物价的上涨速度，但对于工时的要求倒是在萧条的境况下产生了效果，很快在工作时间上带来了比从前要大得多的变化。到1936年，每周的平均劳动时间估计比1929年缩短了大约9个小时，每周5天的定额已经成了规则而不是例外，大城市里普遍盛行的周六休息提供了更长的周末。在更小的城镇和南方，抵抗力更大一些，但工商阶层完全不受影响的则根本没有。

1933年8月，为了给资方与劳工之间的拔河做裁判，总统创立了由雇主和工会代表组成的全国劳工委员会，由来自纽约州的参议员罗伯特·F.瓦格纳担任主席。然而，它的执行权力是不足的，1934年6月，国会收回了它曾经交到行政手中的某些权力，以带有准司法功能的全国劳资关系委员会（NLRB）取而代之。NLRB由三位劳资关系专家组成，按照设想应该是严格公平的，但是，当它几乎总是站在工人一边的时候，资方便开始抱怨了。如果一般意义上的新政和特殊意义上的劳资关系委员会都倾向于更经常地偏袒劳工而不是资方的话，他们的支持者就会指出：如今要求救济的后者有着长期优势。NLRB最重要的、也是全国制造商协会最强烈反对的一项裁决，大概要算是对霍德工程公司的裁决，在这项裁决中，NLRB坚持认为，根据7A条款，雇主不得与少数派谈判，而必须跟作为所有人的独家集体代理的多数派打交道，尽管雇员是在没有任何强迫的情况下加入这一组织。

蓝鹰时代通过重申集体谈判的重要性使得工会在民众的眼里更值得尊敬，从而对劳工产生了重要的影响，这种影响既是心理上的，也是法律上的和司法上的。紧接着NRA的垮台，以及NLRB的支持，劳工已经强大到足以敦促国会立法，以抢救他们的所得。多年来，为了改善劳资关系，并依靠工会的内部力量而不是政府调停，塞缪尔·冈珀斯奉行"自愿主义"政策。现在，一个庞大的反叛团体要求采取更为大胆的策略。作为回应，1935年7月5日通过的《瓦

罗伯特·F.瓦格纳

格纳劳资关系法》，禁止干涉组织工会和集体谈判，不得拒绝跟雇员代表打交道，不得助长公司工会，不得在就业的问题上搞歧视。为了执行这部法律，并举行雇员选举，成立了一个新的三人全国劳资关系委员会。如今，有几个州通过了《小瓦格纳法》，把类似的限制强加给州内企业。

在最高法院的带领下，一连串的联邦法院裁决给予了NLRB几乎是放开手脚大干的权利。打着防止"微妙强迫"的幌子，雇主们说话的权利受到了严格的限制，尽管批评者们坚持认为，在劳资纠纷中，言论和争论的自由，就像免于不公平压力的自由一样有价值，况且，这二者并不互相排斥。到1941年1月底，NLRB处理了将近33,000件案子，涉及将近700万工薪阶层的人；3,166宗罢工案中，有40万名工人卷入其中，其中2,383宗得到了解决，而涉及20万工人的将近1,000次罢工被阻止了。这并不意味着罢工已经不存在，或者所有的罢工都已迅速解决，因为强制仲裁的规定——例如像澳大利亚所做的那样——没有得到严肃的争论，除了在这一时期快要结束的时候关于国防工业的那些规定。

事实上，30年代中期出现的大规模的工业骚乱，是劳工在萧条时期积累的冤屈及其在政府鼓励下新的自我主张的结果。1934年夏天就带来了这样一波许多年来从未见过的罢工狂潮。5月末，共产主义者邓恩兄弟在明尼阿波利斯组织了一场货车司机大罢工，最后导致了流血事件。旧金山码头的工人罢工始于同年5月，到7月时，同情他们的工会举行了为期4天的大罢工，这是1919年以来同类事件中规模最大的一次罢工。参与者的一次民意调查，结束了这次努力，令它的组织者、澳大利亚出生的哈里·布里奇斯大失所望，布里奇斯所谓的跟共产主义者的关系，以及他对被驱逐出境的抵抗，导致了一场轰动整个30年代晚期的法律战。1934年9月，一次减产以及因此带来的税后工资的减少（经过了纺织业法规权力部门的批准），导致了35万纱厂工人放下了手里的工具，走上街头。一个由总统任命的、由新罕布什尔州前州长约翰·G. 怀南特牵头的调解委员会发现，罢工

第6章 行进中的工会 109

The Great
Depression 美国大萧条

纺织工人罢工

者一方的诉求相当合理,并建议创立纺织业劳资关系委员会。

为了应对劳工日益增长的力量,以及出于对偶然出现的激进分子渗透迹象的警觉,资方开始花更大的价钱聘请平克顿和伯恩斯的密探,并雇用公司的侦探、"眼线"和罢工破坏者,按照福特的委婉说法,这类人被归入"服务组"。面对汽车行业的组织化,通用汽车从1934年1月起,直至1936年7月,为雇用私家侦探共花掉了将近100万美元。

汽车行业的资方所面临的这种威胁,源自美国劳工中一支新的好战的力量:产业工会委员会。美国劳工联合会中更积极的好斗分子,尤其是矿工联合会的领袖,对古板乏味的方法和相对较慢的扩张感到很不耐烦。这个集团的头目,魁伟结实、辞藻华丽的约翰·L.刘易斯坚持认为,美国劳工联合会传统的"横向"结构(或称行会结构)妨碍了它的发展,并导致"劳工贵族"对从事大规模生产的低薪工人的轻蔑。他希望用产业工会主义取而代之，代表这一类型的，有他自己的组织——国际女装工人联合工会、成衣业工人工会，以及国际油田、天然气井和炼油厂工人联合会。

1935年11月，刘易斯及其他"纵向型"工会的领袖们在美国劳工联合会之内组成了产业工会委员会，为的是把这一组织原则扩展到其他领域。1935年8月，汽车工人联合会的特许设立开了一个好头，一个月之后是橡胶工人联合会。1936年1月，劳工联合会命令这些造反者解散组织，8月，当这些持不同意见的工会被"叫停"的时候，刘易斯的军团便立即全部脱离。1938年，它们的成员有400万，比劳工联合会多出将近50万，这些工会把自己重新命名为"产业工会联合会"（CIO）。美国的劳工运动因此也从高峰转入了低谷。产业工会主义站在了大胆好战的策略以及新政左翼的立法进程的一边，而把同业公会主义留给威廉·格林担任会长时从塞缪尔·冈珀斯那里继承来的安抚传统。然而，即使是在这次大分裂之后，留在劳工联合会之内的势力依然部分成功地促使它"向产业工会转变"，同时对政治现场有了更强烈的兴趣。

有CIO打头阵，组织化劳工在20世纪30年代后期发展成了一股政治行动的力量，这在美国此前从未见过：他们搞竞选捐款，挨家串户按门铃，通过政治演说、海报和电台从事竞选活动，以令人印象深刻的规模拉选票。劳工联合会保持着"支持朋友、反对敌人"的老传统，只给予新政以间接的支持，也没有试着通过它的核心组织募集资金，而CIO则不接受这样的怯懦。1936年，劳工给民主党的事业捐助了77万美元，其中将近一半来自怀着感谢和希望的CIO。刘易斯、西德尼·希尔曼和乔治·贝里少校所创立的劳工超党派同盟重整旗鼓，支持总统，它的纽约分部——唤作"美国劳工党"——投了100万选票当中的将近三分之一。在下届总统选举中，尽管心怀不满的刘易斯抛弃了罗斯福，回到了他毕生的共和主义，但老百姓却依然对其保持着忠诚，特别是CIO成员给了总统极大的信任票，以至于刘易斯别无选择，只好履行他选举前的承诺：辞去CIO首脑的职

第6章 行进中的工会　111

务，同时保留他的矿工联合会领袖的身份。

不管政界如何兴衰沉浮，这个时代一个值得注意的倾向是，劳工终于成了选举的积极参与者，热衷于利用政府的支点来实现他们的目标。反过来，行政部门意识到了其对亲劳工政策所允诺的沉重义务，以及对工人阶级的支持的感谢，因此显得极不愿意对工会加以抑制，不管他们可能变得多么不负责任。早先的几届政府，常常也正是以这样的方式对待大企业。

单纯的罢工逐渐演变成街头政治，吹吹打打，好不热闹

跟CIO的出现紧密相连的，是静坐罢工：工人放下手里的家什，就在工厂里"自己干活的地方一屁股坐下来"。对工人来说，这一消极抵抗的策略有很多优势。不仅从身体上占据了工厂，以阻挡"工贼"进入，而且也比站着示威更舒适。当他们开始知道彼此都被包围、并冲破资方的封锁把食物和热气腾腾的咖啡带给驻守者的时候，这种方式也增强了工人们的团结感。然而，他们也经常没能遵守自己的游戏规则，让替身混进了工厂。

明尼苏达州荷美尔肉制品加工公司的雇员们在1933年、阿克伦市固特异工厂的工人们在1935年先后成功试验了这种办法，1936年末，当CIO把静坐罢工作为攻击汽车工业的主要手段时，它第一次吸引了全国的注意。1934年，45%的汽车工人每年的收入不超过1,000美元。然而，在1936—1937年的静坐大罢工当中，迫在眉睫的直接问题不是工资，而是工会组织，以及承认汽车工人联合会为唯一的谈判代理。从1936年11月开始，在密歇根州的弗林特，通用汽车公司爆发了罢工，这次罢工的骚乱风潮迅速蔓延，有14个州、135,000人卷入其中。密歇根州州长弗兰克·墨菲拒绝出动民兵，而是提议自己充当谈判代表，1937年，谈判以工会的重大胜利而宣告结束。另外一些大的汽车公司也屈服于同样的策略。

5月，仅仅是威胁要搞一次静坐罢工，便赢得了对美国钢铁公司的一场更大的胜利，当时，震惊不已的公众得知，这个钢铁巨人以及它的一些"大钢铁"伙伴，还没动真格的，便乖乖地向工会降旗投降，为工人增加了10%的工资。这场胜利，标志着刘易斯的威望达到了顶峰。与此同时，静坐罢工的花招传播到了不同的群体，比如面包工人、造船工人、宾夕法尼亚州赫尔希的巧克力制作工、芝加哥的乳母，以及堪萨斯城的挖墓人——这是一场传染病，让人

汽车工人静坐罢工

第6章 行进中的工会 113

想起中世纪的舞蹈狂。1936年9月1日—1937年7月1日之间，总共有484,711名工人参加静坐罢工。

这次工薪阶层挥舞大棒的空前奇观，把公众舆论给吓得够呛，出于本能，舆论总是支持劳资之间的力量平衡。1937年2月，一次盖洛普民意调查显示，56%的人站在通用汽车一边反对CIO。一个月之后的另一次民意调查则显示，67%的人支持裁定静坐罢工非法，正如美国劳工联合会主席格林所宣称的那样，除了一些个别的例外，这些罢工属于他们劳工阶层的内部事务。到1937年仲夏，有57%的人同意："无论何时，只要存在罢工动乱的威胁，都应该派出民兵。"半数人承认，在过去6个月里，他们对工会的态度已经改变。参议院在1937年、最高法院在1939年强烈地谴责静坐罢工是对财产权的侵犯，是一种过失犯法。

1937年春，当CIO向"小钢铁"企业发起挑战的时候，它的胜利的潮汐便转向了。在阵亡将士纪念日，芝加哥共和钢铁公司门前的示威者与警察发生了冲突，导致了10个罢工者死亡。在汤姆·M.格德勒（一个像刘易斯本人一样强硬而顽强的领袖）的领导下，"小钢铁"公司在7月跟工会打了一场恶战，并击败了他们——尽管NLRB后来谴责他们的做法是非法的，并命令各公司让被开除的罢工者复职，着手集体谈判。

面对"小钢铁"与CIO之间的这场僵局，总统大喊："你们双方都不得好报。"但在回顾往事的时候，他认为1937年对劳工来说是"发育期疼痛"的时节，本质上是有益于健康的症状——其代价是十年来发生了4720次罢工，其中2728次是为了争取工会权利。然而，更好斗的工会主义者不愿意承认，静坐罢工——尽管取得了胜利——很快就失去了作用，它让公众和政府失去了耐性。

尽管《瓦格纳法》明确规定，雇主这个词"不应该包含合众国，也不包括任何州或其政治分支"，因此不支持针对政府的集体谈判或罢工，然而还是有人（主要来自左翼）试图把救济岗位的工人组织起来。FERA雇员的一个工会一度非常活跃，继之而起的是公共工程工会，尽管总统否认他们有罢工的权利，工会还是对WPA的减薪和裁员施加了相当大的压力。很显然，招收救济对象和失业者的最活跃的组织是工人联盟，该组织于1935年初在马克思主义者的支持下成立，自诩其鼎盛时期的成员数将近有25万之众。它试图给贫困群体灌输不满的精神，发起反饥饿游行，抗议WPA的解雇，在威斯康星州和宾夕法尼亚州的立法机关门前搞示威，1937年在国会大厦门前聚众示威，要求发放贷款以防止进一步的削减救济。然而，这些组织的总体冲击并不大。

这十年给美国的劳工态度带来了某些变化。大萧条所开启、新政所继续的一股推动力量，使得工人（尤其是在大产业中心）产生了前所未有的阶级意识——这让左翼分子深感满意，而在保守派当中，则激起了悲观的忧惧，他们担心，美国的传统、个人野心和流动机会正在被"欧洲化"。作为"无产阶级"的劳动者也成了无数作家和艺术家关注的对象，正如稍后我们将会看到的那样。即使他们的言说主要是针对知识分子，但其残余物却帮助铺垫了工人的骄傲和自尊。一种新的团结感出现了。劳工领袖们越来越寻求让工会成为社区和休闲生活的中心，有干净、迷人的驻地，包括休息室、游戏室、舞厅、餐馆、图书馆和电影厅。在大城市里，社交活动包括跳舞、玩牌、宾戈游戏、宴会、啤酒聚会，以及——在那些最偏僻的地区——方块舞、棒球赛、野餐和乘干草车夜游。这一发展让人不由得想起两代人之前农民组织的格兰其（the Grange）蓬勃发展的青葱岁月。

纺织女工的抗议方式很特别

但劳工的新优势也有它的阴暗面。"利益集团"在掌权的时候所表现出来的那种贪婪、自大和不负责任的症状，如今也出现在某些劳工领袖和工会当中。有些人似乎想要让省力的方法和技术带来的所有成果全都以更高工资和更短工时的形式归他们独享，而不是以更低价格和更多消费的形式与其他人分享。另一些人则试图限制特殊技艺和行业的劳动供给，其行动是基于这样的理论：贸易限制是一种两个人玩的游戏，而消费者则不幸地袖手旁观。1939年和1940年，司法部极力要打破几个工匠工会所设置的障碍。劳工已经等了很长的时间，为的是自己能够上场一显身手，这样的行为是自然的，即便有些不明智。

劳工运动中的竞争对手都力求在更高工资和更短工时上盖过其他人，很少关注共同的福利甚或工会本身的最终利益。紧接着对静坐罢工的普遍非难，公众开始把这些好斗分子描绘为约翰·L.刘易斯的缩影，他的横眉怒目，他的黑雪茄、大轿车，以及他冷峻的自信：政府将屈服于他的意志，这一形象简直就是19世纪"强盗贵族"的替身。1921年，他不得不服从一份不公平的禁止令，上面有这样的话："我们不能跟政府作对"；20年后，他在国防面临威胁的危及关头坚持发动一场煤矿大罢工，使国家几近瘫痪。

然而，比劳工领袖更应该受到谴责的是敲诈劳工的人。这些人常常是从专门搞酒类走私和贩卖毒品的"黑社会大学"毕业的，他们所学的专业就是敲诈勒索、暴力和谋杀。在20世纪30年代初期，严格控制着建筑工人、电影放映员、面包工人、毛皮制作工、家禽贩子和农贸市场小贩的"工会沙皇"们——他们自己之间常常为了争夺控制权而反目成仇——恶化了像纽约、芝加哥和底特律这样一些城市的工业骚乱。1932年，芝加哥犯罪委员会主席弗兰克·J.勒斯报告："芝加哥足足有三分之二的工会被艾尔·卡彭的恐怖组织所直接控制或收买。"到这时候，卡彭已经因为偷逃所得税而被判处11年的监禁，其他歹徒很快就纷纷落网。

但是，随着组织化劳工在新政时期成员越来越多、地位越来越重要，一大堆新的敲诈勒索之徒开始像雨后春笋般冒出来，直到20

世纪30年代后期，正如劳工事业的一位忠实朋友玛丽·希顿·沃尔斯所评论的那样，芝加哥的美国劳工联合会经常与流氓无赖和本地政界的堕落分子携手合作。在纽约地区，年轻的托马斯·E.杜威，1935年时担任特别检察官，两年后成为地方检察官，他帮助粉碎了劳工敲诈者所搞的几个最恶劣的赌博场，从而一举奠定了全国性的声望。然而，在这一历史时期结束的时候，一些重要的工会日仍然与贪污受贿、敲诈勒索有着千丝万缕的联系，包括那些电影工业领域的工会。

芝加哥黑社会头子艾尔·卡彭

保守派媒体把1937年末的不景气归咎于工业骚乱和罢工斗争。在任何情况下，新的事业浪潮总是会削弱劳工的谈判力量，这样一来，1938年只出现了2770次罢工，卷入的人数只有上一年的三分之一，不到69万人。然而，在这一年的晚些时候，尽管工会的新兴力量遭受了挫折，未加入工会的工人还是赢得了第一场重要的立法胜利。荒谬的是，面对CIO和美国劳工联合会领导人的漠不关心和彻底怀疑（后者动辄引用冈珀斯的话：最低工资常常成了最高工资），总统和他在国会的助手们竟然通过了《公平劳动标准法》（FLSA）。在心底里，这些工会领袖们多半对本组织之外的工人的福利没什么兴趣，要不就是嫉妒以任何不同于集体谈判的方式所赢得的胜利。

和最初的《布莱克—康纳里法》的提交过程如出一辙，《公平劳动标准法》由总统于1937年5月提交给国会，6个月之后，随着萧条的进一步加深，他再次施压。有些南方议员提出反对，认为这项措施破坏了他们独特的地区差异制度，还有一些人则认为它在措辞上太啰唆、太复杂，12月，这一措施被否决——正如劳工部长珀金斯后来所反思的那样："破天荒头一遭，行政部门的一项重大议案在议会里被击败了。"然而，1938年6月，在经过一个冬天的不景气的折磨、并通过进一步的政治策略对议案进行修改和简化之后，国会通过了这项法案。总统告诉全体国民："除了《社会保障法》之外，它大概是这个国家，或者任何其他国家为了工人的利益而采用过的法案当中最有远见的一项计划。"

它的前身是1935年下半年通过的《沃尔什－希利公共契约法》，该法案为所有合同金额超过1万美元的政府承包商规定了每周40小时的工时制度，并要求他们支付劳工部长根据相邻地区同样工种的"主流工资"所确定的最低工资。"主流工资"的原则也成了WPA制定救济工人工资的参考。1938年的《公平劳动标准法》扩大到了所有"影响州际贸易"的工作，只有农业、渔业和某些类型的销售与服务业得以豁免。它规定了常规的最大工作时间是每周44小时（将逐步减少到40小时），除某些季节性的职业之外，超时工作必须支付相当于原工资一倍半的加班费。第一年的最低工资是每小时25美分，然后自动增加，直至最后的最低工资是每小时40美分。这样的渐进主义，旨在让雇主有一段较为缓和的调整时期。法案还禁止在州际贸易商品的制造中使用童工。

这一关于工资和工时的联邦规章比各州的控制更有效力，因为后者常常只不过是导致了企业迁往比较落后的地区，而前者对美国的工薪阶层有着深远的影响。主要受益者是那些没有参加工会的、得不到保护的工人，即妇女、未成年人和没有技能的普通工人。直接影响是把约30万雇员的小时工资提高到了25美分，为130万人缩短了工作时间；第二年的

罗斯福总统在签署文件

小时工资增长到了30美分，受益人大约有69万，大约2,382,000人的工作时间减少到了每周42小时；而1940年每周40小时的工时改革大约影响了200万人。1941年2月3日，最高法院的全票批准，标志着该法案成为劳资关系永久性结构中的组成部分。

1939年之后，国防和战争的需要增加了就业，终于开始吸收人力资源的蓄水池，长期以来，由于私营企业劳动力需求的退潮，这个池子一直是死水一潭。在水漫金山的繁荣洪流中，每一个有能力就业的美国人——不管是在工厂还是在军队——都是抢手货。战争这台终极注水泵就这样出现了——欧洲的独裁者们早就发现了它是缓解萧条和社会动荡的缓和剂，但罗斯福一直避之唯恐不及，认为它是危险的、非生产性的，直至万不得已才不得不出手。到1941年，工厂工人每周的实际收入达到了空前的高度。

即便是在世界危机日渐加深的阴影里，劳资纠纷也并没有完全结束，但留给罢工的时间很快就用完了。应对这一新的经济情况的一项措施，就是动用军队，1941年6月，总统下令镇压在加利福尼亚州的英格尔伍德市举行的CIO－北美航空公司罢工。这个月的晚些时候，苏联参加欧洲战争之后，美国劳工当中的激进分子停止了联合抵制所谓的"帝国主义斗争"，接下来便是一个产业界和平与合作的太平时期。

这些年加速了劳资双方对联邦权力的认识，后者不是一位纵容的父亲，就是一个严厉的父亲。与此同时，普通百姓——不管其政治经济利益或对国家的忠诚如何——都感觉到了同样的管制之手放在了自己的肩膀上，无论他喜欢还是不喜欢。新的政府职能以及行政权限的极大扩张的一个不可忽视的标志就是1939年的《重组法》，该法案把像PWA、WPA和美国住房管理局这样的不同的福利机构置于一家机构"联邦工程局"的管理之下，试图以另外的方式把新政的一些五花八门的即兴之作收拾得井然有序。

在这一年年初给国会的一篇咨文中，总统大胆地说：

我们如今看到了我们一路上看不到的东西。我们在1933年所拥有的政府工具已经过时。我们不得不为政府在民主运作中所扮演的新角色打造新工具——这个角色肩负着满足新的需求的新责任，以及应对长期被忽略的旧需求的更大责任。

几天之后，在杰克逊纪念日的晚餐会上——本着他的"为一个统一的民主国家而战斗到底"的精神——总统概述了他的手下和他的本届政府所做的工作，这些工作给美国人的生活带来了更加引人注目的重组，然后，他指出：

在我们这一代中，人民已经极大地改变了他们对政府的看法。现时代的我们对待我们的政治不再那么严肃了。我们更重视我们的政府。……今天，就绝大部分人民而言，出现了一个真正的、强有力的信念：诚实、智慧而勇敢的政府能够解决很多这样的问题，在一个再也没有120英亩免费的好地分给每个人的世界上，普通的个体无法单独面对这些问题。

而且，怀着实现全面社会进步的梦想——正如罗斯福总统和他的朋友们所构想的那样——他大声地宣誓："永恒的上帝作证，我们决不投降。"

第7章 变革中的城乡

正如每个人都关注大萧条的不同方面一样，城市居民和农民也是从不同的视点来看待新政。城市首先感觉到的是被经济灾难给死死攫住，比小镇或乡村社群更长时间地、更牢固地被失业和饥饿的妖魔所抓住。例如，1935年，仅10座最大的城市就占到了全国接受救济的可就业人数的五分之一。城市救济的组织工作往往比小镇更有效，在大都市的匿名状态下，接受嗟来之食时的最初的羞愧也更少。

此外，城市居民对于自力更生和粗犷的个人主义更少顾虑。在20世纪，城市已经成了创新和改革的温床。除了观念的迅速发酵、组织化劳工的力量，以及经济上的看得见的阶层化之外，另一个理由，就是典型都市人连根拔起的状态。如果他来自一个小镇、村庄或农场，这个事实本身一般会给他打上进步主义者、非国教徒和不满现状者的烙印，更常见的情况下，其影响就是剥去了附着在他的根上的习俗沉积块。另一方面，如果他出生于外国或者是移民子女的话——人口超过100万的城市当中，将近三分之二的居民是这样——那么，对于那些被在农村生活的人怀疑是跟"美国方式"背道而驰的观念，他往往感觉不到顽固的偏见。因此一点也不奇怪，新政的工作救济、社会保障和住宅计划，其最热烈的支持者，莫过于大都市中心，罗斯福本人也是如此，特别是在几次成功的连任竞选中，他扫荡了城市的选票——即便是在20世纪40年代（正如我们将看到的那样）很多农民开始抛弃新政的时候。

减轻贫困房主的负担，为低价型住所清理贫民窟，是把联邦权力密切地带入城市人生活中的两项活动。政府（主要是市政府）先前已经以限制性立法的方式进入了住宅领域，比如建筑业法规和分区法令，但在这十年，在联邦政府的领导下，它担负起了积极的角色，先是提供低息住宅贷款，然后以低地租的方式刺激新的建筑。

为了对贫困房主实现比胡佛的住宅贷款银行更直接的救济，1933年6月，新政创设了房主贷款公司（HOLC）。所有贷款以5%的利息再融资，15年还清；必要的维修在监督下进行，其费用增加到贷款中。在其发放贷款的那段时期里（1936年6月结束），HOLC共发放了100万笔贷款，总额高达30亿美元，承担了美国城市房屋抵押债务的大约六分之一。到1937年，丧失抵押品赎回权的数字——1926—1933年间翻了四倍——降到了1933年的一半，数十万家庭免于被赶出家门。

无家可归的人在市郊搭起了简易的帐篷

然而，这一计划并没有满足一个更大的、更迫切的需求领域。总统在他的第二届任期就职演说中提到了"全国有三分之一的人住得很差、穿得很差、吃得很差"，他们很少拥有不动产，或者说没有机会面对HOLC，也不会得到建筑信用合作社的关照和住宅贷款银行的帮助。这一状况促使政府采取进一步的措施。像新政的很多措施一样，住宅行动也一直着眼于复兴——希望刺激民营建筑业——和改革这两个孪生目标，而且越来越强调后者。1933年6月，PWA设

The Great
Depression 美国大萧条

"铁克伍住宅计划"建造的廉租房

立了紧急住宅司，为在亚特兰大开始的改造计划筹集资金，在那里，11个被认为是最糟糕的街区成了"铁克伍住宅计划"的宅基地。克利夫兰市臭名昭著的"威士忌岛"廉价公寓区被彻底清除以支持PWA的一个被称作"湖景露台"的项目。在芝加哥，"简·亚当斯住宅计划"增进了"赫尔之家"的创始人长期为之效力的社区睦邻运动。所有项目当中，最大的是布鲁克林的"威廉斯堡住宅计划"，它以令人愉快的现代公寓取代了12个贫民窟街区，容纳了将近6,000人。另一方面，1935年休伊·朗控制的立法机构在地方政府的压制之下被迫扼杀了新奥尔良两个有前途的企业，这两个不幸的企业被PWA放弃了。

紧急住宅的平均租金是每月26美元，如果租住家庭的收入增长到了这笔费用的5—6倍的话，就会被要求离开。这些紧急住宅满足了体力劳动者和白领工人，而不是非常穷的人的需求；但就连这样的价格，实际上也是伪装起来的津贴，因为对于高达每间房1,700美元的工程造价——这是PWA的"耐用性狂热"所带来的后果——来说，收回成本的前景十分渺茫。在1937年11月终止之前，这一计划发起了大约50个开发项目，包括将近22,000个居住单位。

与此同时，1934年6月，《全国住宅法》创立了联邦住宅管理局（FHA），主要是为了帮助房主筹资维修、翻新、扩大现有住宅，刺激联邦抵押保险的民营建筑。利率适中的贷款担保，坚持要求执行某些建筑标准，以及专家级的工程和建筑建议，都属于PHA最有益的特色。到1940年底，它担保了12.5亿美元的贷款用于改造300万个居住单位，将近30亿美元用于建造60幢小住宅和300个出租项目。

1937年，随着《瓦格纳－斯蒂高尔法》——它创立了美国住房管理局（USHA）——在8月的通过，批评者对低价住宅问题发起了新一轮的攻击。该计划面对着大量未完成的事情。根据内务部门的权限，USHA借贷或划拨（这事儿不那么普遍）5亿美元（后来增加到了8亿）给地方住宅机构，在联邦的计划和监督下，用于贫民窟的清理、修缮和新建。地方政府被要求对运作成本担负一定的责任，通常是以豁免地产税的形式。该机构吸收了早期的一些住宅计划，并把它的努力直接对准了提供适度的住宅成本上——每间房不超过1,000美元，在人口超过50万的大城市增加到了1,250美元。租赁被限制在年收入不超过1,150美元的家庭，有时候低至北方600美元、南方300美元。

就这样，一场针对廉价公寓的战斗打响了，对象有：芝加哥的卢普区，纽约的"地狱厨房"，圣安东尼奥市墨西哥穷人住的"畜栏"，以及全国各地的"罐头巷"和"穷人街"。最大的窗户空间，阳台，草坪或绿化带，以及运动场，全都是新时尚。最显著的受益者当中，包括城市里的黑人，无论他住在孟菲斯和新奥尔良的"方舟"（即避难处），还是在哈勒姆区的贫民窟，那里的人口密度已经

纽约住宅管理局在USHA帮助下修建的廉租公寓

第7章 变革中的城乡

超过了每英亩230人,有一段因为肺结核的蹂躏被称作"肺街区"。在这一时期,由联邦筹集资金的低价房当中,将近三分之一的居住单元——北方和南方约为47,500套——为黑人所使用。即使是这样的数量,也还远远不能满足需求,但这是一个勇敢的开始,导致研究美国种族问题的瑞典专家冈纳·缪尔达尔声称,USHA给黑人"带来的好处,超过了其他任何重要的联邦福利机构"。

USHA局长内森·斯特劳斯欣喜若狂地写道:"1939年,100年来第一次,美国的贫民窟停止了增长,甚至缩小了。"并指出,按净价计算,联邦政府平均每年为每一户家庭拿出了大约120美元用于住房。到1941年1月,将近20万家庭单位得到了供应,而且逐年向更低收入阶层渗透。然而,在USHA的活动范围之外,早期的批评当中还是有一定的道理:联邦住房计划的受益者往往是较低收入的中产阶级,而不是真正底层的贫困群体。例如,1940年,新的住房贷款人当中,家庭年收入低于2,000美元的不到30%,低于1,500美元的只有5%。民营企业的积极性得不到联邦政府的支持,只好偶尔尝试进入中等低价领域。1938年,大都会人寿保险公司为中低收入的纽约人着手搞一个很有吸引力的500万美元的项目,后来把这一投资理念扩大到了其他社群。另外一些公司也开始为雇员发起模范住房计划。

USHA资助的廉租房项目

1939年,大萧条开始以来第一次,住宅建设突破了10亿美元大关,但缺口依然是如此之严重,以至于在第二年,依然有400万间的缺口。1941年,由于国防需要,纯粹的私人住宅建设实际上被禁止了,而国家的所有建筑资源

全都倾注到了飞机厂、造船厂和军需品厂等附近的紧急住处的建造上，以及更迫切地到了工业建设上，直至后者达到了1920年最高水平的两倍。在美国参加第二次世界大战前夕，有一点变得很清楚：国防的不足、军人的结婚、人口迁移导致向工厂地区集中，以及尤其是几十年来的衰退和欠账，全都结合起来使得美国到处都是无家可归者和居住条件恶劣者。

活动板房

　　最现成的答案是活动板房。在1933年的芝加哥世博会上，人们对这种活动板房报以狂热的欢呼，然而到1936—1937年间，只有大约50家公司在生产活动板房，它们的年产量总共不到1,000间。主要的障碍包括：限制性的建筑业法规，来自行业的反对（置换、房地产和抵押利益集团都试图保护现有建筑免遭废弃），以及（大概像其他障碍一样要命）人们关于家看上去应该是个什么样子的老观念，这一新生的产业未能实现令人满意的低成本大规模生产。

　　另一个重要发展涉及城市规划运动。对城市规划的强烈兴趣，在20世纪20和30年代开花结果，又在大萧条的打击下迅速凋零。到1933年，市、县和地方的城市规划部门当中，至少有45个被直接废弃了，大约130个据报告处于"停滞状态"，或者被认为是"花架子"

而正式宣布解散。但是，有了新政的公共工程和住宅计划，有了来自国家计划委员会及其继任者的热情鼓励，这场运动再一次活了过来。到1940年，规划部门的数量达到了1,100个，几乎是1920年代高峰时期的两倍。实际上，所有立法机关都设立了城市规划委员会，超过一半的州还批准成立了县规划机构。公园、运动场、分区布局、"烟雾"所造成的空气污染、运输和公用事业网络，都属于它们关注的基本问题。

市政工程最头痛的是交通问题，即使是在大萧条的深渊中，这个问题也没有丝毫的缓和，因为，正如我们已经指出过的那样，美国人跟他们的汽车几乎是难分难舍，无论生活环境如何兴衰变迁。在20世纪30年代中期，据估算，为了维护城市交通的运转，纳税人每年要支付20多亿美元的代价。增加红绿灯、指挥塔、停车道，错开上班时间以减少交通堵塞，都充当了缓解交通压力的缓和剂。停车计时收费曾风行一时，尤其是在中等规模的城镇，但效果并不比超时停车罚款更好。地下和屋顶停车场——都是代价不菲的解决办法——在更大的城市里发展迅速。但是，面对来自商人的反对（他们害怕失去曾经被称为"马车生意"的上层顾客），市政当局不愿意颁布法令，把停车场扩展到闹市区。

然而，在某些方面，内燃机的社会力量，与有着强大向心力的蒸汽机时代完全相反，汽车时代与电气时代相结合，产生了散布性的影响，使一个人工作的场所与他睡觉和游戏的地方分离开来。不断增长的交通流量，每天早晨川流不息地流入都市的峡谷，黄昏时分再流向郊区的丘陵溪谷，为这一变化作证，同时也提出了它自己在速度和管理上的难题。这一上下班往返的交通网络，从城市向外辐射，然后加入到不断上涨的货运交通的滚滚洪流中，预示了城市规划中的一个终极两难——没有公路的城镇（它的住宅区阻挡了大规模的旅行）和没有城镇的公路（有地下通道和高架天桥用于干线交叉）。30年代后期，随着公共工程计划的铺开，出现了高速公路的大量繁殖。随着风景造林和供人们野餐或游览的临时区域的出现，这些高速公路一方面美化了郊区景观，另一方面又通过进出坡道的系统和立交桥或其他有独创性的设计，使得汽车交通更加快速，更加安全。

统计数据也显示了建筑业超级社群的分散化，它们的经济和文化影响超出了地方政府和税收的边界之外，它们的权力"在很多方面都比现有的政治州更现实"。在1930年之前的十年时间里，在96个大都市区的核心城市中，其市内人口只增长了五分之一，而其边缘地区的人口却增长了将近五分之二。这一趋势在30年代得以继续，大都市区的数量从1930年的133个，增加到了十年之后的140个，到这时，它们的中心区共有4,200万人口，外围有2,000万人口。因此，尽管美国人不可救药地被都市文明所吸引，但他们也表现出了一种越来越强烈的渴望：希望逃离都市的核心暴政。

在城乡之间的地带，市民们希望两边的好处兼而得之。在20世纪30年代，尽管全国人口只增长了7%稍多一点，市区人口增长了8%，农业人口几乎维持不变，而乡村非农阶层却跃升了14%。往返列车和巴士及私人汽车，健康、愉快的户外生活的诱惑，以及大萧条和技术革新所带来的更多的闲暇，都是重要的因素。主要受益者是老婆孩子，而不是养家糊口的丈夫；郊区的社会结构在很大程度上是父权制。

主要是为了帮助那些渴望有一方立锥之地的贫困城市居民，联邦迁居管理局在它1935年创立之后不久便设计了三个"绿化带城镇"，作为示范单位。在农业部副部长雷克斯福德·G. 特格韦尔的指导下，华盛顿、辛辛那提和密尔沃基附近规划了一些较低租金的社区，每个社区大约可以容纳800个家庭。一些极小的地区规划的样板——它们避开了干线公路并利用了阳光、运动场和公园——使得这些居民点对孩子们来说几乎是理想的住所。每一个村庄——有邮局、商店、学校、社区活动中心、供水系统及其他方便设施，主要是由WPA劳工修建的——被农场和林地所环绕，为城市工人提供了花园式家庭的生产性资源。美国历史上破天荒第一次，郊区中心场

第 7 章 变革中的城乡　　129

The Great
Depression 美国大萧条

绿化带社区
（马里兰州）

地作为联邦规划的范围而被发现了。对新政反对者来说，这些计划有点"集体主义"的味道，1936年，一份不利的法庭裁决导致第四个项目（在新泽西州邦德布鲁克镇附近）被放弃，立即让整个计划陷入危险的境地。

迁居管理局（这家机构1937年被并入新成立的农业保障局）也关注其他类型的需求。比方说，FERA所做的一项乡村问题研究发现，在30个南方县，一半到四分之三的救济家庭生活于不适合人类居住的房子中。甚至有很多不领救济的家庭——谷租佃农，从伊利诺伊到佛罗里达的冲沟地和侵蚀地的拥有者，以及大平原的炎热和枯竭地区的耕作者——生活也好不了多少。无家、无地和无业的家庭，一直在寻求廉租、低税和容易上救济名单的地方，他们越来越多地迁往农村，定居农村的移民者在大萧条年间的增长，比1924—1930年间的增长速度快两倍多。在中部大西洋沿岸各州，这样一些地方主要吸引的是来自城里闲置工厂的人，在南方主要是佃农阶层，在中西部主要是干旱受害者。

迁居的主要目的，就是让人们有机会从不好的地方搬到好的地方，把沮丧和依赖转变为自力更生。"渗透"类的项目帮助了那些束手无策、一贫如洗的乡村家庭用联邦政府的长期贷款去购买散落在优良农业地区核心地带各处的单独农田；"社区"类的项目则是由联邦政府征购相对较大的土地，再进行细分，让个人去租赁或购买，常常伴随着一整套新的方便设施网络的发展，像公路、学校和自来水。很多这样的农民因此离开了他们贫瘠而枯竭的土地，而政府则把这些土地买过来，再把它们转变成森林、野生动物保护区、牧场、公园或印第安人的保留地。这些计划为大约1万个家庭提供了安身之所，为大约4万个人提供了谋生之道。

由于贫穷农业人口的困难多种多样——不仅仅是贫瘠枯竭的土地，而且还有管理糟糕、信用不足和债台高筑、无知、干旱、洪水和害虫——任何单一的处方都不能包治百病。最不幸的受害者是那些失了业的农场劳工，城市不需要他们，因为城市本身就有数百万的失业者。联邦和各州关于工资、工时和失业保险的法律，以及新政的集体谈判保证，都没有让这类工人受益。到这一时期结束的时候，只有4个州才好歹有点工人意外伤害赔偿金给农业劳工，尽管他们的工作危险性并不小。

俄克拉何马州一个农场劳工家庭

大萧条的缓冲作用，稳步发展的农业机械化，以及由过剩（跟匮乏同样令人绝望）所带来的自然震荡，在这样的背景下，整个30年代有350万个家庭——美国四分之一的家庭——不得不接受公私救济也就不足为奇了。这是美国生活的新起点，一个

长期以来咬紧牙关、坚持独立的群体终于举手投降。

讽刺的是,在充分认识到这种农村贫困之前,在大萧条初期的几年里,传统的人口从农村流向城市的趋势发生了逆转,仅在前十年,城市人口就增加了600万。1930—1933年间,这样的流动在美国历史上破天荒第一次突然放缓了,并且,实际上开始朝相反的方向倒流。无所事事的年轻人离开了大都市的人行道,到乡下的亲戚朋友那里去避难;食不果腹的家庭试着自己动手种点粮食;西弗吉尼亚、田纳西和肯塔基的失业矿工们回到了他们古老的边缘土地上。在1932年,农村人口净增了将近30万人,到1935年,大约有200万5年前还生活在城里的人如今生活在乡下。

然而,自20世纪30年代中期往后,旧趋势得以恢复,尽管速度是如此迟缓,以至于整整十年,城市新增人口还不到20年代的一半。这个过程与经济复苏的缓慢上升是合拍的。也正是在这之后,随着本地人的返回,乡下人越来越无趣,而且,对灯红酒绿、电影和抽水马桶的回忆,甚至比对干草和苹果花的记忆更令人怀旧。此外,当救济和公共工程都转到了联邦政府手上的时候,乡村生活显示出了另外一些不利。乡下通常更难获得帮助,家庭所分配的东西也更少,乡村放逐涉及居住需求的丧失。因此,很多人都采取折中的办法,在人口中心的郊区安营扎寨。而且,像从前一样,城市的召唤继续不可抵抗地在野心勃勃的年轻人的耳畔回响。

传统上,农村家庭通常儿女众多,而他们当中二十几岁的时候在市区成家立业的人所占比例也很高,在这二者之间,有一点很清楚:充满活力的新鲜血液的不断注入,依然在充实着城市的血管。在30年代,大约有150万年轻人从农场和乡村移民到更大的社区中。关于选择性的因素,尚没人做过真正科学的研究,但威斯康星州社会学家爱德华·A. 罗斯提出了一个后来被广为传播的观点,当时,他把那些已经枯竭的地区比作"主要因为鲶鱼和亚口鱼而被捕捞殆尽的池塘"。

子女最多、败得最惨的是谷租佃农。在地主与佃农关系的阶梯上，他们属于最低一档。现金地租是最有价值的，佃农用它来提供流动资本、支付固定地租、保持所有利润。这种地租在"梅森—迪克逊线"以北相当常见（1930年占所有租户的四分之一以上），向南则几乎不为人知。用收成的一部分交地租（地主支付某些生产费用，佃农提供劳力、牲口、工具和种子），以及用一定比例的可销售作物支付地租，在北方和中西部都是最常见的方式。还有一种类似的资产与利润分享机制，被称作家畜共享出租，在中西部各州的乳品业和养牛地带很是盛行。

俄克拉何马州一个谷租佃农的家庭

但在棉花王国，盛行作物租种，佃农通常只需贡献出自己和家人的劳动力，得到的回报是他所种植的一半的棉花和三分之一的谷物。贫穷的佃农向地主借钱购买食物和衣物，否则的话就得求助于其利息可能高到50%的信用商人。这些贷款经常相当于常年的施舍，使倒霉的债务人沦为实际上的做工还债者，在那块像自己一样被残酷剥削的土地上辛苦劳作。很多地主发现白人更不听话，于是便开始优先选择黑人，他们对计算更糊涂，对东家更顺从。白人佃农因此被迫沦为农场劳工，或者随季节的变迁而在不同的地方辗转漂泊。三分之一的人在同一个地方再也待不了一年。耕作和保养的方法因此助长了丢三落四的浪费，很少人想到保存土壤，修补屋顶或栅栏，送孩子上学，或者在社区的社会生活和教会生活中扎下根来。"那有啥用？除了生计，我啥也得不到。"这句话成了对所有批评的常备回答。

租佃在南方可以追溯到南北战争之后的重建时期。20世纪初，这

第 7 章 变革中的城乡　133

一制度传播到了种植玉米的地带，到1940年，伊利诺伊、艾奥瓦、堪萨斯、内布拉斯加和南达科他等州的佃农比弗吉尼亚、肯塔基和佛罗里达还要多。但在中西部，这一安排并没有导致普遍的不幸。事实上，有些农场经营者选择把自己的资本投在设备、而不是土地上，而另一些人则从受雇的劳工起步，稳步上升，成为佃户，再由此成为地主。然而，大萧条的冲击却驱使全国各地大批小地主沦落到被迫租佃的不稳定状态，1930—1935年间，有75万个农户由于丧失赎回权和破产拍卖而失去了他们的农场。在1932年和1933年初，从南北达科他，到俄克拉何马，绝望的农民聚集起来，要用义务警员的办法来保全他们的财产，当银行和保险公司的代理人为一头母牛或一台收割机而进行名义上的竞价的时候，就去恐吓他们。在达科他州的勒马斯市，农民们把不妥协的县法官从他的法官席上拖了下来，然后用一根绳子把他吊了起来，直到他昏了过去。明尼苏达、北达科他和爱达荷等州的州长发布公告，反对强行拍卖，几个州的立法机关手忙脚乱地通过了抵押贷款延期偿还的法律，这些法律抢先于1934年6月通过的《弗雷泽－莱姆基法》（最高法院后来废除了这部法律，不过以意图相同、但更温和的法律取而代之），该法案把抵押品的赎回权延长了5年，条件是，涉案农民在此期间应支付联邦地方法官所定的租金。

尽管采取了所有这些措施，但耕地的剥夺依然是租佃制度发展的一个主要因素。1937年初，总统任命的"租佃委员会"报告，过去十年来，佃户以每年新增40,000个的速度在增长，以至五分之二的农民都成了佃户，而在半个世纪之前，只有四分之一的

新墨西哥州一个自耕农的家庭

农民属于这一阶层。紧跟着这次全面调查之后，罗斯福于1937年2月向国会递交了一份咨文，请求制定一项计划，以改进佃农、谷租佃农和农场劳工的命运。

在这种紧迫性的背后，也有着被一些文学艺术作品所刺激起来的公众兴趣，这些作品包括：厄斯金·考德威尔的长篇小说《烟草路》(Tobacco Road, 1932, 它后来被改编成了戏剧，创下了这十年的票房纪录)，同一作者的《向冉冉升起的太阳下跪》(Kneel to the Rising Sun, 1935)，以及这位佐治亚州人和他的妻子玛格丽特·伯克—怀特从全国各地搜集来的照片文献。还有一些人得知谷租佃农的故事则是通过威廉·福克纳的那些尖锐的长篇小说、像《棉花中的小屋》(Cabin in the Cotton, 1932)这样的电影，或者霍华德·W. 奥德姆、阿瑟·雷珀、鲁珀特·B. 万斯及教堂山其他同行们在乡村社会学方面所做的扎实研究。

南部佃农联盟的抗议和鼓动也在背景之中，这个组织是1934年7月一小撮白人和黑人佃农在阿肯色州组织起来的。其种族平等的含意，和它的激进主义气味一样，把普通的棉农吓得够呛。但是，尽管有鞭挞和夜袭——这些让人不由得想起三K党，南部佃农联盟到1937年还是发展了大约35,000名成员，主要在阿肯色州和俄克拉何马州，并在这个节骨眼上跟CIO建立了紧密的联系。它在华盛顿维持了一个活跃的游说团，并帮助促成了第一部旨在救济地位最卑微、处境最艰难的农场工人的立法。

1937年7月22日通过的《班克黑德—琼斯法》设立了农业保障局(FSA)，最初一笔拨款为1,000万美元(第二年增加到了2,500万，第三年是4,000万)，向农业劳工、谷租佃农及其他贫困佃农提供为期40年、利息为3%的贷款，以购买他们自己的住所。从一开始，申请人的数量就远远超出了现有资金的能力。还款非常及时，平均超过了97%。FSA还发放小额贷款，用于跟债务人清算债务；帮助度过洪水、干旱和作物歉收的时期；设立乡村合作社以提供必要的设备和服务，包括为贫困社群提供团体医疗服务。作为附带的、但却很

The Great
Depression 美国大萧条

失地的农民

重要的服务项目，FSA的县监督人还要给借款人上课，教他们节约的管理方法，鼓励他们生产牛奶和蔬菜以改善伙食标准，同时还有家庭经济顾问指导农民的妻子使用高压锅，以及制造罐头的科学方法。FSA另外的活动还包括管理161个宅地项目，作为示范和试验，其中有些项目是跟居民一起合作管理。

在迁居管理局及其继任者FSA的努力下，1935—1939年之间，总共大约有125万人获得了某种形式的金融帮助，为自力更生做好了准备。到1930年代末，有史以来第一次，从租佃到所有权的适度逆转清晰可见，特别是在南方白人中间。FSA自然无权独揽所有的功劳，但可以肯定的是，它在这个方向上的拉动是强有力的。新政为了失地者和贫困者的利益而做出的这些努力，绝不是联邦政府与农业的故事的全部。在1940年生活于农村的3,200万人当中，典型的家庭既没有接受救济，也不像绝大多数佃农和季节性劳工那样在贫困线附近挣扎。然而，独立农户的命运也并不是什么好运。多亏了他们在第一次世界大战之后的那些年里的长期萧条，他们在国民收入中所占的比例从1920年的15%下降到了1929年9%，以及1933年的7%。原因有很多：世界性生产过剩这把利剑砍入了农民的犁刃；1930年的《霍利—斯穆特关税法》；国内大企业的包围，迫使农民在贸易市场中总是低价卖、高价买；缺乏资本让他们的农场实现机械化，以便跟上大生产者；干旱和土壤损耗。另外，他们还不得不面对一个令人困惑的问题：消费者的品位始终在变化。棉农们苦苦思量的，不仅是一些新兴地区（像亚利桑那州和加利福尼亚州、东方和南美）更廉价的产品，而且还有合成纤维的出现。至于饮食习惯，有一点很明显，谷物、土豆和肉类的受欢迎程度正在下滑，因为这一代人不再像他们的祖先一样推崇史诗级大餐。

诚然，某些农场经营者吃得更好。在维生素运动的帮助下，柑橘类水果的人均消费量在1920—1940年间将近翻了一倍。到1940年末，多亏了健康教育以及日益为城市居民所热衷的易消化饮食，乳品行业的销售总额高达1,355,000,000美元，高于肉类产业的任何分支，也远远超过了任何农作物。同样，商品蔬菜园主也受益于下面这个事实：普通家庭多汁蔬菜的消费量是50年前的两倍。但是，在淡季、旺季的兴衰交替中，大多数农民总是嘟嘟囔囔地抱怨：农学家作为国民经济中所占比例最小的生产者，却控制了产品的价格。胡佛政府和罗斯福政府都曾试图面对这种抱怨。

第一项重要提案是胡佛政府1929年6月15日通过的《农业市场法》，创立了联邦农业局。通过创办农民合作社和金融稳定公司以购买和控制剩余产品，农业局希望稳定农产品价格，削减中间商的丰

生产过剩倒是个新问题

厚利润，但它陷入了两种糟糕的误判。首先是世界萧条迫在眉睫；其次，其降低产出的口号（"种得越少，收得越多"）并没有让普通的、手上长满老茧的个人主义者转变观念，他们抱着获利的希望加快了生产，丝毫不理会自愿控制，这样就迫使价格更低。农业局的运作（主要小麦和棉花上）花掉了3.4亿美元，喂肥了投机者，但丝毫也没能阻挡住雪崩。

1931年，当南方的棉花收成创下历史最高纪录的时候，农业局绝望地建议：把正在生长的棉花每三行"翻耕"掉一行。但肥沃的土地还是被过剩所淹没，在后来指责翻耕的反新政批评者当中，很少有人记得，这个想法曾经是共和党政府提出来的。到1932年仲夏，棉花卖到了5美分以下，小麦不到50美分，玉米31美分。终于，人们感觉到了问题的严重性，农业局要求立法，允许联邦政府控制农业产量，结果白费力气。到头来，在折腾了两年之后，农业局放弃了努力，并提出把它收购的剩余产品送给红十字会。然而，它的经验教训被新政所牢牢记取。

典型的农夫——他们相信埋头苦干是摆脱贫困的最好解毒剂——在大萧条的驱策下，表面上干活的时间更长了，并让老婆孩子跟着自己一起干。然而，其经济效果却让人更加灰心丧气。1932年，多半是美国农民历史上最黑暗的日子，每一个人都握紧了反抗的拳头。这年夏天的晚些时候，全国农民假日协会（1927年在艾奥瓦州成立）宣布"放假"，直至价格恢复。在脾气火爆的米洛·雷诺的带领下，假日协会实际上把康瑟尔布拉夫斯市和苏城给包围了起来，他们封锁了道路，不许警察巡逻车进入，把牛奶倒入排水沟里。内布拉斯加、明尼苏达、南北达科他以及南方和东部的不同地区，也发生了类似的示威。然而，价格并没有出现上升，反抗很快就偃旗息鼓。1933年5月初，他们的困境丝毫没有减轻，这些四面楚歌的农民投票支持举行一场全国范围的罢工，但在最后的关头被取消了，为的是给新政计划一个机会。

1933年3月27日，总统把所有农业信用机构——包括联邦农业局、农业贷款委员会以及RFC的某些职能部门——合并到了一起，组成了农业信贷管理局（FCA）。其主要目的是帮助债务缠身的农民按比例缩减他们的抵押贷款并支付利息，结果是（在总体经济复苏的支持下），到1936年3月10日为止的一年时间里，丧失抵押品赎回权的贷款只有2%，而相比之下，1933年这个比例是3.9%。

1933年5月12日，《农业调整法》（俗称《三A法》）开始了农业经济的新时代。为了提升价格，该法案规定了7种基本农产品——小麦、玉米、棉花、猪、稻米、烟草和牛奶制品——的"调整后的产量"，后来在某种政治压力下，又增加了另外9种农产品。自愿与政府结成合伙关系以减少过剩并因此提高剩余产品的市场价格的生产者，都会根据他的受限配额而得到"利润补偿"。比小规模种植者反应更迅速的大规模种植者，比目不识丁者手脚更麻利的知书明理者，都在这一计划的后面排好了队。1933年初夏，农业部门的代理人走进了数百万农民当中，宣传作物产量控制的福音，直到非国教徒对汹涌澎湃的皈依者感到不安。终于，集体行动蔓延到了农业社群，人们普遍认识到：营销问题眼下比生产方法更加至关重要。

就好像要把他们新的信仰提升到英雄的高度来加以检验一样，AAA要求几百万生产者做一件违背他们最深刻本能的事情：毁灭他们的劳动果实。1933年夏，南方棉花种植者正准备从4,000万英亩的土地上收获一次大丰收，这意味着至少有1,600万捆棉花被添加到近几个收获季所留下的庞大库存当中。虽说阻止种植已经为时晚矣，但AAA还是派出了22,000个代理人（主要是志愿者），劝说农民把他们四分之一的种植面积翻耕掉，作为回报，农民们将得到每英亩6—20美元的现金。他们同意了，翻耕了1,000多万英亩耕地。

新闻媒体报道，当南方的骡子（它们被训练得习惯于在两行棉花之间行走）拉着毁灭之犁从棉地走过的时候，它们拒绝踩踏正在生长的棉花。骡子的主人起初似乎更温驯一些，但到了第二年，事实证明他在签约限产时也有这么倔强——他希望能够收获正在上涨的价格所带来的利润——以至于国会不得不在1934年通过了《班克黑德

The Great
Depression 美国大萧条

棉花丰收了，棉农却高兴不起来

棉花控制法》。通过对超出种植者配额的纤维制品征收重税，该法案把一项强制措施引入到了AAA；它的伙伴《克尔－史密斯烟草控制法》，对南方的另一种原材料的生产过剩征收了类似的重税，1933年也执行了类似的翻耕措施。

  1933年，小麦歉收的前景使得这种农产品免于被毁，但在种植玉米和养猪的地带，两美元一头猪的灾难性前景，加上第二年春天的玉米减产计划，决定了600万头小猪和种母猪在劫难逃。农业部长亨利·A.华莱士写道："公众不喜欢宰杀猪仔的想法，这是预先就知道的定论。"华莱士从前是艾奥瓦州一份农业杂志的编辑，后来从共和主义皈依了新政。尽管他把毁灭农产品视为"对我们的文明所做的一个骇人听闻的注释"，并发誓绝不让这样的事情再次发生，但他还是感觉到了：令人绝望的形势，为孤注一掷的疗救措施提供充足的根据。新政参与者们认为，比起1930—1932年间"翻耕"掉数以百万过剩工人的工业政策来，他们有更正当的理由为农业限产辩护。

  这次大屠杀产生了1亿磅腌肉，是政府掏钱加工的，并通过联邦剩余救济公司分发给了失业家庭。同年秋天，该公司购买了1.6亿蒲式耳小麦，并磨成面粉分配给被救济者。1934年，在24个遭受旱灾的州收购了700多万头牛。被翻耕掉的棉花当然是不可恢复的，但联邦政府库存的棉花被加工成了褥子和衣服分发给了失业者。到1935年

末，这家机构为了诸如此类的目的共花掉了3亿美元。

1939年5月，一个被称作"食品券计划"的项目，从纽约州的罗切斯特市开始实施，到1940年末传播到了100多座城市，该计划旨在把过剩的水果、蔬菜、猪肉、黄油和鸡蛋分配给贫困的消费者。接受救济者每购买一张价值1美元的橙色券，就可以免费得到一张价值50美分的蓝色券，可以凭后者（最终被政府赎回）到食品店换取眼下被指定为"剩余农产品"的商品。类似的"棉花券计划"于1940年5月从孟菲斯市开始，一直只是地方性的。剩余农产品的这些五花八门的用途，往往被AAA的反对者所遗忘，而只是一味地批评它的财政补助和统一管理，以及它在1933年的破坏性割刈。

时间和最高法院在1936年初的不利裁决，给AAA带来了一些变化。有些农民（他们当中有一些偏远林区的传教士）坚信，控制作物就像控制生育一样不道德，并把1934年的干旱看作是上帝对翻耕棉花的惩罚；但大多数人都嘲笑最高法院关于"州权"的争论，他们问：市场、大风和洪水是否会尊重各州的边界线呢。在两位社会学家采样的96个农业社群当中，仅有一个社群"平静地"接受了司法废除。为了回应人们对土地的感情，国会在2月制定了《土壤保护和国内农作物种植分配法》，取消了农产品加工税（最高法院反对这一做法），把工作重点从减少农作物产量转移到了土壤保持上来。农民如今因为减少种植消耗土壤的作物（像棉花、玉米、小麦、水稻和烟草）而获得补偿，改为种植豆类、草和绿肥作物。政府还希望他们遵循科学的修造梯田、耕作和施肥的方法。

新的计划仅仅是个立法上的权宜之计，当1937年带来了更大的丰收并导致价格回落时，它解决过剩问题的间接途径被证明是不充

第7章 变革中的城乡

分的。大多数农场经营者都指望总统能智胜司法部门。1937年初秋，紧接着他的"塞满最高法院"的计划失败之后，罗斯福做了一次宣传政见的巡回旅行，对玉米地带和远西地区的听众谈论减少农作物产量的利益，水利灌溉，土壤保持，以及水力发电的价格。在戴着宽边帽和太阳帽、身穿节日盛装和牛仔裤的人群当中，一位观察者听到人们把罗斯福称作"咱们的总统""自林肯以来最伟大的总统"。一位保守派报纸编辑愤愤不平地嘟囔道："'咱们的总统'这玩意儿在政治上倒是个新东西。有些农民和我认识的其他人想必认为罗斯福只属于他们——没准他们是对的。"

至于好处和选票之间的密切关系，此处的情形跟失业者那里并无不同。你能把关注农民与关注选票区别开来么？农业经济学家约瑟夫·S.戴维斯提出了这种怀疑观点，他写道：

尽管政府的动机是纯洁的，但还是涉及一种微妙形式的腐败；因为，当农民的收入越来越多地依赖于政治措施、越来越少地依赖于社会给他们的产品和服务所设定的经济价值的时候，他们手里的选票便有效地受到了影响。

1938年2月，总统和他的幕僚们终于从立法机关的帽子里拽出了那只期待已久的兔子。新的《农业调整法》回到了调控产量的老问题上，同时继续保持给信徒的补偿。国家对小麦、玉米、棉花、烟草和稻谷等农作物的播种面积的分配，设定在足够供国内使用、出口和储备的水平上。对这种分配的遵守是自愿的，但得到了很巧妙的鼓励，因为那些超出个人配额种植庄稼的人没有资格领取"平价补偿"，也不能按照合作社成员所享受的优惠利率得到商品贷款（以政府储藏的剩余产品为基础）。为了抑制市场上这五种农产品的过剩，在价格上升至（或高于）"平价"——换言之，就是这几种农产品在1909—1914年常规时期的购买力——之前，销售配额在所涉及生产者以三分之二的投票予以批准之后，被强加给所有农户，违者将受到处罚。同样重要的是，好年成所导致的剩余将不会被鲁莽地堆到市场上，也不会被销毁或过于浪费地用于救济，而是储藏起来，以应对短缺的日子。就这样实现了华莱士部长梦寐以求的"常平仓"，它是一个稳定供需平衡、把丰岁歉年等同起来的蓄水池。到1940年，大约有600万农民与这一计划合作。打那以后，为了满足一个被战争蹂躏的世界的需求，这些储备显得越来越重要。

AAA对普通农户的经济和习惯的最终影响很难评估。作为一项紧急措施，最初的计划是要提升价格、减少卡脖子竞争。棉花种植者的收入显示了惊人的改进，在这一计划实施的头三年，棉农的总收入是7.8亿美元（包括4.52亿美元的利润补偿），而烟草种植者的收入在两个种植季里翻了一倍多。美国农民1933年的现金收入比上一年增长了将近四分之一，接下来的两年分别出现了15%和16%的连续增长。当然，在该项收入中，AAA的补偿始终占到了相当可观的一部分，补偿款来自于价格更高时向消费者征收的税——在某种程度上，更高的物价抵消了城市工人从工资增长中所得到的好处。包括政府的补偿在内，1939年的全国农业收入据报告是85亿美元，将近1932年的两倍，尽管只有1919年的一半多一点。

又是一个好年成

这次繁荣，其分布未必均匀。魔术圈之外的生产者，尤其是家禽饲养者和商品蔬菜种植者，都抱怨山姆大叔把自己给忘了。更为严重的是，特别是在棉花王国，AAA的慷慨馈赠往往落入了地主和独立农户的腰包，而佃农（他们要么是太无知，要么是太胆小，不敢抱怨）则发现自己比从前更穷了。新政为土地所有者承担了几乎所有的生产风险，却没有设置有效的保护措施，以防止他把减少种植

第 7 章 变革中的城乡　143

The Great
Depression 美国大萧条

面积和季节性波动的冲击转嫁到佃农身上。例如，1937年，普通的种植园经营者总的现金收入是8,328美元，其中有833美元来自AAA的补贴，而一个佃农家庭的收入是385美元，其中只有27美元来自政府补贴。至少，AAA的原则——或者说实际做法——似乎是：让有者愈有。实际上，对佃户来说，唯一的风险担保就是救济。"政府不让我们种，于是我们不得不去领救济。"这是一个典型的不幸故事。俄克拉何马州的一位地主让我们看到了事情的另一角，他在1938年讲述了自己的经历，而他的经历并不少见："1934年，我有4个佃户，自己啥也不干。我用政府给我的钱买来拖拉机，并淘汰掉我的佃户。"

"被拖拉机挤出土地"的家庭困境跟AAA之间只有间接的关系，而且肯定是它最初的鼓吹者们不曾预料到的。然而逻辑很简单。在从农业的长期衰退中开始恢复之后，土地所有者发现自己手头有钱了，头脑里也有了新的商业理念，有了限制作物种植以增加利润的观念，以及华盛顿所鼓励的经济计划和深谋远虑的观念。盲打误撞的时代结束了，革新广为流行。在大萧条的冷休克之后，紧接着是

机器取代了人
（艾奥瓦，1933年）

被农民的算计所加速的对新政的热关注。

农民最初的想法之一是要克服机械化的落后。1930—1940年之间，尽管农民拥有小汽车的数量几乎没有什么增加，但卡车却增长了16%，拖拉机增长了70%，直至差不多有200万台拖拉机，在承担着农业的重活，改变着生产方法、生活方式和思维方式。潜在的威胁比实际的威胁更大，机械摘花机的震动，沿着一行行棉花发出的短促的嗡嗡声，已经开始动摇南方农村经济的整个基础——这一经济领域原本就已经在担心巴西廉价棉花的威胁，这些棉花正涌向世界市场，以填补AAA的限产所创造的真空。与此同时，出租棉地的地区——像中部的"黑草原地带"和亚拉巴马州南部——被转变为牧场，为牛肉和乳品加工业让路，利用电气时代的所有资源从事生产和加工。这也意味着——实际上就像老英格兰的圈地运动一样——很多佃户被剥夺了因为那些幸存下来的棉地而获得额外繁荣的可能。

在中西部，据估计在20世纪30年代结束之前，摘玉米的机器——尤其是在1928—1933年间开始使用的那种两排型的——已经取代了艾奥瓦州从前在收获季节雇用的流动劳工的三分之一到一半。在俄亥俄州的一个玉米种植大县，60%的玉米就是用机器摘下来的。在小麦地带，联合收割机同样被广泛使用，1935年的"婴儿"型和1939年的"侏儒"型都是为迎合小农户而量身定做的。由于这些机器几乎被普遍采用，在麦地里干活的季节性劳工到1939年几乎成了人们记忆中的往事。每提供100个农场劳工的岗位，就有236个失业的农业劳力可以雇用。

1937年国家资源委员会提出，很多土地耕作者开始意识到，收入会随着机械化程度的不同而改变。因此，在亚拉巴马州，农场经营者的人均可使用机器是1.5马力，在机器上的投资是142美元，其毛收入在全国是最低的：每年492美元；而在蒙大拿州，人均可使用机器是22.5马力，在机器上的投资是953美元，其毛收入是1,798美元。很自然，这种示范对普通农民来说，比其背后的技术失业的幽灵更有说服力。

The Great
Depression 美国大萧条

REA把电力接入了农村地区的千家万户（加利福尼亚，1938年）

1935年5月成立的农村电气化管理局（REA）极大地加快了农场的现代化进程。分销商拒绝架设通到农村的网线，这使得大约90%的农场经营者没法用上中央电站的电力。REA提供了低息贷款给各州、市及合作社，连同WPA提供的劳动力，为的是把电力电缆扩展到乡村家庭——用于照明、冷藏、挤奶和脱脂、加热孵卵器、搅拌饲料和抽水。到1938年秋天，共启动了300多项这样融资的项目，其中六分之五的项目是通过合作社来运作的。这样一些活动，尽管被大多数私营公用事业公司所憎恨，但还是迫使它们以更低的价格提供更好的、更广泛的服务。在很大程度上，多亏了REA的加速，接通中心发电厂的农村家庭，从1925年的225,000户——不到总数的4%——增长到了1940年的1,700,000户，占总数的四分之一。

这些发展凸显了三十年代农村生活的一个大悖论——即，在效率得到稳步促进的同时，它也伴随着失业和生产过剩，后者反映了努力刺激对外贸易、提高国内消费水平上存在的不足。作为一个次要的悖论，在匮乏、贫穷、落后地区的社群中，AAA所资助的往往是效率低的耕作，但在拥有更大资产和进步本能的地区，它鼓励市场只利用最好的土地。在深南地区，很多小规模的、不景气的棉花种植者，承蒙AAA的关照，才勉强孤零零地跟在后面继续前行，而各玉米州的生产者们却常常发现自己处在完全不同的境况中。因此，AAA在1937—1938年所作出的减少种植面积的决定，把玉米的种植面积削减了8%，然而产量却增加了大约17%。

除了选择优质土地和该机构所推广的先进耕种方法之外，这十年最重要的农业革新成果——杂交玉米的广泛采用也帮助促进了这种增长。这些地区的畜牧业已不再是一种生活方式，而是一种高压力的商业，时刻惦记着利润，并常由缺席的管理层经营。一个典型的现象就是"手提箱农民"，通常是来自城里的小商人，购买一两家农场，每年通过机器种植和收割他的作物，但从未想到要靠土地为生。科学耕作和机器的另一个产物也促进了非人力效率，这就是大规模种植单一作物，正像从得克萨斯北部地区到南北达科他的人们所做的那样，用拖拉机编队和套犁来耕作。

由此可以推导出另一个悖论。由迁居管理局、农业保障局、农村电气化委员会和农业局的家庭经济专家所代表的一批力量，努力实现温饱农业和多种方法的理想，求助于农村合作社和家居计划。另一批力量（体现在AAA的某些运作和农业信贷局广泛的贷款活动中）则与技术和农场经营的新科学合谋，以便把农业打造成大企业。

不管时代有怎样的抵触和逆流，紧跟着经济复苏之后，社群生活也开始感觉到民心士气正在恢复。合作、复兴、现代化，都是富有魔力的新词儿。这一发展得到了正在形成的乡村美国文化同一性的增强。更古老的移民群体——包括斯堪的纳维亚人和德国人——在很大的程度上已经被同化，要么就是跟他们的老祖宗聚首去了；如今在土地上耕作的外国出生的人，数量在稳步减少。汽车、电影、公立学校和无线电台，全都在帮助擦除城乡之间分界线。冲击乡村生活的刺激物越来越多地从城市发射出来。不管是在时尚、读物、娱乐，还是在思考方式上，往往都是由城市品位来定调子。

正像在全国各地一样，一代人之前十分流行的兄弟会和秘密社团，如今在那些对社群福利比对宗教仪式更感兴趣的组织面前，似乎在节节后退：合作社、教师家长联谊会、县计划委员会、运动及其他休闲团体，加上那些热衷于煽动政治或经济运动的组织，像汤森俱乐部和社会正义俱乐部之类，在某些乡村地区牢牢地扎下了根基。农业部发起的4H俱乐部①，其年轻的拥护者都是些充满激情的传教士，在20年的时间里，1940年发展到了130万成员。美国未来农民协会是教育办公室在1928年创办的，为的是促进职业教育，以及鼓励中学生明智地选择农业为职业，到这一时期结束的时候，该组织招募到的成员将近25万，与此同时，为黑人青年创办的美国新农民协会也前景看好。

在很多农村地区，尤其是在南方，新政采取了群众运动的形式，使社区改良的旧势力重新恢复了活力，并开始了新一轮的努力。外部"干涉"起初常常招人憎恨，但假以时日，地方的自豪普遍都战胜了地方的冷漠。试着去思考邻居、国家和世界的问题，为更好的未来勾画蓝图，提高成人的教育和文化——诸如此类的事情，开始占据乡村美国很多认真的、常常也是困惑的头脑。两位乡村社会学家写道："在这样一个面包本身成了数百万人第一需要的时期，有一个信念却进一步加深了：人不能仅仅靠面包活着。"

在新政下，联邦政府为农民做的事情比从前任何时候都要多。1939年12月，有人问，这些繁重的开支还要持续多长时间，对此，华莱士部长答道："只要农业在与其他群体谈判的时候依然处于严重的劣势，只要农业收入使得农户不可能为未来而保存我们的基本土地和人类资源，这些开支就要一直持续下去。"谈到人类资源，通常要面对这样一些社会价值：乡村生活的有益健康和身体活力，它令人满意的富有创造力，它的简单朴素，它的高出生率（社会保障委员会的经济史学者写道："年轻小伙子构成了最重要的剩余农产品"）。这些优点被认为至关重要，足以让政府有正当的理由补助更多的农村家庭，其数量要超过给国家种粮食所实际需要的——而且，美国人的一种历史悠久的本能（有点像杰斐逊的逻辑）似乎也认可这一观点。

然而，在这一时期结束之前，大面积的农业地区都显示出了越来越明显的迹象，这就是对新政不抱幻想。很多衷心支持AAA的

---

① 港台地区多译做"四健会"，4H分别为：Head（头）、Heart（心）、Hands（手）和Health（健康）。

富裕农民，如今开始像城市商人一样，对其他类型的联邦支出怀有疑虑，特别是在1937—1938年间，当时，经济的不景气导致巨额救济支出重新抬头，债务不断上升，人们心照不宣地、想当然地认为：大规模失业将就此止步。征税养活那帮所谓的城市废物——在乡下，失业被看作是伪装起来的懒惰——让很多独立农户大为恼火，很多年之前，他们开始就把自己跟雇主利益集团视为一体。对工会劳工的所谓骄纵，他们不由自主的贪婪以及对罢工的强烈偏爱，都让独立农户不能忍受。在中西部地区，国务卿科德尔·赫尔所促成的互惠贸易协定被证明在总体上是不受欢迎的——这是一系列无条件的最惠国协定，允许加拿大、南美各国及其他国家把牛肉及某些农产品销往美国，以回报互相给予的优惠。终于，那些在1932年大难临头、惊慌失措的时候，在1936年慢慢恢复元气、心怀感激的时候，投票支持罗斯福的中部地区农民，如今舒舒服服地回到了他们传统的保守主义。

年轻小伙子成了最重要的剩余农产品

1940年，共和党满怀希望地注视着这些发展趋势，提名那份勾起人们乡愁记忆的《麦克纳里－豪根法》的联合起草人、参议员查尔斯·C.麦克纳里作为副总统候选人，而把温德尔·威尔基排在候选人名单的第一位，作为总统候选人，其政纲是确保土壤保持补偿的连续性，同时要求取消农作物产量控制。无论有什么样的冤屈不平和巴结讨好，这次选举的结果尽管有利于本届政府，但还是让人们看到了长期以来支撑新政的工农联合开始破裂。诚然，南方在政治上依然是"可靠的"，贫困农场经营者的地区也是如此，而且，有环保意识的、进步主义的西海岸依然热爱着罗斯福；但在别的地方，反叛的大旗已经高高飘扬。罗斯福横扫了全国除了辛辛那提之外所有40万人口以上的城市，与此同时，纽约市抵消了北部的反抗，芝加哥抗衡了南部的反抗。另一方面，在农村人口比例大于全国平均数的10个州当中，他丢掉了9个州：印第安纳、艾奥瓦、堪萨斯、内布拉斯加、科罗拉多、南北达科他，加上不可战胜的缅因州和佛蒙特州。农业新政之父、如今的副总统候选人亨利·华莱士的家乡州，强烈地跟他作对，尽管其选票的差额还没有大到1932年他们反对另一位竞选总统的老乡那样的程度。这是不是农业社会的忘恩负义呢？一个热心支持新政的人很可能是这么想的吧。

第 8 章 老地区和新区域

The Great
Depression 美国大萧条

在新政的鼎盛时期，市、县和州规划委员会的萌芽，以及对农业前瞻性日益增长的压力，都发生在一个可以称为地区崛起的更广泛的参照框架内。一个区域可以用不同的方式分别定义为：卡尔·道森和沃纳·格蒂斯所设想的"社区群"，斯图亚特·蔡斯的"大自然按照大致统一的方式发挥作用的区域"，或者是以赛亚·鲍曼的"人与自然环境之间的和谐统一"。它的边界没有像州和其他行政区的边界那样来构想，比方说，后者喜欢以河流为边界线，尽管河流的作用实际上倒是要把两岸的社群结合起来。

本质上，正像20世纪30年代的计划者们喜欢说的那样，区域主义不认边界线，只认中心。一位公民可能为了一个既定的目的而认为自己属于某个区域，而为了另一个目的又认为自己属于临近的某个区域。在一个区域之内，不同的利益群体之间——农业和制造业、生产和销售、城镇和乡村、私营企业和公共福利——应该保持和谐，然而，这种部分自足的理想，既不应该助长"独裁"，也不应该主张孤立。计划者坚持认为，事实上，这样的发展趋势会加强区域与作为整体的国家结构之间的相互关系。基于同样的理由，那些偶然的、零打碎敲的、政治上灵机一动的措施，比如传统的河流与海港立法，将会让路于长期计划，这些计划将权衡一个区域的所有需求，还有其他区域的需求，并且让联邦政府在背后充当仲裁者。

当然，区域性的思考方式不是什么新奇事物。像新英格兰或密西西比河流域这样一些概念超越了州的边界线，相反，像潮汐地带的弗吉尼亚或山麓地带的弗吉尼亚这样一些概念，则包含在州界之内。城市偶尔会朝本地的区域适应迈开大步。19世纪末开始规划的大波士顿区的公园、供水和下水道计划，一代人之后，在规划大都市纽约区的宏大蓝图中被扩大了，致力于解决3个州22个县的海港与水路改进、交通与运输、公园大道与沼泽地开垦等问题。然而，尽管在这里那里取得了种种成绩，但都市主义不同于地方分权，因为城市就像章鱼一样贪得无厌，总是把所有的营养都吸到自己的身上，并主宰整个场面。

各州也尝试了次级地方分权的途径。按照《宪法》的规定，州际契约长期以来被用于诸如犯罪控制和州际公用事业的管理之类的事情，但它们在分享和保护国家资源上的用途出现得相对较晚。纽约和新泽西在1920年设立的纽约港务局，实际上是一个自治的公共企业，很快就证明了它的价值。两年后，由6个州批准的《科罗拉多河协定》试图分配这条至关重要的河流的水资源，但由于嫉妒和摩擦而大为削弱，结果远远没有达到预期。然而，国家资源似乎具有一种明确的地方模式，你不妨研究一下像尼亚加拉瀑布和哥伦比亚河这样大的水力地区，像五大湖这样的铁和木材地区，或者像西南部的油田。在20世纪30年代广为传播的一项关于圣劳伦斯河的计划中，地方分权主义答应越过州际边界线。

大都市的魅力：纽约

如果说有很强吸引力的大城市以及有其刚性边界和碍事而自傲的州似乎都不大适合地区规划的话，那么联邦政府则比这二者都有优势，它公开承认是为了整体的利益。华盛顿发现，同时应对大小不一的48个州是一件很棘手的事，于是很久之前就为了不同的行政目的而把国家重新划分为更大的单位——例如，联邦储备委员会的12个区，陆军部的9个军区，州际贸易委员会的7个地带，以及70多个联邦机构所采用的类似规划。其中有些划分完全无视州界线，特别是那些处理像银行、铁路、棉花、小麦、木材和水资源这样一些经济利益的划分。新政担负着更大的州际责任和权力，创立了某些实体——比如AAA的生产计划区，FERA的乡村调查单位，WPA的区域经济研究的分区，以及石油管理委员会——该机构有力地促进了地方行政的观念。1933年7月，国家计划委员会成立，以便在地形学和社会学上协调计划（城市的和乡村的），同时以此前从未有过的规模搜集全国人文地理和经济地理的相关数据。在培养区域思想上，它的影响是巨大的。

尽管30年代的一位业余理论家大力支持"美利坚联合区"，但反对地方主义的批评家们却预言了共和国的巴尔干化[1]。然而，两者都言不及义。区域性解决办法，在其大多数解释者的头脑里，并不涉及超级州的建立，而是涉及接受一种新的行政概念，并为这一目的而协调现有的地方政府机构。也不要把新的区域主义（regionalism）跟老的地方主义（sectionalism）混为一谈，尽管有一帮农业的传统主义者试图给它染上已经褪了色的"漂亮蓝色旗"的色调。

带着这种精神，12个多愁善感的南方人合出了一本题为《我要表明我的立场》（*I'll Take My Stand*, 1930）的专题论文集，提议"支持南方的生活方式，反对所谓的美国方式，或主流方式"，并且，在断然拒绝有着种种邪恶的城市工业主义之后，拥护这样一种理论："乡

---

[1] 是地缘政治上的一种现象，因多样化的民族构成、宗教信仰和复杂的政治历史，巴尔干半岛一定时期内处于"分裂为众多相互独立国家"的状态。这些国家之间互不往来，信息和物资处于相对绝缘状态，社会空间中类似状态称为"巴尔干化"。

土文化是最好的、最敏感的天职。"在这十年,艾伦·泰特、约翰·克罗·兰塞姆和(不那么冒失的)唐纳德·戴维森,以卡尔霍恩和罗伯特·图姆斯那种略带乡愁的措辞,令人信服地描写了这样构想的区域主义。对区域主义的一个更有创造性的解释源自于社会学的北卡罗来纳学派,特别是霍华德·W. 奥德姆,部分程度上受到了历史学家弗雷德里克·杰克逊·特纳的晚期著作的启发,在特纳看来,地方主义是好斗的、自私的,而区域主义是理性的、互动的。在这十年里撰写的一系列专著和文章中,奥德姆和他的同事们详细解释了这一观点,以最艰苦的分析和翔实的文献资料对它进行了论证。

并非巧合的是,关于区域主义的很多争论都是围绕南方展开的。联邦的这一部分,由于经济地理、气候、人民、历史和传统的原因,继承了最顽强不屈、最不易同化的地方主义,对外部的干涉和批评最容易产生憎恨。有些南方人带着一种自我满足的心理或者是一种忧郁的自豪来看待这个事实——例如,戴维森曾评论道:"差异是如此之深,以至于看上去几乎是不可消除的,它们导致了这样的忠诚:如果不损害人的精神就根本不可能予以征服。"——而另外一些像奥德姆这样的人,却从这一姿态中看到了"一种引人注目的边境生活方式",使南方注定有一种"内生性的爱国主义,文化的近

安静的南方小镇

第 8 章 老地区和新区域 155

亲繁殖，公民的不成熟，以及社会的不充分"。仿佛要给这组环境添加上最终反讽似的，南方一个最偏僻的地区，田纳西河流域，成了美国完成区域规划的唯一实例。这里沉淀着两种几乎保持在纯状态的元素，彼此紧挨着。

公众对南方的兴趣受到了一大堆书的刺激，这些书既有虚构类的，也有学术类的。文学书涉及全部范围，从忍冬花到十二指肠虫。前者是下列作品的精华要素：卡罗琳·米勒的长篇小说《他怀里的羔羊》（Lamb in His Bosom，1933），斯塔克·扬的《这样红的玫瑰》（So Red the Rose，1934），玛格丽特·米切尔的《乱世佳人》（Gone with the Wind，1936，有中译本译做《飘》），这部小说还被改编成了轰动一时的彩色电影。在玛乔丽·金南·罗林斯的《一岁仔》（The Yearling，1938）中，佛罗里达州的边缘林区受到了田园诗般的描述，而黑人传说的魅力启发了一些舞台剧创作，比如马克·康纳利1930年根据罗克·布拉德福德的书改编的《绿色牧场》（The Green Pastures），杜博斯·海沃德和乔治·格什温的《波吉和贝丝》（Porgy and Bess，1935），这是"剧院公会"的第一部音乐作品。

更尖锐的现实主义作品有：托马斯·S.斯特里布林的三部曲《熔炉》（The Forge，1931）、《商店》（The Store，1932）和《未完工的大教堂》（Unfinished Cathedral，1934），既刻画了亚拉巴马州那已经失去光泽的绅士阶级，也描绘了受到残酷剥削的黑人种植者和白人佃户。埃伦·格拉斯哥的长篇小说《受庇护的生活》（The Sheltered Life，1932）和《钢筋铁骨》（Vein of Iron，1935）表现了弗吉尼亚拓荒者和种植园主的后代如何调整自己，以适应现代文明的副产品——适应暴发户和有害的工厂。威廉·福克纳的《圣殿》（Sanctuary，1931）表现了纯情节剧的南方，但他的一些不那么通俗的书——像描写贫穷白人家庭艰苦跋涉的《我的弥留之际》（As I Lay Dying，1930）以及关于种族通婚的《八月之光》（Light in August，1932）——则具有更深刻的社会学价值。以同样的精神，保罗·格林的长篇小说《这大地的躯体》（This Body the Earth，1935）描写了北卡罗来纳州刑罚体制中的铁链囚徒，以及谷租佃户，他们不幸而麻木的生活也被厄斯金·考德威尔作为自己写作的主题。约瑟芬·约翰逊的普利策奖获奖作品《眼下正是十一月》(Now in November，1934)，记录了与土地的十年斗争，最后在干旱、大火、抵押品赎回权丧失和小佃农的被逐出家园中达到高潮。

一些描写坚实的社会事实的书，像鲁珀特·B.万斯的《南方人文地理》(Human Geography of the South，1932)、阿瑟·B.雷珀的《农民阶级的序言》(Preface to Peasantry，1936)、奥德姆的《美国的南方地区》(Southern Regions of the United States，1936)和约翰·多拉德的《一个南方小镇的等级与阶层》(Caste and Class in a Southern Town，1937)，看来很有可能依然是权威性的。这些社会学家，加上现实主义长篇小说家，像弗兰克·P.格雷厄姆和霍默·P.雷尼这样的教育家，以及一大帮像乔纳森·丹尼尔斯、弗吉尼厄斯·达布尼和马克·埃思里奇这样的报纸编辑，全都在勇敢地争取南方的自我理解，争取让它挣脱地方主义桎梏。

他们的劳动并非没有成效。例如，1937年，在"白人至上"的支持者、山地人尤金·塔尔梅奇州长治下饱受了4年的痛苦折磨之后，佐治亚州发起了一场"公民寻求真相运动"。对这场运动的报道唤起了人们对下面这个事实的关注：尽管佐治亚州是居民上教堂的比例最高的州之一，但在教育上却处在底部附近，每年每个学生的支出（30.96美元）比除阿肯色之外的所有州都要低，七分之一的学龄青少年没能上学，将近四分之三的黑人儿童只能在教学设备很差的单班学校上学。此外，四分之三的佃农每年都要搬家，在不到十年的时间里，大约40万年轻的佐治亚人背井离乡，去别的地方寻找机会。

然而，对改进的主要推动力来自罗斯福总统。作为一个人道主义者、民主党领袖和经常在佐治亚州温泉疗养院逗留的人，罗斯福表现出了对南方福祉的积极关注。在1938年的一次南方人的会议上，罗斯福把他们的家乡描述为"美国头等重要的经济问题"，并补充道（此话透露了他自己思想中的区域主义倾向）："不仅仅是南方的

The Great
Depression 美国大萧条

南方的孩子
（得克萨斯）

问题，这是国家的问题。因为，在作为整体的国家，我们存在一种经济的失衡，而这正是由于南方的这种状况。"几周后，在佐治亚大学，他通过观察指出："在过去6年里，南方所取得的经济和社会进步，比她漫长历史上的任何时期都要大。"从而减轻了之前的话对南方地区自豪感的伤害。这个曾经被遗忘的地区，在他这届政府的治下，成了最彻底的新政改革的试验场——作物控制、乡村迁居、土壤保持、电气化、公共卫生及其他措施，其中包括田纳西河流域的一个令人叹为观止的物理工程学和社会工程学的典范。只有那些最爱说风凉话的民主党政治家才会私下里询问：这样大笔的联邦费用花在"坚实的南方"是不是一种浪费。

迅速而有效的行动势在必行。尽管南方只占国民收入的9%，但它却拥有21%的人口和最高的出生率。非经济的农业耕作和森林采伐方法数代人以来不断侵蚀着她的自然资产，包括美国最富多样性的土地和五分之二的林地。在所有地区中，南方拥有的农场数量最多，而平均每家农场的耕地面积却最小。与此同时，南方的很多矿物财富以及巨大的水电潜能，却依然完好无损。尽管美国最深重的贫困是在乡村，然而即使在工业企业，其普通劳动者在1937年的平均工资是每小时16美分，比其他任何地方都要低，而其865美元的年平均工资，也与美国其他地方的1,291美元形成鲜明对照。

在这样的环境下，一半的南方人（不管是乡下人还是城里人）的居住条件都很糟糕。疾病和死亡率异乎寻常地高，60%到88%的贫困城市家庭吃不饱饭，没有医疗护理而死亡的人比这个国家别的任何地方都要多。南方控制的学校经费只占全国的六分之一，却要解决占全国三分之一的儿童的教育问题。这些州在税收上的比例收入，大约只有全国平均比例的一半，其征收的主要税种——比如营业税，在30年代后期，在除一个州之外的所有南方州，都占到了财政总收入的60%——都落到了那些最没有能力缴税的人的身上。大多数南方工业企业的缺席业主没能贡献其公平的税费份额，以养活本地的学校和其他机构。

更少的教育支出意味着过度拥挤、阴暗破旧的校舍和全国最高的文盲率（1930年大约是9%）。在佐治亚州山区的那些破败荒凉的学校当中，教师的平均年薪在1930年是436美元，而全州的平均年薪是816美元，全国是1420美元。贫困也影响到了文化生活的其他方面。就公共图书馆的人均册数而言，只有弗吉尼亚州接近全国的平均值；就47份全国性杂志的发行量而言，整个南方落后于美国的其余地区。作为这样一些条件的结果，最聪明、最优秀的年轻人往往会背井离乡，带着他们的生产力和领导才能，给其他地区锦上添花。从世纪之交到1936年，南方因为移民而带来的人口净损失超过340万，包括占很大比例的教育家、科学家和技术人员。留在老家的年轻人常常是二流货色。

在南方固执的地方主义的内心深处——她的骄傲和自卫，还有她与众不同的社会经济学格局——潜藏着她的种族主义。将近三分之一的人有黑人血统，在密西西比州及其他州的部分地区，有黑人血统的人大约占到一半。再把这一现象贴上"黑人问题"的标签，似乎既是自以为是的，也是过时的；最近几年，把它看作是白人问题似乎一样正确。正如南方区域发展学会所指出的那样："南方社会和经济落后的一个最明显的原因，是白人不愿意正视下面这个事实：他们自己的命运及整个地区的命运，与黑人的命运是密不可分的。"

无论是在南方还是在北方，黑人肩上的失业重担都超过了其公正的份额，这让他们的长期贫困雪上加霜。1933年，领取救济的黑人总数不下200万——按照全国人口计算，本该只有这个数字的一半。

The Great Depression 美国大萧条

有一句话在艰难时期再次流行起来，这句话把黑人描述为"第一个被解雇的人和最后一个被雇用的人"。在南方，大萧条实际上抹掉了"黑人工作"这一类别，比如建筑行业的繁重苦工、无技能的工业劳工、街道清扫、垃圾收集，以及为妇女提供的家庭佣人的职业。当白人开始竞争的时候，黑人就下课了。

贫穷的黑人家庭（1931年）

在南方救济计划实施的早期阶段，黑人还面临着这方面的种族歧视。1933年，在密西西比州（黑人占据了弱势的多数，公认处在更严重的贫困当中），只有9%的黑人领取救济，而领取救济的白人比例则将近14%，但这样的执行后来越来越公正了。NRA关于给黑人和白人支付同等工资的建议，也塞住了白人至上主义的喉咙，尽管民主党政府的倡议者身份给这颗药丸裹上了糖衣。AAA最初的缩减种植面积，让典型的黑人农民的境况比从前更加恶化了，但后来，AAA几乎是神不知鬼不觉地跨越了古老的地区禁忌，创设了年度选举，允许棉农（包括佃户和谷租佃农）投票决定市场配额。没有人发出愤怒的声音，而且，即使这件事情并没有什么政治意义，但它毕竟让白人和黑人习惯于共同投票的壮观场面。

南方的黑人至今依然是"二等公民"，但他们对这一身份的不满却在与日俱增。到20世纪30年代末，只有三个南方州——北卡罗来纳、路易斯安那和佛罗里达——废除了人头税，该项税收依然在有效地剥夺着穷人（不仅有黑人，而且还包括贫穷的白人）的公民权利。县教育委员会总是把公立学校经费不成比例地分配给白人的教育机构，留给黑人学校一点微不足道的来自税收的支持，因此黑人学校的教师都没有受过什么太好的训练，教学设备也是短期的、原始的。意味深长的是，等级差别最小的地方，白人学校最好，白人社区的生活水平最高。1938年12月，联邦最高法院在盖恩斯的案子中做出裁决：密苏里州应该在"该州之内"为法律学生不分种族地提供同等的食宿。这显然为南方黑人接受更好的专业教育提供了契机。

黑人种族在南方地区之外的扩散，继续把一个地方问题转变为全国问题，移民者们经常抱怨，北方"正在南方化"。尽管1930—1940年间的净移民（估计约317,000人）远远落后于上一个十年工业繁荣时期的716,000人，但北方几个大城市的有色人种人口却猛涨了四分之一。贫困和公然的歧视，迫使很多人从南方沿海地区来到纽约的哈勒姆区，从南方腹地来到芝加哥和底特律，从得克萨斯来到圣路易和芝加哥。他们的确很少去农场找工作，而且，当他们在城里获得了一定程度的繁荣的时候，他们便经常以分区的法令和限制为借口与黑人发生冲突。此外，美国劳工联合会的很多工会把他们关在大门之外，个体工人也憎恨他们的侵入。

密西西比三角洲的黑人孩子（1936年）

无论是在北方，还是在南方，即便是在经济复苏开始之后，黑人的就业机会依然很少。例如，1935年5月，全国大约有300万黑人（约四分之一）是由公共经费养活的。为了阻挡移民的涌入，很多北方州都规定了定居5年以上的要求，但他们依然源源不断地涌来，希望能打打零工或靠朋友接济，直到领取救济的资格得以确认。在底特律，自1936年起，一个被称作"黑色军团"的白人警戒队试图复兴三K党的恐怖主义，在南方，这种恐怖主义——连同不公正的宗族私刑——似乎是一种（至少是暂时）处在衰落阶段的威胁。

总的来说，新政赢得了黑人的支持，引人注目地改变了黑人长久以来对林肯党的忠心耿耿。新政对黑人种族造成的伤害——通过减少农作物种植面积和血汗工厂工作岗位的数量——是无意中的，就像社会保障立法的间接影响一样：它导致某些雇主在新的责任的逼迫下，赶走黑人工人，用白人取而代之。从付出的一方来看，新政为黑人做的事情，比内战后的任何一届政府都要多。救济基金，紧跟着贫民窟清除之后的住宅建设计划，乡村迁居，为有色人种提供公园、野餐场地和海滩的土地利用计划，联邦政府对黑人教育和健康的更大关注——在30年代初期的贫困和悲观之后，这些事情对群体士气来说几乎并不比总统夫妇的个人友善更重要。希望再一次被点燃。

黑人权利的代言人一般是某些认同新政的南方政治人物，比如得克萨斯州的莫里·马弗里克，佛罗里达州的克劳德·佩珀，以及亚拉巴马州的雨果·L. 布莱克和利斯特·希尔。加上一些进步主义新闻记者和教育家，他们说起话来比他们的父辈更大胆，外人的批评总是激起他们的憎恨反应，特别是如果此人来自北方、有一个犹太人的名字、被怀疑是激进分子的话。此外，有史以来第一次，1938年，120多个分散在各地的自由主义者齐聚伯明翰市，召开"关于人类福祉的南方会议"，两年后又在查塔努加市开会，黑人领袖扮演了重要角色。

在南方政界，偏执的声音依然清晰可闻，像密西西比州的西奥多·G. 比尔博和约翰·E. 兰金，南卡罗来纳州的埃利森·D. 史密斯（绰

号"棉花ED"），以及佐治亚州的尤金·塔尔梅奇（绰号"吉恩"），随着时间的推移，他们也开始越来越多地代表经济保守主义说话。但是，政治上故意地歇斯底里之外，公然的偏见很少发泄在书和文章中，不管在私人谈话中依然多么稀松平常。总体上，国内开明的领导阶层，政党纽带，对总统的普遍赞赏，以及对联邦资金的需要，这一切都诱使南方迈出了更大的步伐，远离其古老的偏见。民众暴力和劳役偿债制度已经衰落，警察和法院的品质在缓慢改进，对公平比赛的诉求似乎在与日俱增。在这一时期快要结束的时候，著名黑人教育家查尔斯·S.约翰逊写道："特别是在南方，过去十年来有一种源自经济困难和地区需要的倾向十分明显，这就是，在整个区域规划中，把黑人设想为白人临时的、不堪负担的附属物。"

  无论是对黑人还是对白人来说，南方的经济福利的关键，都在于以更敏锐的社会智慧来使用她的自然资源。诚然，即便是在这块挥霍浪费、悠闲懒散的土地上，自然资源保护也不是什么新鲜玩意儿。早在内战之后，有些南卡罗来纳人就已经发展起了规模不大却繁荣兴旺的磷肥产业，1918年，内战之后南方唯一的总统伍德罗·威尔逊极力促成在亚拉巴马州北部田纳西河畔的马斯尔肖尔斯建造一座水坝和两家硝酸盐厂，战时制造炸药，和平时期制造肥料。亨利·福特及其他实业家长期以来就一直贪婪地注视着这一发展，许多年来，它依然是一个政治争论的焦点。与此同时，田纳西盆地（有着450万人口的7个南方州的排洪区）依然像南方的其余地区一样继续

田纳西河上的威尔逊水坝

第8章 老地区和新区域

侵蚀着它的表土，不让它得到补充，并浪费着像木材、矿物和水力等其他资源。

对这个收入和生活水平不仅低于全国平均值，而且甚至低于南方平均值的地区来说，新的命运从1933年5月开始。多亏了参议员乔治·W. 诺里斯及其他自然资源保护论者所发动的一场长达12年的战斗，也多亏了罗斯福的坚定信念：权力资源属于人民，田纳西流域管理局（TVA）得以创立，旨在促进防洪、航行、电力生产、土地和森林的合理利用，以及"人民的经济和社会福祉"。这个新机构将把所有的自然资源视做一个单一的大问题来处理，并独自做决定，而无须唯华盛顿的马首是瞻。就性质而言，它是州际间的，它与7个州政府和数以十计的地方政府通力合作。终于，大规模的区域规划发出了前进的信号。

尽管TVA在诸如防汛抗洪这样的事情上可以行使征用权，但是其影响人民日常生活的计划，本质上是自愿的。在计划委员会之下，6个部门——分别代表农业、林业、工业、工程和地质、土地使用、社会和经济等方面——维持着"示范单位"，它们成了个别说服的主要手段。在忙于建造水闸、水坝和发电厂的同时，TVA还开始了贫瘠土地的退耕、土壤保持、植树造林、引入更好的农业机械，以及鼓励本地制造业、公共卫生和教育。

田纳西、亚拉巴马和北卡罗来纳等州的山地居民往往都很倔强、保守、多疑——都是根深蒂固的地方主义特性。在低洼地带，少数老人起初公开宣称：他们宁愿坐在摇椅上直到大水把他们淹没，也不愿意搬家。新奇的耕作方法和家用小器具也让他们变得倔强。但随着计划的展开——巨大的钢筋混凝土构件拔地而起，输电线横跨河谷，褐色的浑水变成了深蓝色，乱石嶙峋的山坡变得葱郁苍翠——惰性便开始屈服于好奇心，然后是欣赏，受过更好教育的年轻人带了好头。谷租佃农（既有黑人也有白人）通过TVA找到了工作，而TVA则把他们转变成了能工巧匠或技工；很多人很高兴把摇摇欲坠的木屋换成预制的工人住所，这些住处的榜样开始提升田纳西河流域的住房标准，疟疾控制及河流污染的抑制提高了地区的健康水平，与此同时，TVA的卫生和安全部门也在监管工人的医疗需要，创造了不同寻常的没有劳动事故的纪录。

图书馆通过州和地方图书馆管理委员会为数以千计的图书馆工作人员提供服务，装备了"流动图书馆"，并开始成为田纳西、亚拉巴马和北卡罗来纳等州的永久性地方图书馆系统的核心部分，靠税收养活，并向非雇员开放。一场积极的成人教育运动同样从工人蔓延到了更大的社群，与此同时，在几个TAV示范公园的刺激下，州、县当局唤起了对公共娱乐的新的兴趣，田纳西州创立了它的第一个自然资源保护部门。

在山区农民当中传播TVA福音的过程中，主要的传教士是24,000个农民，他们同意向人们展示用科学方法能够做什么，比如平整梯田和等高耕种，特别是浓缩矿物磷肥的使用——这些磷肥是在电炉中用动物骨骼化石生产出来的，而这些动物生活在曾经覆盖田纳西中部的史前时期的海洋附近。这些农民很快就证明了他们的优势，他们缩减了玉米种植面积以避免生产过剩，但干草的产量却大幅增长，以至于他们的肉牛和奶牛的数量以及肉类和奶制品的消费和销售翻了两三倍。社区生活不仅越来越繁荣兴旺，而且也越来越令人兴奋。就连那些保守的老人，也开始称赞TVA，"因为它把年轻人留在了家乡"，与此同时，在TVA的支持者当中，成就感越来越大，几乎到了一种抒情的程度。住宅得到了维修，学校粉刷一新或得以重建。社区自豪感开始萌芽。

如今，再也见不到从前反复无常的、破坏性的河流及其支流，取而代之的是一连串的湖泊，越过田纳西河谷一路延伸，湖里养鱼，9,000英里的堤岸线供人们休闲娱乐。在TVA技术专家的帮助下，一家名为"田纳西流域水路协商会"的组织设计了一连串的公用终端，以一条长达650英里的可航行水道把铁路和公路连接了起来。1937年1月，当俄亥俄河的大洪水让900个受害人葬身鱼腹并让50万人无家可归的时候，TVA的正当性得到了最生动形象的辩护，并证明

第8章 老地区和新区域　　165

了,即使是在倾盆大雨之下,田纳西河依然是一个被人力所束缚住的巨人。三年之后,当战争危机日益加深的时候,TVA的能量被动员起来,服务于威尔逊总统所预见的目的:马斯尔肖尔斯的硝酸铵厂投入了大规模的军需品生产,田纳西河谷的高岭土被源源不断地倾注到铝中。

与此同时,这个曾经偏僻落后的地区成了美国第二大电力生产者,各自治市和合作社以合伙人的身份与TVA合作,向消费者提供电力,价格是每度电3美分,而不是10美分。输送这些电力的责任主要落到了由热心公益的市民所组成的地方委员会的肩上。就全国范围来说,国内电力消费在1934—1942年间增长了63%,而在田纳西河流域(从低于全国平均数17%开始)却将近翻了一倍。冰柜、电泵、牧草烘干机、碾磨饲料和切割木材的电动机——这些都是新力量的原动力,是促进农业效率、提高生活水平的工具。

尽管私营企业的某些分支机构热衷于销售范围更广泛的电气产品和其他用具,并对这些发展感到欣喜不已,但民营电力承办商却憎恨这家新机构。罗斯福认为,TVA的价格构成了"这样一根码尺,这个国家的人民据此可以知道,他们购买各种电力所支付的价格是否合理"。这一观点激起了热烈的争论。TVA的成本因素可以用不同的方法来计算——例如,按照电力、航行和防洪之间的分配,或者按照估计的折旧、分期付款和理论上记入投资方的利息(由于TVA主要是通过国会拨款来筹集经费,所以实际上不用支付利息)。它的簿记因为用不着为联邦政府提供的其他服务支付利润,从而变得更加复杂,这些服务有:WPA和民间资源保护队所提供的原材料和劳动力,美国雇员赔偿委员会提供的工人抚恤金,免费邮寄的特权,以及获政府赠予地的铁路公司所提供的低价运输费,等等。

尽管TVA的反对者们因此认为,它的价格并不足以支付它的成本,只不过是挥舞一根像"橡皮美元"一样柔软的码尺,但它的支持者们对此的答复是:TVA的批发价实际上高到了足以偿付所有这些有争议的项目,再加上它支付给各州、县的补偿,以代替占收入总额

12.5%的财产税，大致等于民营公用事业所负担的税收。这个问题（国会详细调查了此事）极其复杂。然而，就算TVA的价格没能提供一根精确的码尺，那它至少也起到了压缩民营公用事业过高利润的作用，不仅仅是在田纳西河流域，而且是在全国各地。多亏了这个原因（还有其他一些原因），全国的平均住宅费用从1933年5.52美分下降到了1942年的3.67美分。

TVA建设中的水坝

几年来，TVA被迫与"联邦与南方"（这一地区主要的公用事业公司）的本地子公司合作，不稳定地共同开展工作。但是，到1936年TVA使用民营输电线路的合同期满的时候，公开的战争爆发了，联邦与南方公司董事会主席温德尔·威尔基领导着一大群民营企业。TVA取得了一次有限胜利，1936年，它得到了最高法院的一纸裁决：建造威尔逊水坝是合法的；三年后，这一胜利得到了极大的增强，当时，最高法院裁定：民营公司没有谋求保护、使之免于来自TVA竞争的合法权利。看来游戏结束了，威尔基索性把田纳西电力公司的设备卖给了TVA，田纳西、亚拉巴马和密西西比等州的其他公用事业公司全都跟着效仿。

国会通过它所掌握的拨款权力，独占了对这笔5亿美元资产的支配地位，它的建设还需要几年的时间，要到1930年之后才能完成它的21座水坝，而在"收回"投资之前，它还至少要运转30年。除了几个著名人物——比如田纳西州热心"政治分肥"的参议员肯尼思·D.麦凯勒——之外，多数立法议员默认TVA主席戴维·利连索尔的观

第 8 章 老地区和新区域　167

The Great
Depression 美国大萧条

TVA主席戴维·利连索尔

点："一条河流没有政治。"它的人员是由TVA独立负责，根据考绩制来选任和提拔，只是永久性联邦机构的整个系统中采用这种办法的唯一实例。它的工作团队看上去不仅很好地跟政治收买隔离开来了，而且，根据区域主义哲学，还代表着广泛的地理选择，经常被借调到下级项目，像西北地区的博讷维尔水坝，或者南卡罗来纳的桑蒂库珀开发区。

尽管TVA是区域规划中唯一一个完全综合的项目——正如其川流不息的参观者所亲眼看见的那样，它不仅是全国、而且是全世界的一个"示范单位"——但一些类似的开发项目也正处在萌芽状态。总统和他的国家资源委员会往往强调江河流域是区域规划的单位。1937年6月3日，他建议国会再创设6个项目，在这一阶段更多的是作为规划委员会、而不是作为拥有行政权力的"小TVA"来构思——这多半是考虑到国会的小心谨慎。这6个项目被指定为：大西洋海岸，五大湖和俄亥俄河流域，密苏里河与红河，西南部排洪系统（从阿肯色河流域到格兰德河），科罗拉多河与邻近的太平洋海岸，以及哥伦比亚河盆地。只有最后一个项目被赋予了类似于TVA的权限。

随着世界大战乌云的逐渐聚集，保守主义的回潮开始涌动，1937年之后的那些年标志着一次放弃区域规划的立法和政治的退却。潮流的转折点，被总统在1937年9月和10月初所发表的那些非凡演说给符号化了——在俄勒冈州的博讷维尔，那里的大水坝和发电厂刚刚开始运转；在华盛顿州的大深谷，这里的大水坝还要4年才能完成，是"人力在一个地方所承担过的……最大的建筑物"，据设计要给美国增加125万英亩耕地；在蒙大拿州的佩克堡，这里的水坝"比全世界其他任何一座填土水坝大4倍"，将提供灌溉和电力——在发表上述最后一次演讲的两天之后，罗斯福在芝加哥发表了著名的针对侵略者国家的"封锁"宣言。

就其他一些方面而言，在罗斯福的第二个任期，国家自然资源保护的前进步伐甚至比在第一个任期还要快。1933年10月设立的土壤侵蚀局（后来的土壤保持局）开始在地图上标出一些模范项目，由农民和政府之间所建立的合伙关系来承担。到1940年，有534项这样的项目在运转，平均每个项目25,000英亩，绝大部分由在邻近地区安营扎寨的民间资源保护队（CCC）提供服务。着眼于类似的目的，1934年的《泰勒放牧法》批准8,000万英亩公有土地从过度放牧中退出来，这种对土地的滥用加重了干旱和风灾的损害，以致让人不敢在放牧区定居。同年，一纸行政命令拨给1,500万美元，用于种植100英里宽的"防护林带"，从加拿大到得克萨斯北部地区，起到了防风和保存湿气的作用。尽管有人在政治上加以嘲弄，并最终让这一计划受挫，但很多农场经营者都改变了观点，对它的智慧心悦诚服。

采取这些措施的紧迫理由在"尘暴区"表现得最为明显，它包含堪萨斯、俄克拉何马、科罗拉多、新墨西哥和得克萨斯等州的100多个县，这个地区在第一次世界大战期间及之后被犁所开垦，当时，边缘地区的农业有希望获得更大的利润，均降雨量也比往常更好。然而，在1933年晚期开始的一连串干旱和风暴中，移民者们收获了自己种下的恶果。这年冬天和第二年，从南北达科他到俄克拉何马，大风剥蚀光了农场的土地，遮暗了正午的天空，埋葬了栅栏和机器，使数以千计的家庭成为荒无人烟的废墟。

逃离"尘暴区"

第 8 章 老地区和新区域　　169

人力资源的侵蚀,紧跟着表土的消失接踵而至。尽管不像其他的浩劫那么惊天动地泣鬼神,但这些大风却让更多人惨遭不幸。西南地区的大路上,沿途常见的一幕就是:无数饥饿而迷惘的男男女女,推着手推车和婴儿车,车上高高地堆满了破破烂烂的家用物品,他们的孩子步履蹒跚地跟在后面。还有人乘坐快要散架的廉价小汽车动身出发,用绳子把被褥、水壶和煮锅捆在一起,以方便随时取用。这样一副残兵败将、随风漂泊的姿态,毫无疑问是对美国乡村传统的一次凄惨的背离。

据估计,在最糟糕的萧条岁月里,大约有100万人走上了背井离乡的漂泊之路,他们要么是从尘土盆地逃出来的难民,或者是被赶出家园的佃农,要么就是被农业和工业所抛弃的劳动者。FERA的短暂救济帮助了大约20万个家庭,最高的时候一个月有341,428人登记,那是1935年4月。它提供食物、衣服、庇护所或露营地、流动医疗点,以及为本地做零工者提供工资。绝大多数接受救济的人是土生土长的白人,在1929年之前,他们收入稳定,能养活自己;只有大约五分之一的人是长期的流浪汉。农业保障局最开始向尘土盆地和南方几十万遭殃的家庭发放少量的生活费,以劝阻他们不要加入逃离大军,到30年代晚期,它接管了FERA的大多数活动,另外还提供了教育的机会。各种各样批评这些计划的人,指控它们用联邦政府的钱助长流浪和偷懒,但批评者却没有提出积极的替代措施。

尽管那些云游八方的个人一般都来自城市——纽约、芝加哥、匹兹堡——但行旅匆匆的家庭往往来自农村地区,俄克拉何马、得克萨斯和密苏里等州在1935年拔得了头筹。这种人力侵蚀,是1930—1940年间俄克拉何马与得克萨斯的白人农民为什么减少了6%到7%的主要原因之一,也是这两个州的农村黑人人口为什么分别下降了27%和13%的主要原因之一。1890年的"捷足先登者"[①]和他们的孩子(全国最后一个大的公地拓荒者集团)如今放弃了奋斗,数量大得令人沮丧。他们动身出发,一路向西,旧汽车代替了拓荒者的大

---

① 俄克拉何马州人的外号。

篷马车，对希望的饥渴感代替了冒险者的大胆。他们沿着66号公路漫无目标地行进，进入加利福尼亚州南部的果园、商品蔬菜园和葡萄园，他们的远征被约翰·斯坦贝克写进了他的长篇小说《愤怒的葡萄》（*The Grapes of Wrath*，1939）中。

在始于1935年仲夏的4年时间里，大约有15万尘土盆地的农民越过亚利桑那州的边境，进入"黄金州"①。他们的极度贫穷引发了人们的极度惊慌，以至于加利福尼亚南部的"全年俱乐部"开始刊登广告："警告！欢迎到加利福尼亚来度一个愉快的假期。奉劝任何人别来这里找工作。"然而，很多新来的人在普遍盛行的集体农业的体制下找到了季节性的工作。1939年，加利福尼亚15万农场所有者当中，大规模经营者不到3,000人，大多数属于一个叫作"农场主联合会"的组织，以不足温饱的工资雇用当时该州的20万农业季节工。这个团体强烈憎恨CIO在1937年着手的农业劳工组建工会，紧张状态不断增长，直到军事工业的紧急需要促使工资增长，并迫使双方暂时休战。

逃出家乡的难民（加利福尼亚，1936）

与此同时，"尘暴区"开始收缩，这多亏了防护林带，农业部的旱地耕作培训，小型灌溉工程的发展和水库的修建，农场的扩大和牧场在某些地区的恢复，FSA领导下的迁居和复兴，以及联邦和各州的机构共同采取的其他措施。这一地区受到严重侵蚀的土地面积，从1935—1936年间的600多万英亩，减少到了1939年的不到100万英亩，且主要在边缘地带。增加了的降雨量也起到了帮助作用，但如果没有这样的深谋远虑，它的最大效益就会丧失。

罗斯福新政对区域主义的突袭给我们带来了什么样的教训呢？首先，很显然，合作的努力——本质上是人们在联邦和地方专家们

---

① 加利福尼亚州的俗称。

第 8 章 老地区和新区域　　171

的指导下的自我教育——能够实现无论是人民还是政府都不可能单独实现的奇迹。其次，联邦的可开发地区（各自有其特殊的条件和利益结合点）似乎能够以某种方式加以规划，这种方式非但不会削弱国民经济和人们的忠诚——而地方主义的考量往往会这样——反而会增强它们。"求同存异"是一种理想，州际贸易原则的终极应用不仅包含商业交易，而且还有社会和文化的交流。

至于区域主义的行政方面，确实存在着潜在的风险。那些热衷于某种更新的新政的"联邦主义者"，狂热的空想社会改良家，很有可能会削弱地方的主动性、多样性和行政民主，把沉重的官僚主义家长作风和技术决定论之手放在了百姓的肩上。在保存土地、水、木材和矿产资源的狂热和庞大工程计划所激起的兴奋中，作为真正的受益者，个人有可能被忘掉了。幸运的是，有像戴维·利连索尔和哈考特·摩根（他们是TVA创建初期的领导人）这样的政策制定者，他们理解这种危险。正如利连索尔本人所指出的那样："归根到底，在民主的计划中，我们所涉及的是人。"此外，TVA在几乎所有决定上都坚持独立、不受华盛顿制约，这不仅意味着以草根责任代替了官僚主义的"扯皮"，而且还意味着，技术专家和官员必须在他们所服务的人民当中生活和工作。缺席管理被废除了。与地方团体合作——不管是政府，还是农民协会或公民权力委员会（它们偶尔会否决TVA的计划）——依然强烈反对联邦政府的合并，即使是那种"用汉密尔顿派的手段实现杰斐逊派的目的"的合并。正如它的主席所充分认识到的那样，在政府本身正迅速大步迈向中央集权化并有可能向权力病态发展的时候，为了阻止日益增长的工业和金融权力的集中，TVA对政府哲学的发展做出了它的贡献。

第 9 章 寻找机会的年轻人

"计划"这块护身符（30年代的经济休克和改革赋予了它新的魔力），可能迷恋于一个区域的宽度，要不就是缩小到一个家庭的微观世界，预知着孩子和老人的未来。对个人计划的迫切要求，潜藏在《社会保障法》、消费者与合作社运动、集体医疗及其他五花八门的发展的背后。年轻人有最长的路要规划，因此有最多的危险要遭遇，有最大的权利要求社会把他尚未开始的这段旅程当作一场障碍赛跑去关注。

许多年来，城市的发展，生活水平的提高，女性的解放，高生育率及民族移民的减少，中上层阶级当中的晚婚和节育，这一切，不断削减着美国家庭的规模。人口继续增长，但速度比从前慢了很多。大萧条的冲击（通过凸显养活众多子女的费用）加速了这一趋势。1930—1940年间，家庭的平均规模的下降速度，比此前的任何十年都要快。

这种缩减在很大程度上是故意的——是"计划生育"的结果，就像老罗斯福时期的"种族自杀"、20年代的"生育控制"一样。在这一时期开始的时候，美国只有28家节育诊所。查尔斯·G.诺里斯的长篇小说《种子》（*Seed*, 1930），诚实地（即使有点吃力）表现了这个问题的两个方面，受到了批评家们的欢呼喝彩，因为它挑起了"一个被多次讨论、但最近才进入印刷品的话题"。所谓的《科姆斯托克法》——1873年由国会制定，几乎所有州（北卡罗来纳和新墨西哥除外）竞相仿效——依然用古老的条条框框把这个问题围起来。

捍卫古老秩序的主要是乡村南方，以及更积极的天主教教士团。在南方，童工依然是机械化的替代品，很多父母依然把大家庭视为经济之福。1931年6月，南方长老会代表大会退出了联邦基督教协进会，因为后者认可节育。官方天主教的反对坚持不懈，尽管天主教徒的出生率自1920年以来在明显下降。但在1931年，教皇庇护十一世在他的教谕《基督徒的婚姻》中认可了所谓"自然方法"或者"安全期"理论。美国市场上立即充斥了关于"安全期避孕法"的书籍。这一技术——尽管节育临床研究所认为不怎么可靠——至少帮助把天主教徒的理论跟实践更紧密地协调起来了。

霓虹灯打出的赫然是"别再生了！"

公共舆论的其他因素更坚决地朝同一个方向移动。大萧条初期对《农场与炉边》（Farm and Fireside）杂志的读者所做的一项民意调查显示，支持和反对为计划生育提供医学咨询的人是2比1，在20年代，西尔斯－罗巴克公司的邮购目录开始列入避孕物品。1935年1月，新教的《教士》（Churchman）杂志对订户所做的一次民意投票显示，被调查者几乎一致支持节育，第二年，在各种各样、条件各不相同的人群当中作了一次盖洛普民意调查，其结果跟《财富》杂志的调查是一致的：三分之二的人赞成节育。而且，这一多数近年来在稳步上升，在认可节育上，女人比男人更热烈。

结果很快就出现了。1936年，美国上诉法院的一份裁决，放宽了对妨碍医生就避孕问题给患者以建议的联邦法律的解释。1937年

第9章 寻找机会的年轻人　　175

6月,美国医学协会慢慢承认,这个课题属于合法职业实践的一个领域,很多州的医学协会纷纷跟牌。到1940年,为了健康原因就怀孕间隔对患者给予专业指导在几乎每一个州都被合法化了,除了马萨诸塞和康涅狄格,在这两个州,天主教的观点在20世纪30年代晚期与顽固守旧的新教把各自的力量联合了起来,要关闭节育诊所。到第二年年底,全国总共有了746个这样的中心,全都在医学上接受政府的指导,将近三分之一的诊所由公共经费养活。

1938年,北卡罗来纳州设立了第一批州里资助的诊所,不到三年的时间,这些诊所给75个县4%的底层妇女提供了医学建议。南卡罗来纳州立即仿效邻居的榜样,1941年初,亚拉巴马州也跟着效尤。1939年,节育联合会(不久之后改名为"计划生育联合会")报告,它的乡村卫生计划接触了13个州的23,500位母亲,其中1,500人生活在迁徙者营地里。这次活动尽管接触人数相对较少,覆盖范围也有限,但它依然是这一时期对缓解贫困最重要的行动之一。

就全国的整体而言,最穷地区的生育率比正常新旧交替所需要的超出了77%,而在生活水平最高的地区,出生率比这一需求要低17%。很多领救济的家庭出生率都很高,这激起了对"救济金婴儿"的广泛愤怒,连同这样一种遗憾:那些最有能力照料和教育后代的人,却最不愿意生儿育女。尽管医学、公共卫生和生活习惯使得平均寿命从1920年的56岁提高到了1940年的64岁,但儿童在全国人口中所占比例却稳步下降。因此,在1938年,美国10岁以下的儿童比5年前大约要少160万——这一情况已经反映在初等学校学生数的下降上。

大萧条让成长中的青少年承受了特殊的严酷。随着危机的进一步加深,饥饿和匮乏突然降临在几百万孩子的头上,有些孩子来自曾经兴旺的家庭,还有的孩子则出生于底层家庭,从布鲁克林的贫民窟,到佐治亚州的松林沙地。1933年10月的救济人口普查,名单上42%的接受救济者在16岁以下,然而他们在人口中所占的比例却只有31%。一年后,经济保障委员会的报告称,有800万孩子接受救济。

接受救济的孩子们

　　除了把巨额经费花在对家庭养家者的直接帮助和工作救济上之外，新政还启动了某些特别的计划帮助贫困的青少年。FERA雇用失业的保姆照看小孩，并着手它的免费学校午餐计划。更持久的措施是，1935年的《社会保障法》批准每年拨给2,475万美元以帮助那些靠别人赡养的孩子，380万美元用于母婴保健，150万美元用于帮助无家可归的、被人遗弃的孩子，285万美元用于帮助残疾儿童。这一计划（依赖于各州的合作）在大多数地区赢得了衷心的认可，1939年，国会增加了它的拨款。亨利·华莱士所说的"民主的遗传基因"获得了令人印象深刻的认可。在很大程度上，正是由于政府为母亲们提供了更好照顾，全国的母亲死亡率在1934—1938年间下降了四分之一。

　　至于挣工资的孩子——1930年，14—19岁之间的孩子当中，40%的男孩子和23%的女孩子都在打工挣钱——从较早的时候开始就有了显著的减少。在下一个十年，童工在继续减少，这在某种程度上多亏了法律的遏制，部分原因是需要更多的学校教育，直到1940年，上述百分比已经降到35%和9%。

　　1933年夏，当NRA的"棉花法规"开始听证的时候，纺织业在

第 9 章 寻找机会的年轻人　177

The Great
Depression 美国大萧条

一个戏剧性的时刻拿出了一份法规修正案,禁止招收16岁以下的孩子充当工厂劳工。考虑到新的最低工资标准,这应该是一个相对廉价的让步,但这一行动却在委员会的会议室里博得了人们的欢呼,在全国各地赢得了鼓掌喝彩。它导致150万青少年走下工作岗位。然而,1934年1月3日,当罗斯福总统告诉国会"童工被废除了"的时候,他显然忽视了一个不被注意的领域。处在NRA监管之外的农业,依然是一个大雇主,依然有50万年龄在10—15岁之间的孩子在田间挥汗劳作。南方佃户的孩子,从六七岁的时候起就为地主辛勤苦干,他们属于最苦的受害者。

煤矿童工(宾夕法尼亚,1930)

在1935年NRA被撤销之后,童工有所增长;因此1936年的《沃尔什—希利法》要求雇主们遵守实质性的政府合同,阻止这样的苦工进入,第二年,一部限制甜菜种植园主雇用童工的法律享受了联邦政府的恩惠。1938年,《公平劳动标准法》走得更远,禁止雇用16岁以下的青少年从事工业工作,禁止雇用18岁以下的青少年从事危险和有害的职业。然而,它没有为非工厂工人和纯粹的州际公司的劳动者提供保护。

与此同时，1931—1941年间，在成人劳动力过剩和最低工资更加紧缩的支点下，有23个州立法机关批准了"童工宪法修正案"，这部修正案的首次提交是在1924年。至此，距离正式批准所必需的36个州只差8个州。1937年的一次盖洛普民意调查显示，每个州的支持者都占多数，超过四分之三的州倾向于认可该修正案。正如有人猜想的那样，在雇用重体力童工的几个州，资方利益集团发起了反对这项改革的议会游说，而另外几个州的观点则倾向于由地方管制。因此，1938年，两个工业州（纽约和马萨诸塞）支持它们自己的体系，而一个主要的农业雇主（密西西比州）则拒绝这一建议。有人声称，在经过如此长的时间之后，该修正案已经成了一纸空文，这一主张在1939年6月被最高法院所终结。

青少年在刚开始成熟的时候便着手找工作，他们希望得到的并不是付给童工的那点微薄的薪水，而是一份生活工资，他们就这样与就业形势正面相遇。走出校门和得到第一份工作之间的那段间隔（始终是一段不确定的真空地带）在大萧条时期被加宽了。在30年代中期，超过四分之一的年轻人在他们20岁左右的时候从未有固定的工作；就整个群体而言，离开学校之后的等待期平均约为两年。五分之四的年轻人依然跟父母生活在一起，其中有将近一半人已经结婚。1935年，美国青年委员会估计，正在找工作的年轻人大约有420万——占全国闲置人力资源的三分之一——而正在上学的400万青少年当中，有很多人也在找工作，主要是作为"闲逛"之外的一种选择。1940年人口普查的评论者们严肃地得出结论："青少年的失业，比劳动力中的其他成分更为严重。"

在大萧条的早期阶段，青少年常常离家出外，去寻找工作和冒险的机会，理由是，这样一来家里就会少一张吃饭的嘴。例如，在密苏里太平洋铁路上，浪迹八方的流民和乘坐货运车厢的流动工人的数量（两个数字可能有重复）从1929年13,000增长到了1931年的将近20万。1932年，仅洛杉矶一地，免费的小旅馆和午夜收容所就给20多万人提供了庇护。1932年夏，大多数铁路公司放弃了试图阻挡这股

The Great
Depression 美国大萧条

去远方

交通流的企图，列车开始挂接一节或多节车厢，敞开车门，以防止流浪者破坏密封的车厢，强行进入。

铁路公司工作者、社会工作者和公众都同意，这些流民既不是罪犯，也不是流浪汉，如果不是因为大萧条的话，他们多半会在上学，或者在工作。在西海岸求学的5,000少年流浪者当中，五分之三的人至少受过9年制教育，大多数人参与过学校或教会组织的活动。将近三分之二的人声称，他们是因为经济原因而背井离乡，五分之一的人把自己的处境归咎于家庭争吵或家庭破裂，七分之一的人患有流浪癖，三十分之一的人则是由于个人过失，比如逃避强制性的义务教育或轻微犯罪。

令人惊讶的是，大萧条对犯罪的影响——尤其是在无家可归的、容易受影响的青少年的案子中——并不显著。例如，在马萨诸塞州，在1920年代末至1930年代初之间，该州的青少年犯罪率出现了明显的下降，尽管针对财产的成人犯罪有所增长。仅仅是小过失偶有增加，比如偷窃、故意侵入和逃离家庭。针对财产的青少年犯罪，一般在救济措施松懈的时候会有所增长；1939年纽约市所有因重大犯罪而遭逮捕的嫌疑人当中，21岁以下的只占三分之一。1939年，美国的监狱人口（老少皆有）高达18万，十年间增长了将近五分之二。

最壮观的一波犯罪浪潮（在1932—1934年间达到高峰）跟青少年犯罪毫无关系，跟大萧条也只有间接的关系。拐骗孩子和成人，正是那些从酒类走私及其他利润越来越薄的活动转型过来的敲诈勒索者的工作。醒过神来的国会通过了一些严厉的法律，专门对付1932—1934年间的跨州诱拐犯罪，惩罚措施包括死刑——如果受害人受到伤害的话。一个结果是，那些浪漫公众和年轻人把联邦调查局（FBI）、它的首脑J.爱德华·胡佛和他的特别密探"G人"（黑社会用来称呼政府人士的黑话）当作英雄一样崇拜。到1936年，电影、青少年文学、广播连续剧和正在萌芽的"少年G人"组织，都在证明这样一个事实：执行法律最终变得比违反法律更光荣了。

街头少年

更多地关注过失儿童——逃学、健康问题、情感补偿、教育需求——启发了公立学校和更进步的警察部门的特殊服务，以及WPA提供人手的儿童福利计划。电影不经意把"穷巷小鬼"宣扬为城市不良少年的典型，爱德华·J.弗拉纳根神父在内布拉斯加创办的"孤儿乐园"为底层孩子提供了更健康的环境。

大萧条让那些容易受影响的青少年所付出的代价，很难充分评估，因为在很大程度上，它有点类似于延期付款。这一代价没有更大还得多亏了民间资源保护队（CCC），这个组织创立于1933年4月，让那些无所事事的青少年不至于"无票乘车走天下"、吃嗟来之食、宿"流浪营地"。在挽救青少年的同时，顺带挽救国家的自然资源。这个主意是劳工部长弗朗西斯·珀金斯和参议员罗伯特·F.瓦格纳想

第9章 寻找机会的年轻人　181

出来的,某种程度上要归功于前希特勒时期德国的劳动营,同时还得归功于哲学家威廉·詹姆斯,詹姆斯曾呼吁"在一定的年限内,征召所有的年轻人,作为一支与大自然做斗争的大军的组成部分"。

　　CCC的性质是志愿的,但它的纪律和精神却是适度军事化的,尽管操练、敬礼和行军是禁止的。陆军部指导营地的搭建,还监督孩子们的健康、士气和福利。然而,在1939年结束之前,这支队伍的行政管理就完全成了民事性质的。每个年轻人每月都能得到30美元的工资,其中部分发给他的家人。冬天穿一身云杉绿的制服,夏天是草绿色的,很多孩子很快就会再次穿上军装式样的制服。1935年秋天,CCC达到了它的顶峰时期,当时,它征召了将近50万人,黑人大约占到了十分之一,而那些土著森林居民(印第安人)所占的比例则更小。起初,无论是否出生于领取救济家庭的贫困青少年都被接受,但到1935年,非救济家庭的孩子被排除在外,年龄限制定为17岁—28岁。实际上,在服务至1941年底的2,750,000位应征者当中,绝大部分都是十几岁的少年。

　　情况很快就出现了逆转,这多亏了对一份正式工作的真实性的幻想,永不安宁,对老地方的渴望,或者对纪律的反叛。总而言之,大约有一半人在干完他们规定的期限(从六个月到两年不等)之前便离开了。然而,那些留下来的人多半都从这一经历中受益匪浅。它给了他们比他们在家里所得到的更好的食物,更有规律的习惯,给他们讲授了个人卫生、身体灵活和手工"技巧"等课程,常常还给他们灌输了雄心和自信。按人均计算,CCC被证明是最昂贵的救济形式,人均每年大约要花掉1,175美元。但足以补偿这笔开支的是,除了获得健康和自尊之外,还有修桥筑路、森林防火、阻止溪谷被侵蚀、野生动物保护,以及栽种了大约20亿棵树。

　　CCC所享有的声望比其他任何新政机构都更加始终如一。1936年的一项盖洛普民意调查显示,有五分之三的市民反对AAA,而同年的另一项民意调查却显示,支持CCC的市民超过了五分之四。年轻人忙于大规模的户外活动迎合了公众的想象。此外,它对自愿教育

罗斯福与农业部长华莱士等人在一个CCC营地

计划和图书馆机构的大力资助也增加了这一经历的价值。雇主们对CCC的"毕业生"颇为青睐，觉得它的实用课程——学会干全天候的工作，执行命令，以结果为自豪，常常还学到了专门的技能——比其他工作救济计划或学校执行项目的宽松训练更接近于私人企业所教授的那些东西。

1935年6月创立的全国青年事务局（NYA）有点像"少年WPA"，其服务对象是那些年龄在16—25岁之间、不愿意或者身体上不适合去CCC营地的青少年，那些渴望完成学业的孩子，以及女孩子——就她们的情况而言，营地的观念（30年代中期曾根据一项合作计划谨慎地尝试过）并没有产生很好的效果。从成本的立场看，NYA是最廉价的工作救济，它把非全日制就业跟小器材结合起来，人均费用是每年225美元。

在它的高峰月（1937年4月），NYA的两项主要计划共雇用了63万人——他们当中，不下于八分之七的人是领取助学金，其余的人则是受雇于校外项目。后者主要来自领取救济的家庭，吃住在家，每

第9章 寻找机会的年轻人　183

个月大约工作44个小时,平均收入是15美元。典型的活动有:制作和书写街道招牌,为穷孩子修理丢弃的玩具,为学校打造家具,为乡村学校小路建造人行桥,土壤侵蚀控制,以及缝纫。职业指导计划派出了很多孩子,男孩子进手工作坊,女孩子进家政培训班,在城市的底层地带,NYA的青年社区中心纷纷出现。

一个大得多的受益者群体(总共将近200万人)是中学和大学的学生,他们需要经济上的帮助,以继续他们的学业。面对大学入学人数自1932年以来的急剧下降,FERA在1934年2月启动了一项助学金计划,人均每月约15美元,受益者有75,000名男孩和女孩。NYA接管并极大地扩充了这项计划。很快,年轻人便开始从事下面这样一些工作:修补图书馆藏书并进行编目,打字,编辑统计资料和文献目录,帮助校园的维护和修缮。就学术地位而言,他们高于大多数被调查大学的平均水平。

然而,NYA从未赢得过像"植树大军"那样的公众青睐。它的计划究竟是明智还是愚蠢,几乎完全取决于地方管理。各州、市的管理人员常常都相当年轻,在跟资深的社区领袖们打交道的时候,

NYA的一个工作点

他们既不机智，又缺乏经验。而且，NYA的经费对于解决大问题来说总是捉襟见肘。因为这个原因，或者还有其他原因，NYA的计划经常沦为毫无价值的琐事。然而，通过对失业洪流的遏制，利用一切手段延长受教育的时间，从而为年轻人的经济奋斗提供了更好的装备。在普遍失业的情况下，中学的学生数却从1929年的450万增长到了1935年的600万——增长了三分之一——而且，这一趋势还在继续。在太平岁月，很多男孩和女孩在读完小学或在中学有过一段短暂的经历之后便会离开学校，他们因此从这场灾难中受益。不断上升的入学人数，加上不断下降的出生率，在1934—1936年间给美国的教育结构带来了一个重要的转变。尽管公立中学的数量增加了900所，小学的数量却减少了4,000所。同时还成立了大约50所公立、200所私立高等院校。

早在大萧条初期，公立学校的困境就常常是令人绝望的。城市经济的推动力，在市民委员会和商会的支持下，选中了教育作为它最初的受害者。1932—1933年间，在芝加哥（这里的税收滞纳和糟糕的政府管理长期以来让社会吃够了苦头），被拖欠了一年工资并更长时间受白条和税收凭证之苦的教师们举行了一场吸引全国关注的示威。1932—1933年间，纽约市有11,000名教师失业在家，与此同时，亚拉巴马州六分之五的学校一度关闭。到1934年初，全国各地共有26,000所学校（主要是乡村学校）停办。关门大吉和缩短学期影响到了将近1,000万孩子。这些境况只是随着国家经济的好转才逐渐有所改善。

所谓的"进步主义"教育继续占优势地位，尤其是在城里的学校，但大萧条揭掉了它的某种时髦的外表。私立学校和公立学校之间的异体受精促进了二者的优势，帮助前者摆脱了怪癖和势利，使后者摆脱了机械的陈规陋习和大规模生产的观念。就基础教育而言，20年代"以孩子为中心"的传授让路于"以社区为中心"的学校，扶植了更多的围绕社会和经济主题构建的项目。在中学教育里，正如在大学层面一样，人们听到了很多关于知识统一的谈话，为了日

常生计的利益和人类的实际福祉。"整合""定位""参照系",成了教育家们反对纯粹的死记硬背、搜集事实或真空学术时最喜欢使用的行话。

还有一个值得注意的现象是成人教育的展开。1930—1932年间,很多社区为失业者启动了相当随意的教育计划,但其中大多数都在1933年秋天哈里·L.霍普金斯着手实施"联邦紧急成人教育计划"之前就谢幕退场了,该项计划利用失业的教师来给其他的失业群体授课。到1935年4月,该计划共雇用了43,722名教师,招收了1,190,131名学生,他们当中绝大多数都是身强体壮、识文断字的成年人。在联邦政府的鼓励下,"萧条学院"和专科学校也在不同的地方创立了,以吸引这个新的有闲群体的成员。随着FERA的终结,这些活动被WPA红红火火地继续办了下去。

成人教育计划的宣传招贴

大学也经历了变化。20年代有点类似于淘金热,规模更大、质量更优的捐赠基金在数量上有着巨大的增长,学院建筑的尖顶所构成的地平线被偶尔出现的摩天大楼所打破。石油百万富翁爱德华·S.哈克尼斯在经济崩溃前夕所提供的资金,使得哈佛和耶鲁能够启动大规模的建筑计划,让它们成功地度过了最黑暗的萧条岁月。哈佛大学在查尔斯河两岸展开了她的"住宅"计划,建筑风格是殖民地时期的佐治亚式,但有一种清教徒名流们(邓斯特和温斯罗普)不曾梦到过的壮丽堂皇,与此同时,在纽黑文的榆树之下,耶鲁大学以哥特式的品位建造了她的几所"学院",爱德华兹和特朗布尔可能会发现,这些建筑是教堂式的。在这两所大学,这一重组意味着教师与学生之间个人关系的增进,在东部,这种关系在20年代结束之前就开始赢得了普遍的青睐,引入了导师、指导教师、职业顾问、校园心理咨询教师和人事局。

耶鲁大学校园

  在大多数情况下，大萧条使得大学校园眼下没有希望增加它们的建筑和教职员。能够坚持下去就很不错了。随着捐赠的减少、投资红利的萎缩和税收支持的下降，基本建设费用在1929—1930学年至1933—1934学年之间下降了大约86%。给图书馆和实验室的拨款减少了，薪水削减了，尽管教授的数量实际上没有什么变化，但讲师的职位却变少了。为数众多的年轻硕士和博士，连同初出茅庐的医生、律师、药剂师、工程师和建筑师，曾在母校的卵翼之下期待着前途无量，如今也加入了失业大军的行列，到1933年，这支大军中包括大约20万拥有资格证的教师。四处碰壁之后，他们只好把骄傲和专业训练揣进口袋，试着去卖保险和真空吸尘器，或许还会到田间地头或果园里卖力气，暂时去领救济的情况也并不少见。

  尽管"书中自有黄金屋"的古老信念受到了这样的挫折，但年轻人依然相信：高等教育有其终极价值，或许还有它的非物质价值。虽说大萧条最初的冲击使得1931—1932学年至1933—1934学年之间的入学人数减少了8万人——占总数的8%——但1934—1935学年却逆转了这股潮流，尤其是在那些学费不高或者干脆没有学费的大专院校。多亏了生活水平被重新调整得更简朴，伴随着小幅度的经济增长，以及来自FERA和后来的NYA的扶持，44所州立大学和政府拨给土地的大学在这一学年的入学人数增长8.3%，打这以后便继续增

第9章 寻找机会的年轻人 187

长。到1940年，每六七个大学年龄的青年人当中就有一个进入某所大学的校园——其总数将近150万——因此创下了空前的全国纪录和世界纪录。无论是对教师还是对学生来说，艰难时期的打击，都让教育漂离了它古老的停泊之地。回想当年，霍勒斯·曼在1837年的恐慌之后完成了他为免费学校所做的伟大工作，以及1893年的恐慌之后风起云涌的中学运动，有些观察者据此推测，这场灾难也会服务于一个有益的目的：粉碎朽烂的传统，鼓励教育家们开展实验。远甚于20世纪20年代，像教学单元、必修课程、考试、学分制、甚至包括成绩等级和学位这样一些古老的条条框框全都面临着挑战。新的关注点被吸引到了20世纪20年代中期创办的像本宁顿学院和莎拉·劳伦斯学院这样一些非传统大学上来，如今（1934年），新近修复的巴德学院（在哥伦比亚大学的卵翼之下）和合作的黑山学院（大约在同一时期创办于北卡罗来纳州）也加入了进来。1934年，进步主义的贵格会高等教育机构斯沃莫尔学院抛弃了学分制，宣称要少而精通，而不是传统的多而空疏。在所有大学，所谓的"荣誉课程"——按照牛津的模子打造，旨在把个人好奇心从常规例程的条条框框中解放出来——越来越受到人们的青睐。

然而，改革的风暴中心是罗伯特·M.哈钦斯治下的芝加哥大学，1929年，时年30岁的哈钦斯接管了这所大学。他试图终结"老传统的以课时为要求的学分制"，允许聪明的学生尽快完成学业，取得学士或研究生学位。没有高中文凭的学生也被允许入学，那些不想要学士学位的可以拿低一级的学位：准学士，而真正搞学问的人则会坚持修完4门更高的学科之一：人文科学、生物科学、自然科学和社会科学。

哈钦斯在自己的学校并不怎么成功，于是便采纳了类似于中世纪"四学科"的观念，这四门学科分别是：文法、修辞、逻辑和数学，在这之上，形而上学作为学科女王统领着这几门学科，统一所有的知识。哈钦斯的同事莫蒂默·J.阿德勒在他的畅销书《如何阅读一本书》（*How to Read a Book*，1940）中解释了一个成人阅读计划的某些方面，主要集中在"世界上最好的100本书"，与此同时，在另一个地区，赞成这些观念的教育家们围绕这一核心，改造了马里兰州古老的圣约翰学院的课程。哈钦斯和他的追随者们也并非没有受到挑战。例如，在离开芝加哥大学后成了布鲁克林学院校长的哈里·D.吉德昂斯尽管同意对马虎应事和漫无目的的学习进行抨击，但却质疑哈钦斯所谓的基本原则，带着怀疑的态度审视这些原则，就好像那是国外极权主义者们所钟爱的"命令之下的统一"。

芝加哥大学校园

自由研究与权威针锋相对，在一个政治专制的洪水正迅猛上涨的世界上，这个问题呈现出了新的紧迫性。1936年9月，在哈佛大学300周年校庆上，这个问题成了一个热门话题，出席者有来自世界各地的学者、科学家和文人。这一场合凸显了欧洲在研究机构、知识领袖和追求学术公正上都输给了美国，新大陆如今取代了旧大陆，占据了知识进步的首席地位。

大学内外的年轻人如何看待这种令人困惑的文明呢？不管他们愿不愿意，这种文明将会成为他们的遗产。年轻一代是从对政治的漠不关心开始这个十年的，他们动辄重复关于任人唯亲、党棍政治和贪污受贿之类的老生常谈。但是，大萧条和新政逐渐战胜了这种冷漠。事实证明，经济和历史问题，社会学和社会正义问题，极大地吸引了那些拥有知识好奇心的人。对马里兰州年轻人所做的一次民意调查显示，绝大多数人认为，联邦政府应该更密切地参与公民的生活，管制工资和工时，确保"健康而体面"的生活水平，维持像NRA和WPA这样的机构。总之，分析者得出结论，这些年轻人似乎赞成这样的信条："管得最多的政府就是最好的政府。"另外一些人证实了他的发现。在这一时期——不像20年代——年轻人似乎既不热情，也不奋斗。上了年纪的保守派失望地把他们称为"搭便车的一代"，想方设法要搭山姆大叔的便车，而把过错归咎于新政。自由主义者们坚持认为，年轻人只是坚持他们与生俱来的权利：免费的义务教育和工作。20世纪20年代中期一位大学观察者写道："今天的年轻人想要生活——而不仅仅是积累。"

体面的衣食住行，以及开始一项事业并结婚的机会——诸如此类的东西不再是美国年轻人自然而然的保障。一个承诺通过社会规划让他们重新回到正轨的体系必然会吸引他们。"如果有人能带来一系列使我真正相信的东西，我会追随他到天涯海角。"一个小伙子在1932年的低谷期这样说。即使是共和党人，也会很高兴地看到，那个人不是希特勒或斯大林的国产版本，而是富兰克林·罗斯福，民意调查再三显示，年轻人比他们的长辈更喜爱罗斯福。至于这一代人所谓的依赖和身体上的柔弱，是显而易见的，他们真正的潜力，只能通过一场全球危机来探测，这样的危机依然停留在世界的边缘。

对美国人的生活来说，新的东西是全国性的集会和学生会，这些往往会把舆论的力量集结到中间偏左的立场上。1934年，1,000多个地方和全国组织进行了一次合并，组成了美国青年代表大会。它的第二次会议（1935年）起草了一份《美国青年法》，支持以工会定的工资（或主流工资）为年轻人提供公共工程工作，以及一项工资和工时都有保证的联邦学徒计划，支持中学和大学的联邦奖学金拆除性别、种族、宗教和政治的障碍。到1937年，青年代表大会的目标转向了国际现场，并通过决议，要求对违反条约者实施经济制裁，废除贸易壁垒，以及联邦政府对军事工业的拥有。为了互相支持，它还与世界青年会议联手合作。

毫无疑问，各种自封的青年组织都很容易被强力集团和成人煽

30年代的大学生抗议活动更像是行为艺术（哈佛，1934）

动家所操纵，为他们冲锋陷阵。在这一大堆组织中，有"争取工业民主学生联盟"和"全国学生同盟"，它们很快在1935年合并成了一个单一的左翼和平主义者团体，称作"美国学生联合会"。该组织大声疾呼，呼吁组成"反对战争和法西斯主义"的联合阵线，这是最近来自莫斯科的决定。尽管它的缴费成员大概从未超过9,000人，但它的信徒们却被证明在学生集会和校园报纸上发出了相当清晰有力的声音。罢工技术在学院生活中的应用，帮助他们赢得了支持，正如学生联合会在1936年4月所证明的那样，当时，50万大学生在一个指定的日子和时间走出课堂，抗议未来的战争——或者是作为削减课程的借口。面对两难的困境——要么通过裁军抵抗国内的法西斯主义，要么扩军阻挡外国的法西斯主义——学生联合会很快就发现自己处在四分五裂的境地。然而，对国内问题——黑人的权利、集体谈判和生产手段的社会化——它表现出了更大的一致性。它始终都受到了共产主义－社会主义集团的影响。

年轻人的这种信仰声明（自发的或模仿的），吓坏了保守主义的长辈们，国会"非美活动调查委员会"（其领头人是那位爱出风头的

第9章 寻找机会的年轻人

马丁·戴斯）进行的所谓揭露，进一步加深了他们的恐惧。年轻人当中经济异端邪说的苗头——它的传播常常被极大地夸大了，因为大多数人往往瞧不起普通的校园激进分子，视之为"无能之辈"——导致老一代人得出了雅典市民曾经在苏格拉底的弟子们身上所得出的类似结论：教不严，师之过。

一连串的指控爆发了，从纽约到加利福尼亚，从伊利诺伊到佐治亚，人们纷纷谴责公立中小学和大学里的"左翼分子"。在社会科学课程中讨论像共产主义和种族关系这样的主题，使用哈罗德·鲁格和雷克斯福德·G.特格韦尔编写的教科书，阅读像《国家》（Nation）和《新共和》（New Republic）这样的自由主义周刊，这些可能是直接原因；但在背后，则是新政对财产神圣和放任主义的挑战，回应的声音来自赫斯特出版社和贝尔纳·麦克菲登出版社，美国自由联盟，以及像美国退伍军人协会和美国革命之女这样一些组织的代言人。《教师宣誓法》最早是1917年在战争的歇斯底里中由罗得岛州率先推出的，然后陆续蔓延到了加利福尼亚、蒙大拿、北达科他、华盛顿等州（1931年），以及纽约州（1934年），接下来又传播到了亚利桑那、佐治亚、马萨诸塞、密歇根、新泽西、佛蒙特和得克萨斯等州（1935年）。

但是，1936年标志着这场运动的减缓，这要归因于在这样的惊慌失措之后通常会带来的反弹。在1935年，已经有7个州的立法机关驳回了类似提案，与此同时，马里兰州和特拉华州的州长否决了这样的法案。1936年5月的一次盖洛普民意调查询问被调查者："中小学是否应该教授关于社会主义、共产主义和法西斯主义的事实？"将近三分之二的回答是肯定的，而同意大学教师应该"自由地表达他们对所有问题（包括政治和宗教）的观点"的人也几乎与此相当。这样的发现表明，诚实研究的价值得到了更普遍的承认，人们还认识到了教师的个人观点与他在课堂上所发表的看法之间的区别，认识到了客观讨论与在其权威领域之外进行宣传鼓吹之间的区别。

年轻人的道德观念怎样呢？就他们对性、自由恋爱和婚姻的态

格林威治村的
姑娘们

度而言，这一代人与爵士时代有分歧。当然，即使是在斯科特·菲茨杰拉德的鼎盛时期，传统的求婚和诚实的嫁娶就已经形成了大多数年轻人的习惯，但小圈子本身却藐视"中产阶级"的美德，他们最大胆的关注中心——格林威治村，早已从20年代早期的私酿松子酒、盛行通奸堕落为新的"狂野派对"，十年后期这里甚至出现了毒品和同性恋实验。大萧条的开始意味着老年人的出局，也意味着开始新一局的时间到了：在那些血液里正燃烧着反叛之火的人当中，经济上的、而不是性方面的异端邪说，开始被当作"红色英勇勋章"一样四处炫耀。如果说无所事事起到了刺激性欲的作用的话，那么求爱的成本——电影、点心、交通、参加派对的衣服——则充当了一股抑制力量。小伙子说："你有的是时间，可没有钞票。"而女孩子则往往会可怜巴巴地解释："我没有外出穿的衣服"，或者是"靠你挣的那点钱你结不了婚"。

另一方面，性自由——尽管年轻人不再以此自夸——常常被人们心平气和地当作生理需要或者追求幸福的个人权利来对待。1937年，对全国将近1,400名大学生所做的一次问卷调查显示，不同年龄层的一半以上男生和四分之一女生有过婚前性行为，同时，有三分之二的年轻女性公开承认，她们愿意为了真正的爱情而这么做。大学内外的年轻人都谴责乱交是"廉价的、粗俗的、不道德的"。这一代人相信，婚姻——如果经济上允许的话——是"最好的人类制度"。《财富》杂志在1936年所做的一项民意调查显示，五分之三的大学女生和一半的大学男生渴望在毕业之后不久结婚，两性都有大约一半的人希望生孩子。正如纽约州北部一个工业城镇的一位失业青年在日记中所写的那样：

一直是个情人，从来不是一个丈夫。上帝啊，这是不是很可怕……让它见鬼去吧。这在二十几岁的时候或许是合适的，但到三十几岁还这样就肯定不合适了。我要找的不是女朋友，而是一个老婆。

在大萧条的初期，埃迪·坎托有一首歌《眼下正当恋爱时》（Now's the Time to Fall in Love）通过无线电广播流行了起来，歌中这样讨好年轻人：由于物价下降，"用你所挣到的钱，两个人可以一起生活，就像一个人一样实惠"。但转变观念的人起初很少。1929年的结婚率超过了总人口的10‰，到1932年下降到了美国历史上的最低点：不到8‰，或者说只有20年代年平均数的四分之三。在这些年里，人们也不那么频繁地诉诸离婚了。当四处找工作的丈夫离开不幸家庭的时候，遗弃（"穷人的离婚"）有所增长，因为合法离婚是一桩很费钱的事。因此，不出所料，离婚率从1929年占总人口的1.66‰，下降到了1932年的1.28‰（这是第一次世界大战停战那年以来最低的），第二年是1.31‰。

离婚的阻力和结婚的理由，在30年代中期都是强有力的，因为无论是就业的机会还是联邦的救济，都更乐意给已婚的男人，如果他有孩子或者老婆怀孕的话，则更是如此。然而，经济的逐步复苏带来了离婚率的逐步攀升，在1940年达到了2‰的空前纪录。至于结婚的复苏（众所周知，生物在这方面总是迫不及待的），并没有表现出满足于凑合的倾向，像1929—1933年间非法婚姻和卖淫的增加所表现出的权宜之计那样。人们的态度有所调整：数百万的人学会了靠较少的钱生活，新娘放弃了花费昂贵的婚礼，常常也不再坚持要有自己的住房，避孕知识的传播，使得推迟生儿育女成为可能，当然，经济的复苏也帮了很大的忙。1933年之后，这一趋势很快就超过了复兴的步伐。1934年的结婚率回到了1929年的水平，而1937年则把这个数字推进到了11‰以上，这是1920年战后结婚大丰收以来最高的。

第二次世界大战的爆发，以及和平时期《义务兵役法》的通过，加速了结婚率的上升，因为小伙子们都赶紧娶他们心爱的姑娘，要知道，他们很可能不得不把她们留在后方。1941年的结婚率达到了将

眼下正当恋爱时

近13‰。年轻的妻子们很快就有了孩子，靠军人的工资生活，并高高兴兴地随军，可以看到她们挤满了全国各地的铁路候车室和土褐色的旅馆。然而，依然有一些掉队者。据估计，1938年，尽管人们做出了种种努力，以弥补失去的时间，但还是有大约50万年轻人，在正常情况下本该已经结婚，却被迫推迟婚事，常常依然生活在父母的屋顶下。对少数人来说，进一步的阻力源自下面这个事实：在这些年里，26个州通过了要求婚前血液检测的法律，而要求预先告知结婚意图的州从17个增加到了26个。

　　无论是长期经济危机所带来的压力，还是迫在眉睫的战争所导致的更大的紧张，都不可能让年轻人长时间地不谈婚论嫁。结婚仪式上的古老誓言——不管是好是坏，无论是贫是富——使维多利亚时代关于维持新娘所习惯的生活方式的训令黯然失色。据一些观察家说，这代人最想要的东西——保障——依然如此困扰着一桩婚姻，以至于年轻人开始怀疑它的真实性。因此，在追求个人满足的时候，他们似乎比他们的父母更愿意把物质上的审慎抛到九霄云外。当各自都得到了属于自己的东西的时候，两口子就会相信，他们正在做的抢救工作是有道理的，无论他们能从这个世界的黑暗无常中抢救出怎样的幸福。

第10章 寻求保障的时代

The Great
Depression 美国大萧条

在内战时期，60岁以上的美国人只有四十分之一。到1940年，当美国公共卫生局建立了它的第一个老年学部门以研究衰老及其社会经济问题的时候，达到这个年龄的人占十五分之一，预计这个比例在1980年将达到六分之一。已经探明的原因包括：正缓慢下降的出生率，更好的饮食，更密切的医学监护，以及科学在延长生命上所取得的进步。1939年，两位统计学家写道："美利坚民族如今正在成为地球上年龄最老的人的集合。"

不幸的是，这一情形伴随着某些因素，而这些因素往往使得老年人更没有偿付能力，更难以自给自足。1890年，当老年人只占总人口的3%的时候，他们当中仅仅只有四分之一的人没有从事有收入的工作，但是，到1930年，当他们占到总人口的5.5%的时候，其中超过五分之二的人已经离开了工作岗位。具有讽刺意味的是，那些最有可能继续工作的人——银行家、律师、农场主、企业管理人员——跟机械工、矿工和工厂劳工比起来，继续工作的经济动机却要小得多，后者在45或50岁的时候常常正是发光发热的时候。"四十已老"这句话，在沃尔特·B.皮特金1932年的畅销书《人生从四十岁开始》(*Life Begins at Forty*)的标题中遇到了反驳的姿态，打那以后，这个标题就成了一句满怀希望的谚语。使这个问题不断恶化的是日渐缩小的家庭规模，这意味着，养活父母的重担如今落在了一两个孩子，而不是半打孩子的肩上。

尽管大多数欧洲国家、英联邦成员以及几个南美共和国都在20世纪的前25年里采用了强制养老保险制度，但美国似乎很迟才引入一种更仁慈的选择,以取代"打发上了年纪的老人去济贫院"或县农场。1928年,从民营企业领取养老金的人几乎不超过二十分之一,而绝大多数州和市政府的雇员,对提供给联邦工作者的那种保障闻所未闻。在大崩盘前夕,8个州有了允许各县支付养老金(如果它们愿意掏腰包的话)的法案,但大多数这样的立法都过于宽松,没有太大的实际价值,只有威斯康星州和明尼苏达州给承担这些责任的市县提供帮助。此外,低收入群体当中的救命储备,在提供抵抗灾难的保护上,也是最不充分的。

大萧条的冲击,把一个温和的长期问题转变成了一种急迫的悲惨境遇。连同救济的其他方面一起,这一负担先是落在了民间慈善团体的肩上,然后是各市县和州,最后是联邦政府。到1934年,FERA共给将近75万65岁以上的老人提供了帮助,到1936年,依靠公共救济的老人至少是100万,剩下的大约一半——325万——则从儿女、亲戚和朋友那里得到了某种帮助。几乎压断了腰的重负和个人苦难,有时候要落在年轻一代的肩上,约瑟芬·劳伦斯的长篇小说《岁月如此漫长》(*Years Are So Long*,1934)就展示了这样的情形,这部小说是李尔和他的女儿们的故事的美国家常版。争取养老金的鼓动所带来的压力是如此之大,以至于到1934年中期,不下于28个州,连同阿拉斯加和夏威夷两个州,通过了《养老金法》,在其中23个州是强制性的。

对大多数老年人来说,重新就业提供的实际补救非常有限,他们的困境在整个30年代中期都没有什么好的改观。在三个显著需要直接救济的阶层当中——孩子、盲人和老者——迄今为止最大的一

老龄化正在成为一个日趋严重的社会问题

笔开支在1932年用在了靠别人养活的孩子身上,但到了1936年,对老年人的帮助已经压倒性地在城市和乡村地区都占据首要位置,用于这一目的的费用占到了总支出的85%。政治家、假内行和理想主义者都应该倾听老年人的哭喊,这是不可避免的。不像孩子,这些上年纪的公民都可以投票、煽动、为自己支持的事业掏腰包。

加利福尼亚州的气候对衰弱不堪的艾奥瓦州农民和堪萨斯州店主有很大的吸引力,这两个州的老人将近占到了全州人口的8%——被证明是社会保障计划者的天堂。有务实精神的新来者,落入了小额投资收入锐减或银行与建筑信用合作社垮台的魔掌,纷纷加入自助组织、合作社和实物交易团体,其人数之多,前所未有。但政治诉求更清晰的,是诸如短命的"乌托邦协会"之类的组织,该组织1933年创立于洛杉矶,它向人们允诺了一个人间仙境,在那里,机器将包揽所有的重活,每个人都在45岁的时候退休。在不到一年的时间里,该组织凭借这一允诺,吸引了50万追随者。

这种热潮的背景主要是一种草根保守主义:在后半生,当自己被贫困残酷无情地追上的时候,便迁移到安逸之地去;1933年小说家厄普顿·辛克莱所发起的圣战也是在这一背景上出现的。1926年辛克莱作为社会党人竞选州长失败后,便转而给自己贴上了更让人放心的民主党标签,并被提名为候选人,因为,正如他自己所说的那样:"我看到老人正缓慢地被饿死,成千上万的儿童因为营养不良而发育迟缓。"他把这些情况写进了一本书里:《我,加利福尼亚州州长,以及我如何终结贫困》(*I, Governor of California and How I Ended Poverty*, 1933),这本书卖了将近100万册,并帮助他筹集到了竞选经费。辛克莱鼓吹征收更高的所得税和遗产税,对闲置土地征税,每月发给60岁以上的穷苦老人50美元的养老金,并建立庞大的合作社网络,以刺激生产、消费和就业。他的竞选口号是:"终结加利福尼亚的贫困"(End Poverty in California),其缩写恰好是EPIC[①]。当他在初选中一路领先的时候,就再也没人把他的竞选看作

[①] 在英文里epic有"史诗"的意思。

是一个笑话了，1934年11月，通过新闻媒体、电影工业和保守派公民最卖劲的努力，他才以微弱差距输给了他的共和党对手弗兰克·梅里亚姆。这场运动很快就土崩瓦解了，身后留下了一些无声的证据——EPIC咖啡馆，"新经济"理发店，以及"人人富足"商店——在那些偏僻的社区里长期幸存了下来。

厄普顿·辛克莱

1934年1月，正当EPIC的呼声依然高涨的时候，也是在加利福尼亚，弗朗西斯·E.汤森医生组建了周转养老金有限公司，于是，专门为老年人配制的一剂更简单的繁荣万能药就这样产生了。创立者汤森博士是一位瘦骨嶙峋的医生，经过长期斗争才在堪萨斯州安家落户，并在黑丘悬壶行医，最后迁居加利福尼亚州的长滩，成为一名助理卫生官。根据"年轻人为工作，老年人为悠闲"这句口号，他建议：应该从2%的普通交易税收入中每月支付给每个60岁以上、品行良好的失业者200美元，这笔定期生活津贴应该在下一个发放日之前全部花完。快速流通货币的观念——对此表示怀疑的经济学家们称之为"速度神话"——对那些天真的人有着强大的吸引力，他们无视统计学家们所提供的数据：要拿出国民收入的将近一半，才能满足汤森代表800—1,000万人所提出的要求。而且，像所有营业税一样，这项税收也会最沉重地落在工薪阶层的身上。

汤森圣战从已经败下阵来的EPIC大军那里获得了兵力的补充，并正向全国各地蔓延，在两年的时间里募集到了将近100万美元，其手法是通过捐赠、纸牌晚会、舞会、大家缝聚会、抽彩募捐和慈善餐会，以及通过给《汤森周刊》(*Townsend Weekly*)捐款，这份杂志把家庭小窍门与疝气带和假牙广告混在一起。这场骚动毫无疑问加

第10章 寻求保障的时代 201

速了1935年的《社会保障法》的通过。第二年，汤森声称有500万成员。有些政治家（两党都有）满怀希望地支持这场运动，但1936年的总统选举却证明：汤森的追随者及其他非正规军所组成的、以国会议员威廉·莱姆基为候选人的联合党并没有太好的表现，满打满算也只得到了90万张选票。罗斯福和大多数新政参与者都反对这一计划，这一事实让那些并无多少信念的追随者们灰心丧气。国会对汤森医生的调查，以及1937年初对他蔑视白宫的定罪，也加速败坏了这场运动的名声，这意味着，一场令人同情的圣战成了煽动和谋利动机的牺牲品。

这场运动的腐烂为加利福尼亚州另一株希望和异端的蘑菇提供了赖以生长的腐殖质。这一次的几个发起人比汤森医生更世俗，本质上是些玩世不恭的家伙，他们有：一个名叫罗伊·欧文斯的专家治国论者，劳伦斯·艾伦和威利斯·艾伦兄弟（他们显然获得了收益的最大份额），以及罗伯特·诺布尔（此人后来因为在第二次世界大战期间从事法西斯主义煽动而进了监狱）。这就是所谓的"每周四30美元"计划，该项计划允诺给所有信徒"火腿和鸡蛋"。特别是，它给加利福尼亚州每个50岁以上的失业者一笔养老金，其经费来源于"一美元凭证"的流通，凭证的每个持有人在花掉它之前，必须每周给它贴上一张两美分的印花。这份计划在1938年的州选举中以微弱少数被击败，于是，"火腿和鸡蛋"便开始征集百万签名，要求第二年举行一次特别公民投票，孰料败得更惨。打那以后，这场运动迅速退潮。相比之下，1939年11月被俄亥俄州的选民所否决的一项计划似乎平淡无奇。这项计划是辛辛那提市的前国会议员赫伯特·S.比奇洛牧师设计的，它允诺给所有60岁以上的失业者每月50美元，这笔钱的筹集，一是通过更重的州所得税，再就是对价值每英亩2,000美元以上的不动产征收2%的地价税。

有一些政治发言人和电台演说者，把乌托邦的诱饵悬垂于不满之水中晃来晃去，在这些人当中，最引人注目的莫过于参议员休伊·朗和查尔斯·E.库格林神父。朗出生于路易斯安那州一个贫穷的白人家庭，从沿街叫卖专利药品和猪油代用品起家，成了南方最精明的律师之一，他公开了早期与标准石油公司的斗争，担任州长期间特别致力于为独立的小农户提供更好的道路和桥梁、免费的教科书，降低电费和电话费。然而，在做这些事情的过程中，这个"鱼王"——他从广播喜剧《阿莫斯和安迪》中借来的头衔——建起了一台冷酷无情的政治机器，摧毁了路易丝安那州的民主程序。

休伊·朗信心十足地盼着当总统，其自传的标题《人皆为王》（*Every Man a King*，1933）——他自称这个标题是从威廉·詹宁斯·布赖恩那里剽窃来的——就重要性而言不亚于它的续篇《我在白宫最初的日子》（*My First Days in the White House*），后者出版于1935年9月他在新落成的州议会大厦被暗杀之后。他为竞争总统职位所开出的价码，采用了"分享财富"运动的形式，这是一项含糊的计划，旨在重新分配巨大的财富，使得全国每一个"值得帮助的家庭"能有足够的收入以拥有一辆汽车、一套住宅和一台收音机——推测起来，他大概是希望人们通过这玩意儿倾听主人的声音吧。《财富》杂志1935年7月所做的一项调查显示，这一提议已经深深地扎下了根，尤其是在中西部，在太平洋海岸就更是如此了。在他去世前不久，民主党全国委员会搞的一项全国性的民意测验显示，他有可能以第三党候选人的身份获得300或400万张选票。毫无疑问，休伊·朗天花乱坠的口才推动了1935年8月《财产税法》的通过。事实上，比政治煽动家们抢先一步并把他们的允诺按比例缩减到可行的规模，成了新政的中期战略。

在北方，一个可资比较的救世主是库格林神父，他是密歇根州皇家橡树市的一位天主教牧师，他逐渐显露出自己是一个犹太人迫

休伊·朗面对一大堆邮件发愁

The Great
Depression 美国大萧条

库格林神父

害者和纳粹辩护士。在大萧条之初的那些年，库格林便从电台布道转向了政治，以大声呼喊"要么是罗斯福，要么就破产"来赞美新政。1934年，他组织了"争取社会正义全国联盟"，鼓吹银行和信贷、公用事业和自然资源国有化。1935年1月，他开始严厉批评政府把"它宝贵的注意力转向了外交事务，而我们却依然被国内动乱所包围"，并指示争取"社会正义全国联盟"自吹的900万成员用反对美国加入国际法庭的抗议把国会给淹没——其结果大概在参议院对这一行动的否决中扮演了某种角色。库格林公开嘲笑民主，并在1938年组成了一个反犹组织，唤做"基督教阵线"，该组织蔓延到了很多城市，并且，当战争爆发的时候，对轴心国采取了仁慈的中立立场。库格林与他的纽约同行、《布鲁克林简报》（*Brooklyn Tablet*）的爱德华·L. 柯伦神父一起，代表了天主教的法西斯一翼，不过，随着其观点的真正性质越来越清晰，他对民众的影响力也就逐渐衰落了。

不管他们做了什么样的恶，这些万能药的推销员们，哪怕是他们当中最冷血、最愤世的人，也都以他们自己的方式帮助促进了社会保障制度的建立与完善。然而，另外一些影响因素也在起作用：欧洲的先例；由于经济萧条而变得敏感的社会良知；除非强迫，人们大都不会系统储蓄的现状；相信失业是另一种工业危机，受害者不应独自承担全部危机成本的观念；以及一种广为传播的确信：企业不应该在繁荣时期为了巨额利润而剥削劳工，然后把失业和榨干耗尽的老人等全部重担都扔给社会。1934年6月，总统任命了一个委员会以起草一项计划,并随着《社会保障法》在1935年8月14日的签字而大功告成。

它为老年人提供了两种类型的帮助。一是养老金制度,这是该法案中唯一由华盛顿直接掌管的部分,受益者是在65岁时退休的人,建立在法定收入的基础上。老板和雇员匹配资金,除了公务员、家庭佣人、零工、商船船员,以及慈善、宗教和教育机构的雇员以外,别的情况都强制性参与。根据这一计划,到1940年,5,200万公民有了各自的"社会保障号码"。来自储蓄和投资的收入不妨碍受益者提取养老金,但如果某个月有超过15美元的雇用报酬,这个福利就会受限,这意味着领取养老金之后其他额外收入是有限的,因此这一规定有时候相当令人厌烦。

第二种帮助包括为那些已经丧失挣钱能力或者在养老金体系之外的人提供补助金。为了救济贫困老人,联邦政府与各州合作,直至加起来的总额到达一定的标准,这个标准起初定的是每月30美元,后来涨到了50美元。到30年代结束的时候,将近200万上了年纪的穷人被登记在各州的救济体系下。然而,补助金的全国平均数只有20美元,6个南方州只发给十分微薄的津贴,加利福尼亚州处在另一极端,提供的补助金接近最大限额。领取这一类别补助金的人——补充了5万盲人和90万残疾人,被遗弃的儿童也有资格得到类似的津贴——构成了政府支出的社会保障费用的主要部分。

罗斯福总统签署《社会保障法》

第10章 寻求保障的时代 205

《社会保障法》的另一项规定启动了失业保险。为了创建必要的公积金，政府对雇主征收3%的联邦薪资税（前面列举的几类雇员以及雇员少于8人的除外）。雇主可以把这笔税收的90%记为捐款，存入一家获得批准的州失业救济机构——因此实际上就是强迫各州服从——而联邦政府则制定重大规则，并支付行政成本。补助金的支付，依据失业前的收入和失业时间的长短而有所不同，从每周5美元到15美元不等，在大多数情况下，期限为14周或16周。自动离岗，因行为不当而被解雇，以及（在很多州）因罢工而丧失雇员资格，还有，如果拒绝合适的新工作，则停发失业救济金。

《社会保障法》受到了来自四面八方的攻击。很多批评者以怀疑的眼光看待从这些税收中预提的巨额公积金，数十亿美元的购买力从流通货币总量中退出。另一些人则攻击联邦政府的会计把这些资金用来支付当前政府支出，而把借据留在公积金账户上。一帮为社会保障进行过长期斗争的自由主义者攻击这部法律是求助于48个州的社保体系的大杂烩，有些人则怀疑，一些严重工业化的州——它们的经济始终处在不稳定的平衡中——所积累起来的失业基金是否足以应对真正的考验。

1937年末和1938年初，社会保障体系成功地经受住了一场不大不小的危机。8月，新一轮的商业衰退开始了，反对新政的人立即给它取了一个"罗斯福萧条"的绰号。它的出现，部分原因是WPA及其他联邦花钱机构支出的急剧缩减。另外的因素有：股票投机，生产过剩和超出购买力的大量存货，在更严厉的银行准备金要求下的信用紧缩，劳工动乱和企业对新政的继续不信任。总统在这年秋天所做的统计调查显示，将近有600万人失业，200万人仅仅只有救济工作，325万人就业不充分。这比1933年3月的一千五、六百万要好，尽管并没有好很多。失业作为最难的问题并没有被新政所征服，这是显而易见的。

然而，事实清楚地证明，全国总的经济结构比5年之前更稳固，正如罗斯福所指出的那样："银行业、商业和农业并没有像在1932—

1933年间那个可怕的冬天那样分崩离析。"1938年初，总统和国会把整个花钱计划的调速器扳回了高速挡，增加了50亿美元的支出，用于WPA、PWA以及RFC的贷款活动，通过《社会保障法》进一步磨钝了个人痛苦的刀口。1938年，30个州总共支付了将近4亿美元给各自的失业者。不久，复兴的浪潮再一次开始涌流——除了1939年初出现了一次更温和的逆流之外——携带着国家的经济稳步向前，一直带向战争岁月的充分就业。

在此期间，《社会保障法》进行过一些修正。30年代末的修正案增加了给养老保险投保人的未亡人和家属的津贴，并且让美国就业局隶属于社会保障委员会，从而让失业保险和工作安排搅在了一起。1939年组建的联邦保障局（FSA）也包含了教育办公室、公共卫生局、NYA和CCC，打那以后成了联邦福利活动的主要工具。

不管经济的升降沉浮将会带给我们怎样的未来，30年代已经把社会保障的原则深深根植于美国人的生活中。少数反动分子，像电台评论员厄普顿·克洛斯之流，可能要悲叹：曾经激励边境居民的光荣冒险精神正在消失，但大多数公民则是另外的感觉。1938的一次盖洛普民意调查显示，赞成养老金的人不少于90%。不管方法和手段多么危险，就连反对党也在其全国性政纲中承认：社会保障已经扎下了根。并非巧合的是，社会工作者的数量在1930—1940年间几乎翻了一倍，最显著的是在一些大的工业州：纽约、加利福尼亚、宾夕法尼亚、伊利诺伊和俄亥俄。

社会工作者在孩子们当中

第10章 寻求保障的时代　207

一位火星观察家可能会得出这样的结论：社会福利是美国人的新宗教。着眼于社会福音（或者说是社会主义福音）对正统神学日渐上升的优势，《基督教世纪》(Christian Century)的执行总编保罗·哈钦森在1937年情绪激动地呼喊道："它要么倒向莫斯科，要么回到罪恶！"这一发展与其说是在开挖新航道，不如说是在加深旧航道。社会和宗教研究所在1920—1934年间所做的一项关于教会和社会的详尽研究再三强调了新教对信仰和服务于人类福祉的牧师作社会学解释的倾向。类似地，美国天主教徒也做出了新的努力，以回应庇护十一世教皇在他的教谕《四十年通谕》(Quadragesimo Anno, 1931)中所阐述的社会正义原则，而美国犹太教士中央会议在第二年起草了它的"社会正义计划"，联邦基督教协进会重申了其支持集体谈判和社会保障的立场。

牧师们寻求时代的启示往往会从约翰·A. 瑞安、约翰·海恩斯·霍姆斯、欧内斯特·F. 蒂特尔、拉尔夫·W. 索克曼和哈里·埃默森·福斯迪克等人那里得到暗示。1934年对将近20,000名牧师所做的一次问卷调查显示，将近四分之三的人支持"彻底改革的资本主义"，几乎三分之一的人支持社会主义。社会和经济话题成为越来越受欢迎的布道主题，祈祷会常常演变成了讨论组，详细探讨"人类关系中的问题"。

在大萧条早期，教会纷纷积极地转向了为穷人提供衣食，但是，当公共机构肩负起这一重担的时候，它们往往就放松了努力。结果，穷人当中对教会及像基督教青年会（YMCA）这样的准宗教团体产生了某种幻灭感。天主教徒在保持与失业者的接触上比大多数新教教派更成功，但犹他州的摩门教徒则创下了引人注目的纪录。他们自负地拒绝了联邦政府的帮助，并对新政的融资保持着极大的警惕，他们让每一个末世圣徒教会的"支会"负责各自的贫困者，当地方的容量超出负荷的时候，上级单位便施以援手。主要目标是，借助诸如合作社、殖民计划、家庭罐头制造和手工业以及给教会职业介绍所当警卫之类的手段，让家庭能够自立。

在财务上，大萧条让大多数新教教会陷入了"有史以来最令人绝望的困境"。这部分要归因于它们在繁荣的20世纪20年代为了修建百万美元的大厦和数百万美元的公寓酒店式教堂（有游泳池、娱乐厅及其他休闲设施）而欠下的债务。如今的捐款急剧下降，在1930—1934年之间几乎减少了一半。城市牧师的薪水被削减到了极点，而在农业地区和乡村，很多社群索性省掉了"正规的"布道者。

面对国家经济灾难的事实，宗教人士的态度各不相同。穆迪圣经学院及其分支机构的原教旨主义者——他们都是曾把第一次世界大战当作末日的开始来欢呼的千禧年信奉者——如今都把这场世界性的失业灾难看作是一个类似的征兆。天主教教义更多地趋向于炼狱性的，而非天启性的，强调眼下这场灾难将在未来生活中得到回报。更苛刻的天主教牧师则把大萧条看作是治疗美国生活中从追求感官享受到异教拜物主义的一剂健康的收敛剂。然而，一般而言，新教牧师往往把大萧条当作对罪（既有国家的罪，也有个人的罪）的惩罚而予以接受。很多布道者、教会杂志的编辑以及像罗杰·巴布森这样虔诚的商人都承认，大萧条的出现是因为人们舍弃了基督而去追求自私的目的。

有人直率地预言，艰难困苦将把美国人带回到他们父辈的信仰，但事实上，除了某些新的、古怪的宗教仪式之外，并没有出现信仰复兴的浪潮和大规模的宗教皈依，就连上教堂的人数也没有出现增长。没有体面的衣服可穿，没有钱扔进教堂的捐款盘——尽管

冷冷清清的教堂（纽约，1931）

第10章 寻求保障的时代　209

很多教堂废除了"自愿捐献"——使人们放弃了经常上教堂的常规习惯。至于那些这样的习惯原本就不牢固的人，越来越世俗化的安息日对他们所起的作用，就是让他们走向市里WPA劳工新近修建起来的游泳池、高尔夫球场或网球场。据报告，1931—1932年间，女人对教堂工作的兴趣达到了历史新低，毫无疑问是由于来自职业追求和其他世俗事务的压力，而期刊文学也反映了组织化基督教日渐衰落的声望。即便是在教会力量集中的乡村和小镇，制度化的宗教似乎也在逐渐衰微，随着上教堂人数和捐款数量的不断下降，处在社会力量漩涡中的宗教领袖，显得茫无头绪，迷惘而困惑。

1930—1940年间，全国的教会每1,000人中损失了23个成员，总亏损将近300万。据1939年的一次盖洛普民意调查显示，一半的人上教堂做礼拜的次数常常比他们的父母要少，超过父母的人不到五分之一。据说，从前的危机总是导致相反的作用，一份通俗新教杂志的编辑发现，差异就潜藏在这样一种相对较新的信念中：所谓的经济法——不像自然法——都是人为的，因此能够通过人的主动性、而不是通过祈祷和忏悔来加以克服。

年轻人没有受过多少旧时福音的熏陶，多半是最不虔诚的群体。尽管多数人依然保持着名义上的教会成员的身份，但积极关注或者认为宗教是他们生活中的一个有帮助的或者是重要的组成部分的人不超过三分之一。1934年所做的一项调查显示，大学低年级学生比三年级和四年级学生更倾向于信仰，而且，教员当中，名气较小的科学家信仰宗教的更多——尽管物理学家和专业医生之类的人（推测起来，他们对世道人心了解得最少）在宗教中所占的数量比生物学家、社会科学家和心理学家更多。尽管这样的数据并不能说明什么问题，但它们却起到了风向标的作用，显示了人们离制度化的宗教信仰渐行渐远。

作为一种内在经验的宗教——美国长期守护新教精神的成果——大概并没有受到多大的削弱。在最高的智性层面上，它依然蓬勃活跃，比如在神学家莱因霍尔德·尼布尔的著作中，他在爱丁堡所做的吉福德讲座出版于1941年，作为《人的本性与命运》(The Nature and Destiny of Man)的第一卷。在这里，他表达了一种有点阴郁的观点：人被夹在他的超自然主义和自然主义的上磨石和下磨石之间，后者常常诱使他竖立"偶像"，比如严密的哲学体系或者让人类种族变得完美的社会计划。尽管尼布尔本人自相矛盾地支持自由主义理念，基本上，他讲授的内容是（属于丹麦哲学家克尔凯郭尔的传统，

莱因霍尔德·尼布尔

这一代知识分子通过卡尔·巴特的著作重新发现了这一传统）：宗教信仰与理性毫无关系，也无须通过理性来证明；上帝存在，人与上帝的关系是生活中最确定的、最重要的事实，即使人不能按照上帝真正的样子来想象他。在长期萧条和挫折时期，宗教哲学往往会放大人的无助，向上帝寻求所有的力量和智慧。

在通俗层面上，宗教在一些畅销作品中得到了表达，它们有：劳埃德·道格拉斯的那些富有灵感的小说，像《崇高的困惑》(The Magnificent Obsession, 1929)和《绿光》(The Green Light, 1935)，以及诸如亨利·C.林克的《回归宗教》(The Return to Religion, 1936)这样的作品，林克的著作试图赋予人们以精神的目标，以对抗浸没在环境大潮中的自私。一个美国人所珍爱的传统就这样被引入了一个萧条和不稳定的时代。亨利·华莱士是一个涉猎广泛的鲁莽先知，他贡献了一部《政治家与宗教》(Statesmanship and Religion, 1934)，而富兰克林·D.罗斯福的很多公开言论是围绕作为实用基督教的人类尊严、友善和民主等话题。总统（他是个圣公会教徒）曾在一个引人注目的场合激起了宗派主义者的对立。1939年12月24日，罗斯福宣布了一个打破先例的任命，钢铁巨头、新教圣公会俗士迈伦·C.泰

勒被任命为总统的私人特使,在战争的危机之下去梵蒂冈,这项任命在某些新教圈子中激起了一场风暴。

总的说来,宗派之争似乎正在式微。1929年,公理会教徒与他们在基督教会的朋友们结合了起来。10年后,美以美会南、北分支之间内战之前的老裂痕,通过这两个分会与卫理公会新教一翼的联合而消除了。1940年,美国归正教会与北美福音宗教会议合并。1930年代晚期,圣公会和长老会的合并被提上议事日程,但来自一个阵营的高教会派和另一个阵营顽固的加尔文教徒的反对推迟了合并的实现。

即使没有最终的合并姿态,不同信仰之间的合作也是与日俱增。1931年,全国天主教福利会议、联邦基督教协进会和犹太教士总会组成了永久性预防失业会议,3年后,天主教徒、新教徒和犹太教徒组建了全国性的宗教和福利活动委员会,以便更有效的支持所有从事社会改良的宗教机构。尽管这些教义阵营的不可调和的成员之间偶尔也有古老偏见和摩擦的迹象,但人们都在朝着共同理解的方向做着不懈的努力,很大程度上是在宗教自由和少数的权利这样的旗帜之下,而在世界上别的地方,这些都被踩在脚下。

一批较小的宗教团体引起了人们的注意。弗兰克·N.巴克曼医生创立、发轫于爵士时代的所谓"牛津小组"运动,在第二次世界大战前夕着手为"道德重整"而展开一场声势浩大的公开运动,鼓吹(用它的创立者的话说)"如果人人向善,就不会再有战争"。但是,"道德重整"的和平主义很快就被一场世界巨变所淹没,这些牛津小组——它们曾经自吹跟内维尔·张伯伦和海因里希·希姆莱这样一些不同的人物接触过——便日渐衰弱。

对即将到来的这场斗争,更鲁莽、更原始的反对来自耶和华见证会,他们既拒绝向国旗敬礼,也拒绝在军队中效力。它们成了从缅因州到得克萨斯州的很多社区的风暴中心,它们常常是暴民暴力的受害者。由密苏里人约瑟夫·F.卢瑟福"法官"在本世纪初开始,耶和华见证会发展成了民间教派,既不像耶稣再临派教徒,也不像100年前的第一代摩门教徒。为迎合穷人和失败者,他们"把仇恨引

耶和华见证会的大型集会

进了宗教"，异常残暴地攻击天主教，通过不服从民事权力机构和鼓吹即将来临的末日审判来讨好殉教者。他们挨家挨户播放布道的唱片，在街角上兜售或分发小册子。1939年，他们的4万名野外工作者分发了1,500万份文件和600万份《瞭望塔》(Watchtower)及其他类似的杂志。即将来临的战争风暴，也没能动摇他们的主张，这激起了反对他们的浪潮，一长串公民自由诉讼摆在了最高法院的面前。

最华而不实的教派大概要算是黑人福音传道者"圣父"（原佐治亚州的乔治·贝克）创立的教派，贝克在长岛度过了默默无闻的几年之后，于1932年大萧条最低潮的时候风风光光地进入哈勒姆区，根据"真正的上帝就是养活我们的上帝"这一信条，以及"和平，真是太妙了！"这句咒语，建立了他的统治。不久之后，他的"天国"便从曼哈顿传播到了其他城市里的有色人种社区，允诺为信徒们提供

第10章 寻求保障的时代

共有资金和商业管理所带来的好处,并提供充足的食物及乡村庄园和度假酒店作为庇护所。

同样狂热的是"我很伟大"运动,这一教派是一位自封的神秘主义者在定居洛杉矶之后于1932年创立的,此人名叫盖伊·W. 巴拉德。他声称要解开中世纪巫师圣热尔曼及其他"登上天顶的大师们"创造奇迹的秘密,允诺给他的追随者们带来健康、财富和力量。在高峰时期,这场运动声称有30多万皈依者,遍及十多个重要城市,但在1940年代初期,它的一些领导人被指控利用邮件进行诈骗,这场审判带来了曝光、嘲笑和唾弃。一场类似的狂热被称作"人类联合",是另一位名叫阿瑟·贝尔的加利福尼亚预言家在1934年设计出来的,把精神魔法跟伪科学混了一起。它提出,要接通地球中心的最初的能量之源,由此开创出一个所有人都摆脱了贫困和奢侈的寓言时代。在其全盛时期,这一信条吸引了15,000名信徒。这个团体也与法律相抵触,因为在日本袭击珍珠港之后不久,它被判触犯了煽动叛乱法令。

美国生活的日益世俗化为数百万芸芸众生创造了当下的保障,但对很多人来说,精神和物质的双重饥饿不可避免地混合在了一起。因此,对大众心理来说,20世纪30年代教派主义的这些海市蜃楼,多半像社会保障领域所取得的那些更实际、更物质的成就一样富于启示性。

第11章 新有闲阶级

The Great
Depression 美国大萧条

美国人生活中受大萧条影响最显著的方面，莫过于闲暇时间的利用。娱乐和运动商品的销售净额从1929年的5亿美元，下降到了1933年的略高于2.5亿。城市运动俱乐部、乡村俱乐部、高尔夫俱乐部和网球俱乐部等休闲团体缴纳的联邦税在1930—1934年间下降了一半。仅高尔夫俱乐部就损失了大约100万成员，在严重的财务压力下，很多私人高尔夫球场都被卖掉了，转变成了日费制运作模式。社交俱乐部和兄弟会组织似乎也有同样的衰落。

另一方面，简单的家庭游戏——拼图、"强手"、跳棋、国际象棋、十五子棋、掷套圈和掷蹄铁——却变得大受欢迎，要么是为了消磨时间，要么是为了排遣焦虑。罗斯福最有名的消遣集邮——这跟他的政府在头5年的时间里发行了大约100个新邮票品种也不无关系——为这种消遣方式做了最好的宣传，使得集邮者的数量从估计的200万增加到了900万。桥牌——小额赌注或无赌注——在各种叫牌约定所带来的新的刺激下颇有进展。研究这一娱乐方式的畅销书作者埃利·卡伯特森估计，尽管是在艰难时期，全国在桥牌培训上仅1931年就花掉了1,000万美元，总共（包括购买扑克牌）花了将近1亿美元。在郊区，待在家里促进了羽毛球、乒乓球和户外晚餐的复兴，刺激了像业余木工、机械、赛鸽之类的业余爱好，以及一个深受欢迎的、被称作"业余爱好大厅"的广播节目所推荐的其他业余爱好的流行。

一些20世纪20年代被人们所钟爱的疯狂运动，比如跳舞马拉松和坐旗杆，依然在勉强维持，但生命力在逐渐减弱。1934—1935年间短暂地流行过被活埋，大学校园里有过一阵子吞金鱼的狂热，是哈佛的一位新生在1939年开创的，芝加哥的一位学生把它推向了紧张高峰，他吞下了3张留声机唱片，如今回想起来，这些疯狂的举动恍若隔世。同样短命的是对微型高尔夫球的狂热，这项运动在1930年夏天迅速发展成了一桩百万美元的大生意，但很快就退潮了，只剩下一些用染色棉籽做成的球穴区坑坑洼洼地留在了国家的脸面上。30年代中期，流行一些稍许有些疯狂的客厅游戏：1935年时兴一种被称作"来回拍击"的手语，1936年流行一套很不寻常的双关语，以"敲门，敲门——是谁呀？"开头，两年之后，一种被称作"游戏"的看手势猜谜的改良版从好莱坞流传开来。

罗斯福和他的集邮册

　　大学里的热门运动当中，橄榄球特别显示出了一种新的落寞。1931年，"十大联盟"收到的款项多年来首次下降到了200万美元以下，很快有人评论说："学生们对比赛结果可没那么兴奋了。"随着轻松赚到的钱不再塞满校友们的口袋，周末狂饮的活动也开始式微，其减少的程度不亚于俱乐部减少"购买"有前途的运动员，与此同时，20年代通过发行巨额债券修建起来的体育场，如今也几乎还不上其债务所产生的利息。一些优秀的球队被扫地出门，尽管最著名的橄榄球英雄之一、科罗拉多大学的拜伦·怀特同时拥有全美优等生联谊会的钥匙和罗兹奖学金的选举权。1940年，芝加哥大学以大多数人都不敢想象的大胆，废止了校际比赛，从而达到了它离经叛道的顶峰。然而，从30年代中期开始，明显有着非学院精神的职业橄榄球，作为一项能吸引观众的体育运动,在很多城市赢得了青睐。

职业棒球依然是一项艰苦的运动,常年有数百万听众通过收音机追踪各地的赛事,像"胡椒粉"马丁、卢·格里克和乔·迪马乔这样一些棒球明星在全国每一份报纸的体育版上闪耀着光芒。在1939年(当时正纪念"国球"诞生一百周年),纽约扬基队赢得了它的第四个世界职业棒球锦标赛冠军,从而创下了空前的纪录,不料竟在第二年输给了辛辛那提红人队。1940年和1941年,布鲁克林道奇队在经历了20年的默默无闻之后,作为全国认可的挑战者脱颖而出,以它多彩的风格和骄傲的自负,刺激了公众的想象,此前从未有其他球队做到过。

重量级拳击,打从1928年吉恩·滕尼退休之后便一直是奄奄一息的样子,乔·路易斯的出现使之焕发出了新的生命力,路易斯是个孔武有力的黑人青年,从亚拉巴马起步,经由底特律的汽车工厂,一路上升,获得了一连串几乎不间断的胜利。1935年他在纽约的扬基运动场击倒了马克斯·贝尔,获取了1927年以来的第一个百万级美元票房收入。1936年,路易斯被马克斯·施迈林击败,但在两年之后的还击战的第一个回合,"褐色轰炸机"①把对手打成了重伤,以至于这位纳粹德国的首席运动员不得不住进了医院。1937年,在击败"吉姆"布拉多克之后,路易斯便牢牢占据了世界冠军的宝座,再也不肯下来,以至于公众被弄得兴味索然,票房收入再一次开始下滑。与此同时,拳击场上的少年天才得到了金手套拳击赛的培养,这项赛事从全国性的比赛发展成了世界性的比赛,并为克利福德·奥德茨的大获成功的戏剧《金孩子》(*Golden Boy*,1937)提供了背景。

在另外两项体育运动中,前辈大师退出业余比赛,这为更年轻的有志者消除了障碍。在1930年赢得了英美两国业余和公开高尔夫球赛冠军并因此创下了空前纪录之后,罗伯特·T. 琼斯(绰号"博比")把战场留给了像约翰尼·古德曼、奥林·达特拉、劳森·利特尔和拜伦·纳尔逊这样的竞争者。在网球方面,威廉·T. 蒂尔登在

---

① 路易斯的绰号。

戴维斯杯网球赛（华盛顿，1932）

1931年通过训练专业运动员，把聚光灯让给了像埃尔斯沃思·瓦因斯、唐纳德·巴奇和弗兰克·帕克这样的年轻人，而在女性当中，艾丽丝·马布尔继承了海伦·威尔斯·穆迪的王冠。在长期独霸戴维斯杯这一差不多算是最有名的国际性奖杯之后，1939年，正当战争的大幕降临在网球赛场的时候，美国输给了澳大利亚，丢掉了奖杯。

大萧条和新政不仅缩减了运动和体育赛事的成本，而且还鼓励民众参与。为了努力地补救过去的忽视，30年代的良心考虑到了低收入群体——特别是正在成长的这一代——的需要。然而，由于市政预算被严重削减，地方当局几乎穷于应付。1932—1933年间，要不是有一些市民，在一帮付酬工人所组成的骨干人员的帮助下，志愿担当起了娱乐休闲活动的领头人，很多运动场的管理就完全瘫痪了。然而，自1933年起，庞大公共工程项目的开工，给了大众休闲事业带来了前所未有的推动力。

最初的重点落在了公园和保护林上，据国家公园管理局的一位官员在1935年所说，CCC劳工在计划实施之初的头两年极大地推进了

The Great
Depression 美国大萧条

公园和保护林的发展，相当于常规发展的半个世纪。他们造了湖，建了屋，开凿了通向山顶的小路。1933年7月，联邦政府提供的资金使得在大雾山区购买大片土地并把它建成最有魅力的国家公园之一成为可能。次年春天，由毫不妥协的共和党人、热情洋溢的自然资源保护者、漫画家J. N. 达林领头的生物调查署说服了国会，在国家森林设立鱼类和大猎物保护区。

在CCC劳工为增进州和社区公园所发挥的带头作用和效率之下，地方政府开始认识到了机遇。弗吉尼亚、西弗吉尼亚、南卡罗来纳、密西西比、新墨西哥、内华达和蒙大拿等州全都在新政最初两年的时间里获得了他们最早的州公园。加利福尼亚州仅在1933年就创建了7个州公园。得克萨斯州在格兰德河的大弯留出了将近25万英亩土地。简言之，1933—1936年间，各州保护区增加了60多万英亩的面积，而每年联邦政府购买的林地（主要用作公园和野生动物保护区）从前罗斯福时期的平均50万英亩，增加到了1935年的200万英亩。

公园里的野餐
（华盛顿，1937）

公众马上一致赞成。1934年——国家公园保存旅行统计数据的第一年——据报告有600万游客；到1938年，总数超过了1,600万。像露营地和野餐区这样的便利设施，以及青年旅舍运动的全面铺开，都促进了作为一项休闲活动的徒步旅行。到1937年，仅新英格兰就有76家这样的旅舍，沿着1,000英里长的旅行足迹链一路分布，每隔15英里一家。美国露营协会的崛起是另一个意义重大的发展，幼年童子军的组建也是如此，它附属于童子军，目的是要在7—10岁的少年当中促进户外生活和培养刚毅的品质。

无论是对青少年还是对成年人，冬季运动都越来越受到喜爱。1930年，新英格兰铁路公司排定了第一列开往冬季胜地的雪地专列。两年后，在普莱西德湖举行的冬季奥林匹克运动会燃起了广泛的兴趣，这一事实，加上CCC在公地上修建的公园便利设施和滑雪道及跳台，以及像联合太平洋公司大做广告的爱达荷州的太阳谷之类的商业化度假地，导致一趟趟的列车把成千上万的人带出了波士顿、纽约、匹兹堡、芝加哥、盐湖城、波特兰、旧金山和洛杉矶。

城市休闲并非没有受益。1930—1940年间，已报告的城市公园的数量从900个增加到了将近1,500个，它们的总面积从30万英亩增加到了将近50万英亩。在30年代的最后5年中，运动场的接待人数翻了一倍，游泳中心将近翻倍，野餐中心增加了10倍。这里，新政也捐助了资金和劳动力。PWA花了4,000多万美元，用来修建由地方管理的体育设施；1937年，预算少得多的NYA报告，它的16,000名雇员正在对公园进行改进，同时有15,000名雇员在手工艺、舞蹈、戏剧和音乐等方面担当领头人。

最大的捐助者是WPA，它建造了数以万计的游泳池和网球场，修建或改进了数以百计的市政公园、高尔夫球场和运动场，并且与学校和推广部门合作，监督管理了数不清的体育项目，到1939年6月为止，共雇用了40,000人，担负休闲活动领头人的角色。这些休闲项目中，大约有一半是身体锻炼，包括垒球、箭术和推圆盘游戏。其余的项目则极大地促进了方块舞、民间舞蹈、歌咏比赛和业余戏

The Great
Depression 美国大萧条

长岛琼斯海滩鸟瞰

剧的复兴。

新政的支出，至少有15亿美元用在了永久性休闲设施上，但这绝不是增进国民娱乐生活的唯一原因。很多市县政府也采取了积极的姿态。例如，当菲奥雷洛·拉瓜迪亚于1934年初就任纽约市市长的时候，他和他那位不知疲倦公园委员罗伯特·摩西启动了一项计划，由地方和联邦提供经费、70,000救济工人提供体力予以支持，这项计划从摧毁时髦的中央公园游乐场开始，并在其原址上建起了一个儿童运动场。摩西排干了法拉盛草地的沼泽，作为世界博览会的会址，净化了污水，装备了长岛的琼斯海滩，为的是可以容纳10万以上的人在此游泳和晒日光浴。

为了绝大多数人的最大利益是娱乐休闲的基调。在大多数城市，正规的天然公园（在19世纪末和20世纪初被人们所珍视）牺牲了它的某种自然风景的完美,为的是给池塘、运动场、骑马专用道以及诸如此类的设施让路:"请勿践踏草地"的牌子越来越罕见。类似的民主化渗透进了有组织的游戏当中。全国草地网球和高尔夫球协会开始主办公共公园锦标赛,获胜者参加全国总决赛。1939年的网球冠军是一个来自芝加哥的犹太小伙子西摩·格林伯格,他因此在青少年戴维斯杯的小组中获得了一席之地,而高尔夫球的获胜者是匹兹堡的一位钢铁工人安迪·斯维茨科。

一些不入流的时尚来来去去,此消彼长,比如1933—1935年间骑自行车兜风的复兴,这股风潮暂时促进了自行车的年产量,使之自1899年以来第一次突破了50万辆大关,并且附带引入了女人穿的休闲裤。然而,汽车对人的牢牢掌控并没有被消除。1935年,不下于3,500万度假者依然拥挤在公路上。旅客营地——迎合旅行者的钱包,从"流动的农业劳工",到那些渴望有散步的草坪和跳舞的帐篷的徒步旅行者——继续生意兴隆,直至1941年末汽油限制的出现。肯塔基州的一位名叫邓肯·海因斯的旅行推销员卖掉了数十万册介绍公路沿线好餐馆、好住处的旅行指南。尽管带有强制通风机、斜散热器、空转轮、"气流"设计、液压刹车和水力齿轮的新车型很有吸引力,但无数的美国人还是比从前更长时间地待在老式汽车上。到这一时期结束的时候,总共有3,000多万辆汽车和货车在使用。

房式拖车的创新一度看上去很是怪异。1929年,一位名叫阿瑟·G.谢尔曼的细菌学家建造了一间装在轮子上的房子,放在他的汽车后面拖行,他为街坊邻居们做了几辆,并在1930年的底特律车展上展出。竞争对手们很快就进入了这一领域,到1936年,一年有5万辆这样的拖车从流水线上下来,造价约6、7百美元,内里还有做饭和睡觉的空间。很多自制的拖车也加入到了公路上的滚滚车流中。对那些不得安宁和居无定所的人、那些寻求冒险和工作机会的人以及那些时刻提防着税收和租金的人来说,这种自给自足的交通工具有着游艇或不定期货船那样的诱惑力。然而,到1938年夏天,这种新奇的玩意儿便逐渐消失了,销售额急剧下降。

The Great
Depression 美国大萧条

　　房式拖车的衰落，连同它在弯道上的笨拙摇摆和对视野的遮挡，无疑引起了人们对安全的关注。在一个越来越拥挤和高速的时代——为此，不得不付出每年4万人死亡、125万人受伤的代价，其中三分之二的事故明显是可以防止的——安全的考量需要方方面面的帮助。关于公路死亡率，J. C. 弗纳斯1935年为《读者文摘》(*Reader's Digest*)写过一篇血淋淋的记述（《突如其来的死亡》），并分发了400万册单行本，但效果并不明显，因为1936年发生的交通事故比上一年要多将近2,000件。在1937年达到最高纪录之后，这一时期余下的那些年里，事故率略有下降，这大概多亏了对肇事者的更严厉的处罚、安全驾驶宣誓和地方报纸发起的反对"酒精与汽油混合"的舆论大战。

　　对很多人来说，乘坐巴士出行，比起坐火车来，能省下一笔可观的费用，即使在舒适度上有所牺牲。有一部深受欢迎的电影《一夜风流》(*It Happened One Night*, 1934)，以浪漫的姿态介绍了这样的陆路旅行。乘客的数量（包括乘坐学校巴士的孩子），从1933年的

长途巴士

不到17.5亿人次，增长到了1941年的超过47.5亿人次。

甚至早在大萧条爆发之前，载客大巴和有篷货车就已经相当可观地侵入了铁路交通。由于它们的过度资本化，连铁路公司都捉襟见肘，1929—1933年间，载客和货运的收入都下降了50%。结果，几乎占到全国总里程数三分之一的铁路在跟跟跄跄地走向破产管理或破产倒闭，尽管RFC很早就在做长期的复兴努力。为了激励乘客的光顾，西部的铁路公司把旅行资费从一英里3.2美分削减到了2美分，在生意上获得了50%的增长。1936年6月，当东部的铁路公司似乎不愿意跟牌的时候，州际贸易委员会便强迫它们采取行动，全国的图景于是变得明亮起来。与此同时，为了更快和更安全的操作，很多地方的公共工程项目都着手淘汰平面交叉。

为了让铁路旅行变得更有吸引力，铁路公司开始采用空调系统。"人造气候"迅速被很多商店和电影院（为了顾客的舒适）以及实业家（为了工人干活更有效率）所采用，到1935年，已经发展成了年产值1,700万美元的产业。装有空调的卧车和客车成了所有头等旅客列车的标准设备，极大地促进了南方和西南地区的季节旅行，并使某些铁路公司的夏季交通量增长了四分之一。另一项改进是柴油发动机的使用。1934年，联合太平洋铁路公司率先使用了铝合金结构的全柴油动力火车，它在芝加哥—丹佛线的竞争对手伯灵顿公司很快跟了上来，推出了它的第一列闪闪发光的不锈钢列车"西风"号。这些列车速度高达每小时90英里，不到一夜工夫就把人从落基山脉带到芝加哥境内。因此，大多数大型铁路公司都热衷于"流线型"，对汽车的设计也有着普遍而深入的影响。

航空业所经历的变化要远远大得多。在这一时期刚开始的时候，从本地机场出发的巡回演说、飞行马戏团和观光旅游的时代刚好过了它的全盛期；在1929年飞翔天空的350万美国人当中，绝大多数人是为了寻求刺激而登上飞机。一年有6,000架飞机被制造出来，销售总额8,700万美元。大萧条带来了暂时的销售额下降，但是，到1937年，航空业重整旗鼓，达到了一年1.24亿美元的规模。第二次世

The Great
Depression 美国大萧条

界大战在欧洲的爆发，使得这一行业有了年产15,000架飞机的能力，给50,000工人带来了工作岗位。WPA及其他机构用在建造飞机场和起落跑道上的开支，当时总计约1.72亿美元，仅在1940年便跃升了1亿美元。

  1930年4月，林德伯格夫妇创下了从拂晓到黄昏共用14小时45分钟横跨大陆飞行的纪录，1931年，威利·波斯特与哈罗德·加蒂用了8天15小时绕地球一周——到这个十年结束的时候，这样的纪录似乎太原始了，此时，飞行员横跨大陆只需7个小时，绕地球一周不到4天的时间。消失的，不仅是从前的纪录，而且还有昨天的英雄，波斯特消失于1935年阿拉斯加的一场空难，陪同他一起的是深受喜爱的幽默作家威尔·罗杰斯，而查尔斯·A.林德伯格则正在孤立主义和神秘种族主义的乌云下艰苦劳作。

  这些年还见证了另外一些发展。罗斯福政府与全国17家商业航线之间的一场关于邮件合同的冲突，导致了军队试图航运邮件的损失惨重的努力，这也推动了1935年修改后的《航空邮件法》的通过。第二年，"中国飞剪"号首飞马尼拉，1939年，客运业务开始飞欧洲。从海岸到海岸的跨大陆旅行，乘坐的是巨大的空中巡洋舰，时

"中国飞剪"号飞越旧金山上空

速200英里，有卧铺，其导航系统得到了无线电导航台的稳步改进，这些帮助使得航空业不再是一种冒险或消遣，而是为庞大的交通量而准备的通道，到1940年，共运送了大约300万旅客，航程超过1.2亿英里，加上14,000万磅货物。第二次世界大战前夕，除了公共航运公司之外，还有大约16,000架私人飞机在天空翱翔。这在很大程度上多亏了"民用航空飞行员训练计划"，这项计划是1939年启动的，教授达到大学年龄的青年开飞机，有资格证书的民用航空飞行员的数量在1937年不到16,000人，1941年年底达到了10万人。美国年轻一代的航空意识体现在手工艺术和工程学院的学生以及业余机械师身上，他们这一代人如果早出生几十年，可能会在摆弄那些简陋的小汽车。这种航空意识预示着世界上最大的飞机制造厂的发展，预示着为那场斗争动员起来的最强大的空中机群维护。

这些年里，端坐不动的消遣项目当中，最普遍的莫过于听收音机了。1929年，当均价依然在100美元以上的时候，就有1,200万个家庭拥有收音机。大萧条所带来的，不仅有更低的价格，而且还有更多的有时间要消磨的听众：在大萧条最深重的1930—1932年间，400万个家庭购买了收音机。到1940年初，2,800万个家庭（占总人口的86%）总共拥有4,400万台收音机，达到了无处不在的饱和状态。凭借这一手段，越来越多的人沉迷于五花八门的新闻、政治、广告、信息和娱乐节目。1937年，洛克菲勒基金会创立了"广播研究室"，研究广播对美国人生活的冲击，这家机构曾满怀希望地指出：广播更多地帮助、而不是削弱了听众的阅读习惯。然而，令人怀疑的是，家里的书房能否竞争普通家庭每天用来听收音机的那四个半小时。

根据1927年的《广播法》和1934年的《通信法》，无线电波属于公有领域，用于"公众的方便、利益和需要"。电台只不过是其部分支配权的承租人，其界限被认为应该由89个有可以不受干扰地广播的波长不可撤销地标出。可是，当哥伦比亚大学的埃德温·H. 阿姆斯特朗教授在1935年发现调频（FM）之后，可用频率的数量突然有可能增加，这种技术不仅可以消除静电干扰，还可以实现更高的音质。1940年，联邦通信委员会（国会在1934年设立的一个管制机构）批准了调频电台的商业运作。

公众对新闻分析和新闻解释的渴望，带给时事评论员雷蒙德·格拉姆·斯温、H. V. 卡滕伯恩、洛厄尔·托马斯、加布里埃尔·希特等人以前所未有的声望，数百万人专心致志地收听他们关于慕尼黑危机、中日冲突、波兰入侵和法国陷落的观点。此外，1932—1939年间，通过收音机传送的消息量几乎翻了一倍。1939年夏天，《财富》杂志做了一次民意调查，询问被调查人："电台和报纸当中，哪一种媒体带给你的新闻带有更少偏见？"据报告，50%的人选电台，17%的人选报纸，将近三分之一的人拿不定主意，或者认为它们半斤八两。

然而，面对世界危机，电台的政策常常反映了业主和广告客户的胆怯。1935年，亚历山大·伍尔科特主持的"街头公告员"在对希特勒和墨索里尼发表了粗鲁无礼的评论之后，被担惊受怕的主办方给停播了；杜邦根据历史作品改编的优秀广播剧《美国的骑兵队》（*The Cavalcade of America*）正式避开了所有诸如战争与和平、阶级斗争和宗教之类的问题；联邦通信委员会对1941年上半年的所有广播所进行的一次彻底检查显示，地方广播电台在教育公众为军事决定之日作准备的事情上扮演了非常消极的角色。

新政最好的广播宣传员就是罗斯福总统本人，他那句让人心里暖洋洋的平民化称呼语"我的朋友"，早在他1920年竞选副总统的时候就已经被采用了。他总是直接而亲密地诉诸人民，这一姿态打造了一种个人的领袖风范，就其影响力来说是空前的；一天的"炉边谈话"之后，经常能收到5万封听众来信。记录所有这些讲话的唱片，显示了罗斯福在演讲技巧上的变化，从老式的洪钟大吕式的风格，加上在前收音机时代学到的那种雄辩有力的停顿，到更低沉的音调，以及更柔软、更放松、更迷人的谈吐，这些更适合那些只闻其声、不见其人的听众。

无线电广播成了一种巨大的政治力量，这个事实，被轴心国的独裁者们、也被本国像库格林神父和休伊·朗这样的政治煽动家们以另一种方式所证明。它不仅能传达印刷品所不具备的精细而微妙的情绪，而且往往还在听者心中引起某种临界冲动，而这些冲动常常会把读者带回到怀疑或误解。它对集体想象有一种催眠作用，1938年10月30日晚上，即慕尼黑危机一个月后，年轻演员奥逊·威尔斯的一次广播节目为这种催眠效果提供了惊人的证据。这个广播剧以H. G. 韦尔斯的《世界大战》（The War of the Worlds）为基础，时不时地插播原本想让人放心的通知，大意是描写一场由火箭运载的火星人入侵地球，这些火星人装备着火焰投射器和热射线武器，接下来，他们蹂躏了新泽西的乡村，直至村民们被火星上的病菌所杀死。事情并没有因这个结局而终止，最后，100万听众变得心烦意乱，或者惊慌失措，在恐慌之中，很多人徒步或驾车弃家出逃。

奥逊·威尔斯播出的《世界大战》曾引发美国的恐慌

广告商并没有忽视无线电波的力量。尽管报纸广告再也没有重新回到1929年8亿美元的巅峰，但电台广告的销售却逐年上升，直至1941年，它成了一宗2亿美元的生意——其中超过三分之一的销售来自竞争对手——与报纸、杂志鼎足而三。电台广告不断发展，变得越来越吵闹，其特征有：唱歌广告，中间广告（被同行称之为"插播广告"），以及向答对了演播室通过打电话的方式提出的问题的听众"分发"奖品。不插播广告的非经营性节目似乎在逐渐衰落，广告客户要求把某些最好的公共服务节目转到不受欢迎的收听时段。

报纸媒体无力扼杀作为广告媒体的广播电台，于是一度试图阻止它获得世界新闻的正规来源。然而，1934年，所谓的《报业—电台协定》和"跨广播报刊局"（这家机构比那份协定寿命更长）的组建平息了这两个行业的长期不和。与此同时，报业迅速增加了它们对广播电台的所有权，有时候甚至在某个给定的社区垄断了所有的新闻渠道。在1935年一年的时间内，报业所拥有的电台的数量翻了一倍，到1940年，全国800个获得许可的广播电台当中，多达三分之一的电台以这样那样的方式与报纸建立了联系。集中也代表了全国性网络的特点，其娴熟的专业节目（主要源自纽约和好莱坞）被输送到全国各地的地方电台。三大连锁企业控制着这一领域：全国广播公司（NBC），1938年，其"红与蓝"网络通过拥有或加盟，控制了148家电台；哥伦比亚广播公司（CBS）控制着115家电台；以及相互广播公司（MBS，1934年创立的新来者）控制着83家电台。

尽管教育节目是例外而非常规，但其中某些节目还是赢得了全国范围的忠实听众，著名的教育节目有："芝加哥圆桌会议""学习的邀请""前进中的科学"以及"为您服务的艺术"，这些节目所呈现的知识，剥除了典型老式讲课方法卖弄学问的外壳。1935年，"空中城镇大会"开播，播出的是关于当前问题的激烈争论，试图让听众重新体验这一新英格兰历史上著名习俗的氛围。财富与贫穷、战争与和平等令人困惑的问题，刺激着公众的讨论，不仅在电波中，而且在其他环境中，包括在30年代传播到俄亥俄、密歇根、伊利诺伊、艾奥瓦等州各大城市的"市政厅"的概念。到1936年，美国教育委员声称，在全国350个定期播出、吸引了50万人参与的公众论坛当中，三分之二以上的论坛是大萧条爆发之后开播的。

娱乐中的时尚来来去去，此消彼长。在1936年的"奎兹教授"大获成功之后，像"知识乐园"和"聪明小孩"这样的问答节目像雨后春笋般破土而出。节目中这种未经预演的争论，反映了一种时尚，其特征类似于街头采访、猜谜游戏和业余爱好时间等节目，有很大的听众参与的成分。广播连续剧是人们普遍喜爱的节目，早期的连续剧《阿莫斯和安迪》的风靡一时生动说明了这一点，夏天的傍晚，当你漫步于任何一条市郊街道时，都能听到剧中扮演黑人的喜剧演员的声音，回荡在一个接一个街区；或者能听到大量的"肥皂剧"——这在30年代晚期成了白天时段的固定节目——在它们家长里短的浪漫情节中哀哭和大笑的间歇，顺便献上对肥皂片和洗衣粉的赞美之词。对青少年来说，这十年的英雄是1933年初次亮相的"孤胆骑警"——他是一个硬汉子，没有恐惧，没有恶行，他叫喊着"嗨，伙计，银色战马！"宣告他的到达，骑着这匹值得信赖的战马来纠正错误、救助弱者。到这一时期快要结束的时候，最出名的广播人物是一个名叫查理·麦卡锡的顽皮木偶，是口技演员爱德华·卑尔根的杰作。

音乐占去了超过一半的播出时段，其中高品质的音乐比从前更多。1930年，哥伦比亚公司开始在星期天播出纽约爱乐交响乐团的音乐会；次年，全国广播公司开播了它的周六下午系列广播，播放大都会歌剧院演出的大歌剧；1937年，它说服了世界著名指挥家阿尔图罗·托斯卡尼尼，与NBC自己的交响乐团合作，录制了一系列令人难忘的节目。据1939年的估计，超过1,000万个家庭收听了这样的音乐节目；这一年所做的一次民意调查显示，除了在农村和最低收入阶层，欣赏"古典"音乐的人在人数上超过了只想听"通俗"音乐的人。当1940年大都会歌剧公司在严重的财政困难当中求助于它那些看不见的听众的时候，他们捐献了30多万美元，以"拯救大都会"。

然而，家庭音乐欣赏见证着人们逐渐从演奏者变为听众的角色。当收音机甚至比留声机更加流行的时候，父辈的小提琴上已经落满了尘土，在一些富裕之家，钢琴常常是作为一件显赫的家具而被保留了下来。1939年，活页乐谱只销售了1,600万份，相比之下，流行音乐唱片却卖掉了4,500万张。收音机对音乐——无论是"现场的"，还是"录制的"——的入侵甚至更大，尽管也更难衡量，与此同时，在"好彩排行榜"及其他类似节目的疯狂利用下，一首流行歌曲的平均寿命越来越短。

收音机和留声机都促进了跳舞的继续流行，在爵士乐那强有力的（即便是难以定义的）节奏风格的醉人鼓舞下，跳舞曾风靡了整个

The Great Depression 美国大萧条

NBC在录制爵士乐

20年代。大约在1931年,当一首流行歌曲催促那些沮丧消沉的人"把你的烦恼藏在梦中,梦想着你的烦恼无影无踪"的时候,爵士乐那轰鸣式的虚张声势便暂时淡出了时尚,让位于像盖伊·隆巴尔多、韦恩·金和埃迪·达钦等人的"甜美"乐队那抚慰心灵的低吟浅唱。一位爵士乐新调式前卫乐手——小号手利昂·拜德贝克(绰号"毕克斯")——就在那一年去世,后来,多萝西·贝克在她那部优美的长篇小说《持小号的年轻人》(*Young Man with a Horn*, 1938),带着怀旧的情绪回忆起了这位爵士乐手。

1934年初,或许是作为经济复苏的先兆,爵士乐的精神获得了重生,这次复兴主要是通过华美的单簧管唱片和班尼·古德曼的伴舞乐队广播,班尼极好地诠释了欧洲鉴赏家们所谓的"热爵士"(le jazz hot)。它很快就获得了新的名字:摇摆乐。它是切分和层级节拍的一种更具动感的形式,一种强烈的、然而容易漂浮的"准时到达"节奏——在专家的手里,能够有丰富的即兴创作——摇摆乐保留了爵士乐的基本要素。1935—1936年间冬天,当"即兴曲"和"热乐俱乐部"在全国各地如雨后春笋般出现的时候,一位记者写道:"'摇摆'之于爵士,就像诗魂之于诗歌。"有一个深受人们喜爱的术语,不经意间流行起来了,这就是"布吉伍吉"(boogie-woogie),表示一种钢琴音乐,演奏者以持续滚动的左手程式,混合着右手随心所欲的即兴创意。

数百万年轻人的脚认可了这种新风格。那些热情的鉴赏者自称

为hep-cat（爵士乐迷），积极地投身其中者自称为jitterbug（爵士乐狂）。当他们"进入最佳状态"并"去城里"的时候，结果往往是更富有动感，而不是更优雅。1937年下半年，一种被称作"大苹果"的舞蹈风靡全国，它有点像古老的方块舞：处在地板中央的"呼唤者"一对对地召集人们"rise and shine"①。更流行的旋转有苏茜Q步、摇跃舞和特拉金舞，而在1938年，伦敦佬为群舞而引进的兰贝斯走步舞与一种被称作"林迪舞"的本地舞蹈相争宠。年轻人对跳舞的狂热，连同与之相伴随的暗语和这一时期临近结束时受到某些狂热分子影响的"德瑞普装"和"阻特装"等奇装异服，让长辈们困惑不解，常常达到了惊慌失措的程度。然而，大体上，对摇摆舞的狂热崇拜更多的是运动的，而非色情的，而且，缝纫上的极端有时候也结合了一些由大城市里某些贫困的青少年群体——尤其是黑人和墨西哥人——所设计出来的补偿机制（这个说法是从另一套行话里借

跳舞的年轻人

① 这是一句叫人起床的俗语。

第11章 新有闲阶级　233

The Great
Depression 美国大萧条

用过来的)。爵士乐狂的时代,是年轻人在战争的号角吹响之前的最后一次纵情放肆。

电影——在上一个十年是全国第四大产业——依然是最高的商业娱乐。这种"全说话、全唱歌"①的图画所带来的最初的刺激,尤其是听到那些在无声电影当中倾慕已久的明星们的声音所带来的喜悦,帮助把电影工业推向大萧条时期的第一波小小的高潮,尽管到1933年仲夏,就在经济复兴的潮流开始涌动之前,全国定期放映的电影院当中有大约三分之一关门大吉。到1939年,全国15,000家电影院的票房收入增长到了将近7亿美元,平均每个家庭每年25美元。1937年10月24日的《纽约时报》(New York Times)指出:"5年之前,投资百万美元的电影如此罕见,以至于行业性报纸竟然以胡言乱语的社论来宣告它们的出现。今天,它们只能在内页里占上寥寥数行。"

1929—1930年间,人们在几部平庸的电影中尝试了一下彩色印片法,但当时的处理工序还很粗糙,因此这被认为是一项令人扫兴的技术;但1932年,沃尔特·迪士尼在他的动画片《花与树》(Flowers and Trees)中成功地推出了新的三色法,这是他的《傻瓜交响曲》(Silly Symphonies)中的第一部彩色片,并在1933年的《三只小猪》(The Three Little Pigs)中大获成功,这部电影的主题曲《谁怕大灰狼》(Who's Afraid of the Big Bad Wolf)刚好适合让国家重整士气。迪士尼1926年从中西部地区来到好莱坞,两年后创造了"米老鼠",这个在无声电影中失败了的角色,却在有声电影《汽船威利》(Steamboat Willie, 1928)中走上了世界性主人公的道路。当三十年代快要结束的时候,据报告,米老鼠已经逐步让路于迪士尼后来所创造的另一个卡通形象:唐老鸭。

沃尔特·迪士尼

---

① 出自米高梅公司的广告词。

是不是因为唐老鸭那呱呱乱叫的恐慌比米老鼠厚脸皮的个人主义更接近于时代精神呢？这些"机器时代的童话故事"的作者，还在《白雪公主》（*Snow White and the Seven Dwarfs*，1938）和《幻想曲》（*Fantasia*，1940）中展示了他的多才多艺，前者是他第一部全长电影，由将近50万幅绘画依次拍摄而成，后者是一次大胆的尝试，试图把古典音乐与绘画艺术（常常还是抽象的）结合起来。

大多数电影的内容依然是为了逃避现实而设计的，多数反映了那些疲累或倦怠的成年人的品位，他们所寻求的是奢华和传奇、性和情感的世外桃源——对于年轻的电影迷来说，远不如迪士尼的世界那么有益健康，充满了不确定的社会效果。反讽还潜藏在这样一个事实中：好莱坞的这一产品越来越畅销世界，在全球市场上，它被看作是某种并非为专门表现普通美国人的生活而设计的东西。它的背景似乎并不仅仅是混入了枪战的激情（合法的或非法的），而且还致力于美化城市文明，视之高于小镇或乡村文明，美化财富而不是小康，美化来自有闲阶级、大企业或专业人员的主人公，而不是来自农业或劳工阶层的下里巴人。对生活的这种呈现，尽管跟戏剧比起来其夸张的程度并不更严重，但每天有数百万人看在眼里，这些事实，对于一个讲求社会责任的时代来说，似乎比对20年代来说更令人心烦意乱。因此，两场跟电影的公共责任有关的运动出现在30年代也就无足为奇了，其中一场运动寄望于道德，另一场运动则着眼于经济和社会教育。

大萧条初期，好莱坞显然忘记了这场危机，而是继续探究始于爵士时代的性主题，使之进入了这个妙语连珠、含沙射影的新媒体，并有诸如性感的梅·韦斯特和肉欲的吉恩·哈洛这样的天才为之增光添彩。这种对性的专注受到人们的普遍谴责，不是谴责似乎很喜欢这个题材的公众，而是谴责电影制片人——主要是犹太裔美国人。爱家的犹太人有着强大的家族团结和家庭忠诚，却违背了有着全世界最高离婚率的非犹太文明的公共道德规范，这一悖论并非没有它的辛辣之处。一位富有思想的犹太观察者写道："基督徒希望保

The Great
Depression 美国大萧条

威尔·海斯

护作为整体的社会，哪怕他本人违犯了这个社会的某些道德规范。犹太人却希望利用社会，尽管他本人践行克制。"

在一群天主教主教的领导下，"良风团"于1934年4月组建成立，目的就在于监管这些电影业的管理人员。道德说服密切配合信徒联合抵制的威胁和来自虔诚新教徒的支持。好莱坞的官方良心、电影制片人及发行人协会主席威尔·海斯迅速掸掉了1930年起草的一部生产法规上的灰尘，以抑制屏幕上对淫乱和犯罪的描绘，并任命爱尔兰裔天主教徒约瑟夫·I.布林担任它的警察。结果几乎是耸人听闻的，正在去年两次最大的成功——《侬本多情》(She Done Him Wrong)中的梅·韦斯特和《小妇人》(Little Women)中的凯瑟琳·赫本——之间摇摆不定的好莱坞，如今劲头十足地全力支持猪尾巴和姜饼，它们纷纷被召集到摄影棚，准备拍摄《卷心菜里的威格斯太太》(Mrs. Wiggs of the Cabbage Patch)、《绿山墙的安妮》(Anne of Green Gables)和《肢体残缺的女孩》(The Girl of the Limberlost)。就连韦斯特小姐的下一部作品——预先被广告为《并非无罪》(It Ain't No Sin)——也一本正经地显现为《九十年代的圣经》(The Belle of the Nineties)。打这以后，被良风团列入黑名单的影片配额下降到了一个很小的百分比，主要是外国电影和"性轮回影院"的盗版产品。好莱坞历史上最卓有成效的审查集团就这样无可否认地达到了它的目的。

第二场运动则不那么限于局部范围，它源于电影工业内外的某些圈子中的这样一种确信：电影不应该仅仅是一个安全出口。作为一种唤起民众情绪、灌输思想观念的工具，危机时期的电影负有如此巨大责任，以至于那些胆小的制片人似乎都不愿意尝试关于失业和大萧条的题材，或者是阶级和种族冲突、农业劳役偿债制度、青少年犯罪和刑狱等方面的主题。

跟大摄影棚比起来，独立制片人多半更加经常地感觉到了实验的动力，正如经验丰富的演员查理·卓别林所制作的那些影片中生动说明的那样。他的第一部带有音乐和声音效果的影片《城市之光》（*City Lights*，1931）简短地触及了对失业的讽刺，表现的是卓别林（一个饥肠辘辘的流浪汉）劝阻一位经纪人不要自杀，他拍打着自己瘦弱的胸膛，力劝那位大块头巨人振作起来。更直白的是《摩登时代》（*Modern Times*，1936），表现的是一幅机器时代严格统一化管理的图景，有阶级暴乱、监狱、胡佛村、加速及其他形式的剥削，直到最后，这个小人物发了疯，逃离了大规模生产的喧闹场所。继这部电影之后在意大利和德国遭禁的是《大独裁者》（*The Great Dictator*, 1940），这部影片攻击了那种更糟糕的统一管理。尽管在那样晚的时候，卓别林戏仿希特勒的天才在观众看来似乎已经不再那

卓别林的《城市之光》表现了大机器时代小人物的命运

第11章 新有闲阶级　237

么滑稽好笑了，但他通过最后一番热情洋溢的对个人自由、种族和宗教宽容的呼吁对此作了补救。

在主流制片人中，华纳兄弟开启了一些有争议的主题。他们的《逃亡》(*I Am a Fugitive from a Chain Gang*, 1932) 获得巨大的票房，导致了竞争对手们的跟风。1934年，《我们的生计》(*Our Daily Bread*) 涉及了自给农业，而《生活的模仿》(*Imitation of Life*) 则小心翼翼地触及了种族主义。次年，《黑色的愤怒》(*Black Fury*) 尝试着不带偏见地描写煤矿工人大罢工，1936年出品了《愤怒》(*Fury*) 和《咱们百万众生》(*Millions of Us*)，前者表现的是私刑的严酷景象，有一个令人感伤的结尾，后者是好莱坞的一部匿名产品，表现的是失业和组织工会的主题。次年标志着好莱坞社会意识的最高点，其生产的影片有：《永志不忘》(*They Won't Forget*)，涉及民众的仇恨和暴民；《黑色军团》(*Black Legion*)，讲的是中西部地区的种族恐怖主义；《白人的奴役》(*White Bondage*)，描写了谷租佃农的生存奋斗；《为明天开路》(*Make Way for Tomorrow*)，表现缺乏社会保障的老年人的悲剧；《死角》(*Dead End*)，描写了犯罪滋生地的贫民窟，这个主题很快就在《街头少年》(*Boys of the Street*) 中得到了更好的处理；以及《左拉传》(*The Life of Emile Zola*)，刻画了这位追求社会正义的作家。30年代中期的保留剧目当中，经常描写贫困和失业奇迹般地被幸运（主要体现为一位行为古怪的慈善家）所解决——像《又一春》(*One More Spring*)、《小伙计，现在咋样？》(*Little Man, What Now?*)、《我的高德弗里》(*My Man Godfrey*) 和《迪兹先生进城》(*Mr. Deeds Goes to Town*)。

国际进口的政治主题并不缺，尽管好莱坞把辛克莱·刘易斯的那部反法西斯主义长篇小说《此事不会发生在这里》(*It Can't Happen Here*) 束之高阁，认为它在外国市场太过火热，很难处理。1934年，一部题为《总统不见了》(*The President Vanishes*) 的电影揭露了银行家和军需品制造商（眼下正处在奈委员会的监督之下）所策划的一场旨在发动第二次世界冲突的阴谋，他们被总统挫败了。然而，就在同一年，好莱坞开始为下一场战争做准备，拍摄了《一个纳粹密探的自白》(Confessions of a Nazi Spy)和《间谍》(Espionage Agent)，以及一系列爱国主义短片，像《自由之子》(Sons of Liberty)、《记住阿拉莫》(Remember the Alamo)和《特迪·罗斯福》(Teddy Roosevelt)。打那以后，取材于美国历史的战争影片和主题便泛滥成灾，与此同时，一个新型的新闻纪录片系列《时代在前进》(The March of Time，1935年由《时代》杂志的编辑们开始创作)在《我们守护的堡垒》(The Ramparts We Watch)一片中勾起了人们对第一次世界大战的鲜活记忆。

  有些影片主要是为了娱乐而拍摄的，在技术完美和内容成熟上所达到的水准，高于20年代最好的电影。出现在电影中的品质标记，就像弗雷德·阿斯泰尔和金杰·罗杰斯的歌舞喜剧一样五花八门：维克托·麦克拉格伦领衔主演的《告密者》(The Informer，1935)是一部表现爱尔兰革命的悲剧；《多兹沃思》(Dodsworth，1936)以沃尔特·休斯顿领衔；《大地》(The Good Earth，1937)是路易丝·雷纳对中国母性的刻画；《妮诺契卡》(Ninotchka，1939)是对苏联的辛辣讽刺；《费城故事》(The Philadelphia Story，1940)是菲利普·巴里创作的一部社会悲剧；《公民凯恩》(Citizen Kane)讲的是一个被自己腐蚀性的自我给毁掉的报业大亨的故事，奥逊·威尔斯集编剧、主演和导演于一身。

  院线商为了让电影看上去成为一种既实惠又能获赠的机会，采取了各种手段。首先是"双片联映"，在1931年之前，除了节俭的新英格兰地区偶尔这么做，其他地区对这种创新都是相当陌生的。当时，好莱坞给连锁影院和地方经理人施加压力，迫使他们接受买片花——亦即，把一定配额的二流电影与优秀电影捆绑销售，使得每年的总额比实际需求更大。放映方勉强同意了，希望有更多的娱乐——或者至少是更多消磨时间的东西——能够吸引萎靡不振的消费者，不到一年的时间，双片联映被五分之一"生意较好"的客户和大批不那么兴隆的客户所采用。购买片花和双片联映的总体影响是危害质量，导致经常光顾电影院的年轻观众宁愿看两部电影，而不是一部电影，不管它的质量多么好。1940年的一次盖洛普民意调查显示，将近五分之三的人不喜欢双片联映，但年轻人和穷人当中表示赞成的占绝大多数。这次民调还显示，每个星期都看电影的人有5,400万——远远低于长期以来电影工业自己所声称的数字。就在同一年，一些独立放映商和他们的盟友向联邦法院提起了一项公平诉讼，状告8家主要的电影公司，指控买片花是贸易限制，这宗讼案在司法部的帮助下最终达成了妥协。在一场不大不小的反托拉斯胜利中，捆绑销售被限制为5部影片一批，而不是此前常见的50部电影一批。

第二个旨在纵容平庸电影的新措施是"堤岸之夜"（Bank Night），有时候也被称作"繁荣之夜"或"电影抽奖"。这是1933年从科罗拉多州的小城德尔塔开始的，不到5年的时间便蔓延到了全国至少一半电影院。幸运的观众可以赢得一辆汽车或者几百美元的累积奖金，而他所付出的代价，只不过是区区两张电影票，第一张票获得抽奖号码，第二张票是进入抽奖夜场的门票。其他类似的设计还包括电影院在"screeno"（电影院宾戈）游戏活动中提供丰厚的赠品，这是一种简单的赌博游戏的电影院版本，自1935年以来，有数百万人玩过这种游戏，其名字也是五花八门："宾戈"（bingo）、"宾诺"（beano）或"基诺"（keno）之类。每个玩家都会得到一块木板，上面排满了随机编号的小方块；当数字被抽取并被报出的时候，玩家便把豆子或其他标记物放入相应数字的小方块里，直至第一个玩家填满一条直线的时候，便大喊一声"宾戈！"然后将赌金悉数收入囊中。

当时，这种游戏被用作为教堂、兄弟会和地方慈善机构筹款的方法，而"游戏场所"则通过向每一位玩家收取报名费来获利。天主教教士——只有当输赢概率明显不公平，或者游戏诱使玩家为他并不能赢的结果而冒险的时候，他们才不赞成赌博——给了宾戈游戏以令人敬畏的祝福，视之为教区的摇钱树。新教牧师是清教良心的守护者（其教义认为把上帝的意志应用于机会渺茫的事情是有罪的），他们则抱持更严厉的观点，并继续坚信他们的捐款盘。

然而，时代的精神青睐于赌博。或许是为了抵抗大萧条所带来的长期匮乏，很多人都争相抢夺幸运之杯，然后匆匆忙忙地一饮而尽，或者把它泼掉。随着全国禁酒令的废除，数千家新近开张的酒馆和旅店安装了赌博机、弹球游戏机和抽彩盘，与此同时，游乐场、俱乐部和会所也如法炮制。几杯小酒下肚之后，百无聊赖的顾客便会去挑战"独臂大盗"赌博机，一台设备接一台设备玩个通宵达旦，很少在乎输赢，因为每一次冒险金额都很小。镍币是这些机器的标准食物。时不时地，玩家会高中头彩，机器便稀里哗啦吐出瀑布似的硬币，尽管机会总是严重偏向于"庄家"。据估算，在20世纪30年代晚期，这样的装置每年要吞掉5亿—7.5亿美元。

赌赛马彩金在20年代末只在6个州是合法的，到30年代晚期已经蔓延到了21个州，增加收入的急迫感战胜了道德上的审慎。哈勒姆区积重难返的恶习便是"数字"赌博，其运作方式是基于报纸上定期公布的任何一组数字每天抽奖：票据交换所的统计数据，产品销售

赌博机（路易斯安那，1938）

额，以及（最受参赌者喜爱的）赛马彩金总额。这种赌博纠结着敲诈勒索——有时候还跟暗害和凶杀沾点边——逐渐榨干了千百万贫困家庭的现金，每年卷入的赌注高达3亿美元。

30年代算不上一掷千金、疯狂豪赌的年头，它没有产生"钻石吉姆"布雷迪、杰伊·古尔德或"迪克"坎菲尔德这样的人物，但它却是小打小闹格外丰富的年头，这些年时兴的是温和，而且常常裹着糖衣的赌博，其后果只有在总体上看才令人印象深刻。1938年11月所做的一次盖洛普民意调查显示，在股票市场之外，全国超过半数成年人承认，在过去一年里自己曾沉迷于某种形式的赌博。将近三分之一的人光顾过教堂的抽奖，四分之一的人玩过抽彩盘，类似数量的人玩过赌博机，五分之一的人玩过赌钱的扑克牌，而比例略少的人爱上了"数字赌博"。

一位富于想象力的新闻记者曾斗胆提出：救济、社会保障法和证券交易委员会为美国人的生活提供了如此坚实有力的支持，以至于在宾戈和弹球戏上投点小赌注，大抵是给男人的冒险天性留下的唯一出口了。无论如何，至少可以承认，赌博，像这十年里的其他室内和户外消遣一样，也倾向于个人参与的更低成本，并放宽了其追随者的基础。在运动和娱乐中，正如在美国生活的其他方面一样，地位的标志和特权的印记都明显越来越暗淡了。

第12章 阅读、写作与革命

The Great
Depression 美国大萧条

    在大萧条即将到来的时候，20个成年人当中大约有19个人是报纸的读者，四分之三的人读杂志，二分之一的人读书。经济危机只给报摊和杂志书架的主顾造成了较小的伤害——光顾这些地方的花费总是很小——但它带给图书界的却是一次严重的打击，与此同时，正迅速发展的公共图书馆也处在一个经费捉襟见肘的艰难时期。

    无所事事的百万民众突然发现，公共图书馆简直就是穷人的俱乐部，是一个可以随便翻阅、打盹瞌睡的温暖而安静的地方。1933年，美国图书馆协会估计，自1929年以来新增的借书人大约在200到300万之间，而总的图书流通增长了将近50%。顾客偶尔会对图书管理员说："要不是因为有图书馆，我没准早就疯掉了，或者自杀了。"起初，小说是最大的受益者，西部小说和轻松杂志的大量读者都逐渐成长，慢慢转向了技术和知性主题的书籍。然而不幸的是，就在这个发展机会最大的节骨眼上，图书馆当局却在贫困的重负下呻吟。在60个大城市中，购书经费从1931年的一年两三百万美元，缩减到了1933年的不足100万美元。在举办世博会的那一年，芝加哥极力把它最好的一面呈现给世界，而芝加哥图书馆却面临着连续三个季度根本没钱买书。无力替换破损的旧书，无力改善糟糕的服务，以及缩短了的借阅时间，是最常见的障碍，直至大萧条时期中间的那些年，正在复兴的国家经济才让图书馆恢复了过去的标准，长期以来，正是这样的标准使得美国的公共图书馆保持着世界前列的水准。

    1931—1935年间，报纸在小城市、集镇和乡村社区遭受了某种

纽约公共图书馆的阅览室

程度上的流通损害；但大都会的报刊繁荣从未受过什么严重的影响，而且总的来看，人们的阅读习惯延续了过去的趋势，正是这种趋势，使得1920—1940年间报纸的日发行量从2,700万份增长到了4,100万份。本世纪不断延长的另一个主要趋势——兼并与破产——使得报刊的数量持续减少，同时不断壮大那些幸存下来的"适者"。到40年代，只有大约120个城市拥有一家以上的报纸经营部门，1930—1941年间的净倒闭率高达48%。周报虽有小城镇和农业社群的传统支持，却也有所下降，总数从1930年的12,600份减少到了1941年的10,800份。

与此同时，报业连锁的分支机构继续无情地巩固权力，它们在通讯社、专题报刊集团、周日杂志增刊和最佳新闻纸供应方面享有相当大的垄断地位。过去十年，连锁报业的规模一直保持在大约60家，控制着逾300家的报纸。1941年，自由主义百万富翁马歇尔·菲尔

The Great
Depression 美国大萧条

街头报摊

德三世创办了《芝加哥太阳报》(*Chicago Sun*),它的发行,在这家独立报纸与本地区的报业巨头、"上校"罗伯特·R.麦考密克的《芝加哥论坛报》之间激起了一场激烈的竞争。有人坚持认为,集中经营促进了经营者提高产品质量;而另一些人则从这些统治着宣传和通讯领域的巨无霸身上看到了危险。

小报适合上下班乘客的活动空间和"地铁精神"的哲学,价格也适合萧条时期的精打细算,在不到6年的时间里从1930年的12种发展到有35种日报和一种周日刊可供选择。1935年对纽约市年轻人所做的一项调查显示,三分之二的人阅读小报,同时将近五分之一的人不读其他种类的报纸。内容容易吸收理解,以及吸引眼球——凭借醒目的标题、大号字和漫画——构成了小报的特征,此外这些小报还毫不脸红地利用涉及情欲和暴力的新闻内容以及色情图片来吸引读者。最主要的例外是1940年6月创刊的曼哈顿的《下午》(*PM*),这是一份自由主义的小报,早年曾杜绝广告,而用耸人听闻的办法激起人们对政治和社会改革的兴趣。

视觉化思维和（按照某些人的说法）公众心智不成熟的明显证据，就潜藏在这样一个事实当中：报纸给予漫画和图片的版面在1930—1940年间翻了一倍。前者在如今看来似乎是用词不当，因为，在这十年结束时，每周传播的15亿份连环漫画漫画当中，很大比例的漫画称不上是幽默作品，只是没完没了地讲述了一些冒险故事，比如《人猿泰山》(Tarzan)、《特丽和海盗》(Terry and the Pirates)、《超人》(Superman)和《孤女安妮》(Little Orphan Annie)之类。其需求是如此之大，以至于在40年代初期，除了报刊上的长篇连载之外，报摊每个月还要卖掉1,800万册连环漫画书，据估计其中有一半是卖给了成人。

对摄影的日益重视导致了技术的进步，尤其是通过电话线和无线电传输图片的技术，1937年又有了彩色传真。在第二次世界大战的前夕，这些技术发展已经传播到了全世界的广大地区。一项更加重大的技术进步——它不仅影响到了新闻出版和广播电台，而且还影响了经纪人事务所、需要持续报告天气的航空公司及其他行业——是电传打字机，1930年，美国电报电话集团购买了这项技术，打那以后便被广泛采用。

加盟专题报刊的公共事务专栏作家，从之前的尚不为人知，到1940年已经在大都市的报纸版面上平均占据两个半专栏，到了第二次世界大战前夕，军事专家也加入了进来。这些"早餐桌上的霸王"①试图把越来越复杂的新闻事件分析清楚，为读者捅破未来晦暗不清的重重谜团。发表了将近200篇文章、大约有1,000万读者的沃尔特·李普曼，对美国人的日常思考所发挥的影响力，比早年的霍勒斯·克里利或亨利·沃特森还要大。另外一些人则极力迎合所有阴暗的观点、赢取竞争公众的关注——他们当中包括：多萝西·汤普森，一个积极热心的女性主义者，发动了一场针对希特勒的个人战争；埃莉诺·罗斯福，一个多嘴多舌的观察者和弱势群体的朋友；政治上

---

① 语出美国医生兼专栏作家奥利弗·温德尔·霍姆斯的同名文集。

大彻大悟的弗兰克·肯特；进步主义者雷蒙德·克拉珀；同情左派的海伍德·布龙；稳重老派的马克·沙利文；以及总是怒气不息的韦斯特布鲁克·佩格勒。他们不可估量的影响一直被明智地利用，这一点没有多少争议，但从公众的立场看，至少数量上还有一定的安全保障。

美国人对当时问题的普遍看法，本身就反映在集体意见民意调查这面镜子中，并以报纸和几家杂志的主办者所公布的专栏报告的形式，反射到公众的身上。30年代中期，艾奥瓦州一个名叫乔治·盖洛普的年轻人和经验丰富的营销顾问埃尔莫·罗珀对民意测验和《文学文摘》(Literary Digest)杂志民意调查老式的随机方法进行了改进，学会了通过代表性样本来比较准确地预测选举结果，同时也用这种方法来评估公众对当前问题的看法，如今，政治家们越来越重视听取公众的意见。对民主政府的信徒来说，平衡、明智甚至有远见的大众思维从一团混乱的证据中浮现出的图景还是令人满意的。

为了补充他们的日报，多半也是对不充分报道的无声批评，越来越多的人转向每周新闻摘编，尤其是《时代》(在度过20年代的婴儿期之后迅速成长为巨人)、《新闻周刊》(Newsweek)和《今日》(Today)，后两种杂志都创刊于1933年，并于4年之后合并，使用前者的刊名。所有这些杂志都允诺要讲述新闻背后的新闻，它们清新活泼的风格和故意装出来的鲁莽无礼，对其他期刊的表达方式产生了相当大的影响。亨利·卢斯因为他在《时代》杂志的成功而勇气倍增，于是分别在1930年和1936年先后创办了《财富》和《生活》这两份杂志，二者都像它们的长兄一样，主要发表无名作者（而且通常是集体作者）的文章——有

亨利·卢斯

点集体主义的意思，明显不会让它们保守的业主感到为难。《财富》杂志旨在"赋予商业以文学"，以10美元的订阅价瞄准了那些有钱的客户。表面上看来，其摇篮期的命运似乎糟糕透顶，然而自30年代初期开始，它便稳步走向繁荣。《生活》杂志的名字是从早年的一份大型幽默杂志那里花钱买来的，作为图画周刊的先驱者中了大彩，在它创刊的头两年里便启发了《展望》（Look）杂志及另外十多种效颦者，这些杂志加在一起总的发行量据说达到了1,600万份。

诸如此类的期刊，不仅吸引了越来越习惯于视觉思维的读者，而且更是专门迎合了30年代的抓拍相机热。莱卡和其他小型相机及其零部件的进口（主要来自德国），在1928—1936这几个收成不佳的年头里增长了5倍，与此同时，国内的生意从1935—1937年翻了一倍多，《美国照相机年鉴》（U. S. Camera）跻身于畅销书的行列。有人用抓拍相机拍下普林斯顿大学的学生被迫上教堂做礼拜的情形，学生们姿态各异：无精打采的、倒头大睡的、看报纸的，以及诸如此类，这幅照片促使学校董事会废除了这一折磨人的老规矩。抓拍的时尚，在玛格丽特·伯克—怀特、多萝西娅·兰格、沃克·埃文斯及其他一些摄影艺术家的手里，服务于一些更为感人的目的，他们以无可争辩的真实和讽刺的寓意，记录了南方谷租佃农生活、尘土盆地的大迁徙、廉价客栈的无业游民，以及等待领救济的队伍。间接地，这样的技术也对"社会报道"类的图书发挥了强有力的影响，比如埃德蒙·威尔逊的《美国的紧张》（The American Jitters，1932）、詹姆斯·罗蒂的《生活更好的地方》（Where Life Is Better，1936）、内森·阿什的《大路》（The Road，1936）、《如今让我们来歌颂那些

记录社会现实成了大萧条时代很多摄影记者的一种道德自觉（图为摄影家玛格丽特·伯克—怀特）

第12章 阅读、写作与革命　249

著名的人物》(Let Us Now Praise Famous Men)中詹姆斯·艾吉的配图文字,以及约翰·多斯·帕索斯的长篇小说中那些更有才气的"照相机之眼"对文字内容的再现。

在大萧条的打击下,杂志总体上保持了稳定,发行量还略微有所增长,周刊比月刊更有优势。不断萎缩的图书销售,结合了让杂志获益的新的闲暇。刊载纪实文章和爱情故事的杂志是逃避现实的精神鸦片,在1935年的总发行量比1921年几乎多出了三分之一;但另一种假想的安慰剂——幽默杂志——却没能重整旗鼓,到1935年,其发行量只有大萧条之前的一半多一点。除了《吹牛大王》(Ballyhoo)暂时的成功之外,"笑解"这场危机没能满足人们的需要。宗教杂志仍然式微,但通俗科学和机械方面的杂志却坚持了下来。自由主义的和激进的杂志在1931年创下了新高,但在接下来的一年里,损失了将近一半的发行量,1934年达到最低点,不过自1935年以后又开始小幅度攀升。

女性期刊——它们的1,200万订户到艰难时期也并未大减——继续供应着浪漫传奇和多愁善感,只对不断高涨的经济和政治争论做出了很小的一点让步。第一份专门为男人办的杂志《时尚先生》(Esquire)创刊于1933年。一份更晚一些的新杂志叫作《斯克里布纳评论》(Scribner's Commentator),不久便带上了纳粹宣传的味道,与此同时,一份曾经声誉很好的老牌杂志《活时代》(Living Age)则落入了日本代理人的掌控之中。在极权主义路障的另一边,《新大众》(New Masses,1933年曾暂停过一阵子)继续唯莫斯科的马首是瞻。

在艺术和文学的前卫杂志当中,《过渡》(Transition)——最有名的"小杂志"——作为巴黎的美国流亡者的宠儿,一直存活到了1938年,而1933—1934年间在纽约创刊的《党派评论》(Partisan Review),在3年之后抛弃它严格刻板的斯大林主义,再度亮相,成为一些新潮的唯美主义者们——像威廉·卡洛斯·威廉斯、E. E. 卡明斯、肯尼思·帕琴和卡尔·J. 夏皮罗之流——最喜爱的论坛。休伊·朗在路易斯安那州的统治所结下的一颗奇异果,便是对《南方评论》(Southern Review)的资助，这是一份知识分子色彩很浓的批评季刊，1935—1942年在路易斯安那州立大学出版。

《读者文摘》是一份口袋大小的月刊，大萧条刚开始的时候有25万订户，而到这一时期结束的时候，其发行量接近七八百万份，包括外语版和盲文版。这是有史以来发行量最大的一份杂志。它的成功，部分源自于大萧条——当时，很多家庭没有能力订阅几份不同用途的杂志，就只好订阅这份多用途合一的杂志——部分源于它的提炼（或者至少是浓缩）其他出版物的精华的做法。它的食谱包罗广泛，从探求一线希望（或更大希望）的文章，到瘸子和盲人所讲述的快乐生活的故事，混合了关于聪明小狗和花鼠的奇闻趣事，以及一本正经的下流笑话，比如你可以在牧师协会散伙之后听到的那种。在30年代后期，编辑们开始越来越多地发表原创作品，并在别的杂志上"培植"作品，为的是能够精选它们；它也开始以《新书精华》(Omnibook)杂志曾推广过的那种方式压缩长篇小说和非虚构作品。

在出版领域，书籍贸易遭受了最严重的打击，新书的总产量从1929年的将近2.5亿册，下降到了1933年的1亿多册，之后才逐渐恢复。重印畅销书就是印美元，它始于四分之一个世纪之前，在"星丛书"和"蓝绶带丛书"中聚集起了强劲的势头，药店和雪茄店所销售的书差不多可以跟书店的销售相媲美。为了激活一个更大的潜在市场，"蓝绶带丛书"的前出版人罗伯特·F.德·格拉夫在1939年推出了"袖珍丛书"，以方便携带的小尺寸和25美分的低价格，提供古典名著和从前畅销书的全文。它们在报亭、药店、火车和渡船上销售，读者可以漫不经心地购买、阅读、交换或丢弃，它们非常适合旅馆房间和40年代初期军

阅读是一种习惯

营生活的流动性，在1941年卖掉了大约1,000万册，次年的销售成绩是这个数字的两倍。

图书品种更少、发行量更大的趋势始于上一个十年，在整个30年代一直保持了这一趋势，同时图书俱乐部的也持续发展壮大。"每月一书俱乐部"所选择的图书，把有畅销潜力的书跟偶然的成功结合了起来，其鉴定人要有支持它的实验勇气。它的竞争对手"文学公会"越来越倾向于四平八稳的历史传奇。在30年代晚期，这两个图书俱乐部的订户都接近100万。紧随其后涌现出了一些专门的图书俱乐部，面向儿童、科学与神话爱好者、马克思主义者和天主教徒，40年代初，西尔斯—罗巴克公司发起成立了"百姓图书俱乐部"，把有可能畅销的新书交给家庭主妇、农民、白领工人及其他普通市民所组成的评审团去选择。

美国人显然希望有人帮他们做出阅读的选择，要么是文摘杂志，要么就是图书俱乐部。理由可能是：忙碌的生活，对自己判断力的不信任，或者仅仅是想在某个特定的时间阅读人人都在读的东西。就算这一习惯排斥了很多不同寻常而又很有价值的书，但它毫无疑问加快了某些好书的流通，极大地拓宽了购买群体的范围。

书本身又如何呢？事实证明，20世纪30年代对于诗歌、戏剧、哲学和宗教来说是贫瘠的年头；对长篇小说来说是参差不齐的年头，不管是浪漫多情的小说，还是冷酷无情的小说；对批评来说是活跃的年头；对历史和自传、科学和医学来说是极好的年头；而且，从过去记录的基线来看，对经济学和社会学来说是最好的年头，其品种数量在1929—1939年之间将近翻了一倍。这些转变，反映了读者和作者当中某些正在改变的姿态。30年代初期，银行的崩溃和美元的贬值把大批移居国外的人带回了美国（身体上和精神上），他们发现自己很像瑞普·凡·温克尔[①]。缅街被WPA重新铺过了，还修建了市立高尔夫球场，建起了一所更好的中学；巴比特不再在午餐的时候大言不惭地夸夸其谈了——他的房地产生意跌入了地狱；埃尔默·甘特里

---

① 华盛顿·欧文的同名小说中的主人公。

发现，经济复兴的买卖毫无新意，而且无利可图；多兹沃思不再惦记着莱茵河畔的城堡和那些怂恿他进宫谒见的女人；那个"认识柯立芝"的男人已经差不多忘掉了这件离奇的事。劲头十足的社会工作者安·维克丝如今占据了辛克莱·刘易斯的聚光灯，与此同时，幕后隐隐出现了一位正在为可能"发生在这里"的法西斯主义而排练的政治煽动家①。"圣经地带"作为一个原教旨主义的避难所似乎并不那么荒谬可笑，而作为一个充斥着种族偏见、学校和医院条件简陋、租佃耕作盛行和资源浪费严重的瘟疫区，则更富有挑战性。1933年12月在约翰·M.伍尔西法官取消了对詹姆斯·乔伊斯的《尤利西斯》(*Ulysses*)的审查限制并为更直白的印刷文字打开了通路之后，就连波士顿的"时刻戒备协会"或曼哈顿的"压制邪恶协会"看上去也不再那么可怕了。总而言之，文人们发现，本世纪初年的揭发者与20年代的揭发者比起来，前者跟自己的关系更密切一些，而后者的行为心理学往往让人回到他的动物起源，并嘲笑其结局的必然失败。

一些年轻的作者，过去曾仿效H. L.门肯对大众的轻蔑，如今都怀着濯足节的忏悔之意，濯洗他们的双脚，给压迫所带来的瘀伤敷药。罗伯特·弗罗斯特所命名的"比你更温柔"学派被召集起来了，大量肤浅的、有点屈尊俯就的图书致力于表现"小人物"的生活——穷困潦倒的倒霉蛋、无家可归的流浪汉一直存在，爵士时代傲慢地

辛克莱·刘易斯

---

① 这一段中提到的几个人物，均为辛克莱·刘易斯长篇小说中的主人公，而且小说的标题均与主人公同名。

忽视了他们。另一些人则被现实经验摆布，热诚有余，变通不足，无视文学技巧的基本原则；他们缺乏的学校教育成了出版商推广新书的噱头。

说到无产阶级的精神食粮，更好的例子有罗伯特·坎特韦尔的《丰饶的土地》(Land of Plenty, 1934)、利恩·朱格史密斯的《难忘时光》(A Time to Remember, 1936)和托马斯·贝尔那部描写布朗克斯区的温柔爱情故事的《所有新娘都漂亮》(All Brides Are Beautiful, 1936)。厄斯金·考德威尔写过一些生动逼真、常常也是粗俗下流的南方贫穷白人的纪事，而理查德·赖特（像那么多有才能的年轻黑人一样，他无疑也是个左翼分子）在《土生子》(Native Son, 1940)中给我们讲述了一个关于种族紧张的强有力的暴力故事。就这一总体风格而言，最感人的作品是詹姆斯·T.法雷尔描写南部芝加哥的三部曲：《少年朗尼根》(Young Lonigan, 1932)、《斯塔兹·朗尼根的青年时代》(The Young Manhood of Studs Lonigan, 1934)和《审判日》(Judgment Day, 1937)，这是一个年轻人在残酷的环境中和大萧条所带来的失业的压力下逐步堕落的周期。法雷尔的现实主义阴森而单调，他没有达到约翰·多斯·帕索斯描写大企业发展成熟、战后繁荣和泡沫破裂的三部曲——《北纬42°》(The 42nd Parallel, 1930)、《1919年》(Nineteen Nineteen, 1932)和《赚大钱》(The Big Money, 1936)，不久之后以《美国》(U.S.A., 1937)为题合集出版——中所展现的那种口语才华和文字技巧。作为一个30年代中期的马克思主义者，多斯·帕索斯在大战日益临近时出版的《我们的立场》(The Ground We Stand On, 1940)中显示出他越来越信赖杰斐逊的自由主义。

大萧条初期有组织的激进主义聚集在约翰·里德俱乐部的周围，该俱乐部以美国共产主义者的英雄的名字命名，在很多大城市里生根发芽，维持了半打地方杂志，吸引了那些穷困潦倒、垂头丧气的作家。1935年，根据来自莫斯科的命令，这些俱乐部被解散了，因为有党派特征太明显，这些俱乐部几乎完好无损地把它们的成员悉数交给了"美国作家联盟",使它增加了相当份额的专业作家和自由主义的"同路人"。在30年代后期,这个组织在纽约市举办了4次作家代表大会,起草了一些激动人心的决议和宣言,在为西班牙保皇党人工作的过程中变得越来越强大,接下来,在1939年,该组织便土崩瓦解了。

欧内斯特·海明威

在整个虚构文学领域,最重要的小说家是欧内斯特·海明威,在大萧条时代,他以《永别了,武器》(*A Farewell to Arms*,1929)开始,以《丧钟为谁而鸣》(*For Whom the Bell Tolls*,1940)结束,前者讲的是一个处在战争和死亡阴影下的深刻感人的爱情故事,后者在主题上有些类似,但背景是一场新的斗争:西班牙内战期间,这位美国自由撰稿人参与了这场战争。海明威的惜墨如金、断断续续的对话,以及他专门描写性格外向的男人的写作风格,深刻地影响了这一代人,他的强硬都市学派的弟子们甚至比师傅更加顽强。值得注意的作品有:约翰·奥哈拉描写乡村俱乐部场景的带有讽刺和肉欲色彩的长篇小说《萨马拉的约会》(*Appointment in Samarra*,1934),詹姆斯·M.凯恩那部描写通奸、犯罪和惩罚的残忍的中篇小说《邮差总按两次铃》(*The Postman Always Rings Twice*,1934),以及杰罗姆·韦德曼关于一个做外衣生意的"自作聪明的家伙"的故事《我能为你搞到大批的货》(*I Can Get It for You Wholesale*,1937)。相比之下,来自加利福尼亚州萨利纳斯河谷空地的约翰·B.斯坦贝克看上去简单、浪漫、几乎是多愁善感,即便是在像《人鼠之间》(*Of Mice and Men*)这样的情节剧当中(这部小说塑造了两个被命运的陷阱所捕获的农场雇工),或者在他既没带着仇恨也不以说教处理一些无产阶级主题的时候,比如他那部描写罢工的长篇小说《胜负未决

The Great
Depression 美国大萧条

托马斯·沃尔夫

的战斗》(*In Dubious Battle*, 1936), 以及他三年之后出版的关于流动农业工人大逃亡故事的《愤怒的葡萄》。凯恩和奥哈拉不带同情地提供了恐怖的宣泄, 与此同时, 同情却是斯坦贝克小说中最好的成分。

托马斯·沃尔夫笔下描绘了大萧条的令人难忘的图景：为了取暖而在市政厅厕所里挤作一团的曼哈顿穷人, 廉价公寓里的外籍居民, 出没于地铁和通宵流动咖啡摊的那些衣衫褴褛、孤苦伶仃的人。无论是在大都市的中心或北卡罗来纳州的高地, 还是在中欧, 沃尔夫都一直对正在走向纳粹的深渊感到不寒而栗, 他对经验的喜好丰富地展现在他的一些长篇小说中, 比如《时间与河流》(*Of Time and the River*, 1935) 和《你不能再回家》(*You Can't Go Home Again*, 此书在他1938年早逝的两年之后出版), 象征了美国人迷失在困惑、光荣、挫败和对生命本身的死亡预感之中。

沃尔夫把自己很早就获得人们的认可归功于辛克莱·刘易斯的赏识, 后者在1930年接受美国作家所获得的第一个诺贝尔文学奖时所发表的演说中赞扬了沃尔夫。30年代又有两位本土作家获得了诺贝尔奖——1936年的颁给了戏剧家尤金·奥尼尔, 他除了一部按照希腊模式创作的新英格兰悲剧《悲悼》三部曲(*Mourning Becomes Electra*, 1931) 和一部描写年轻人的轻喜剧《啊！荒野》(*Ah! Wilderness*, 1933) 之外, 很快就陷入了一段贫瘠的时期；1938年的诺贝尔奖颁给了赛珍珠, 她的长篇小说《大地》(*The Good Earth*, 1931) 讲述了一个中国家庭奋力抗争洪水、干旱和经济剥削的故事, 这在大萧条时代颇能吸引眼球。

赢得过相当可观的短暂喝彩的作品当中, 有赫维·艾伦的《安东尼·亚德维斯》(*Anthony Adverse*, 1933), 一个很长的虚张声势的故事，比金子更闪闪发光，而玛格丽特·米切尔的《飘》甚至更长，同样反映了大萧条时期人们对便宜的大部头书的热情。美国的历史传奇，由沃尔特·D. 埃德蒙兹和肯尼思·罗伯茨这样一些熟练老手塑造成型，前者的《铁血金戈》(Drums along the Mohawk, 1936)和《查德·哈娜》(Chad Hanna, 1940)，以及后者的《西北通道》(Northwest Passage, 1937)和《奥利弗·威斯维尔》(Oliver Wiswell, 1940)，使历史传奇进一步流行开来。

诗歌更甚于从前，为了国家历史的盛典、论坛、甚至是临时演讲台，而抛弃了她的象牙塔。1939年，自朗费罗之后第一次，一首长篇叙事诗杀进了畅销书的榜单，这就是斯蒂芬·文森特·贝尼特那首令人兴奋的内战史诗《约翰·布朗的遗体》(John Brown's Body)；7年后，在《独裁政府的祷文》(Litany for Dictatorships)一诗中，贝尼特表达了他的同胞们对那些忙于折磨自由的精神、扼杀人民中的神圣火花的虐待狂者的反感。埃德娜·St.文森特·米莱曾经是热情似火的年轻人心目中的桂冠诗人，从《致命的会晤》(Fatal Interview, 1931)那样纯粹的诗歌沉思转向了《午夜谈话》(Conversation at Midnight, 1937)中的一本正经地谈论社会和政治问题。阿奇博尔德·麦克利什不再冥想"做个美国人是一件奇特的事"，开始写诗剧和广播剧，像描写华尔街崩盘和失业大军的《恐慌》(Panic, 1935)，以及《城市的陷落》(The Fall of the City, 1937)，描写了某个在恐怖策略方面训练有素的独裁者如何能够不用开枪打炮就占领一座大都市。卡尔·桑德伯格一直为民族的男儿气概大唱赞歌，但在《早安，美国》(Good Morning, America, 1928)中，一个不稳定的音符悄悄地爬进了他的颂歌里，对新政理想主义，他以《人民，是的》(The People, Yes, 1936)做出了回应，诗中他坦率承认，"大亨、权贵和独裁者"总是短暂地隐现在天幕上，而与此同时，人民，尽管常常受蒙蔽、被欺骗，却始终是大地的建设者和最终的智慧之源。从艾奥瓦州的玉米地里走来了年轻的保罗·安格尔，把他的证词添加到了《美国之歌》(American Song, 1934)中。

The Great
Depression 美国大萧条

历史、批评和传记全都反映了文化上对美国的重新发现。詹姆斯·特拉斯洛·亚当斯以他的《美国史诗》(Epic of America, 1931)，查尔斯·A. 比尔德和玛丽·R. 比尔德以他们的《半道上的美国》(America in Midpassage, 1939)，赢得了广泛的读者，还有弗雷德里克·L. 艾伦和马克·沙利文，也都回顾了这个国家最近的过去，并使之读起来别有风味。帮助使这幅图画丰满完整的是一些专业研究，比如弗兰克·卢瑟·莫特三卷本的《美国杂志史》(A History of American Magazines, 1930—1938)，查尔斯·M. 安德鲁斯四卷本的《美国历史上的殖民地时期》(The Colonial Period of American History, 1934—1938)，拉尔夫·H. 加布里埃尔的《美国民主思想进程》(The Course of American Democratic Thought, 1940)，以及马库斯·李·汉森的《大西洋移民》(The Atlantic Migration, 1940)。玛格丽特·利奇为国家的首都在它面临最大考验的时候所描绘的生动图景《华盛顿的起床号》(Reveille in Washington, 1941)抓住了公众的想象，保罗·H. 巴克的《重聚之路》(The Road to Reunion, 1937)以更学术的品位讲述了那场斗争的结果。1934年，国会创立了国家档案馆，以保存值得永久保管的联邦档案。这个机构

国家档案馆

258

被安顿在1937年完工的一幢漂亮建筑里,打那以后,它就成了很多方面的美国研究一个不可或缺的工作场所。

在《新英格兰的繁花盛开》(The Flowering of New England,1936)和《新英格兰:兴盛的晚期》(New England: Indian Summer,1940)中,范怀克·布鲁克斯以精巧、诗意的小品文中描述了过去的文学,他笔下这一地区的魅力——即使带有少许的讽刺意蕴——使得乔治·桑塔亚纳的长篇小说《最后的清教徒》(The Last Puritan,1936)和J. P. 马昆德的《已故的乔治·阿普利》(The Late George Apley,1937)的读者大为增加。布鲁克斯曾经很擅长分析那些被美国生活的庸俗习气所压碎的被损害的灵魂,如今却极力赞美它所新发现的美和意义,在《奥利弗·奥尔斯顿的观点》(Opinions of Oliver Atlston,1941)中鞭笞了那个绝望的小圈子。在《美国的文艺复兴》(American Renaissance,1941)一书中,F. O. 马修森以更精细的批评,审视了19世纪50年代的创造精神,与此同时,像康斯坦丝·鲁尔克的《美国幽默》(American Humor,1931)和伯纳德·德沃托的《马克·吐温的美国》(Mark Twain's America,1932)这样一些活泼而辛辣的书,证实了一种新的精神:不再以居高临下的姿态对待边境。

内战时期的人物传记,特别是林肯的传记,吸引了这样一个民族,他们清楚地意识到一个现代国家因为战争与和平的决斗而四分五裂,渴望爱国主义的新生。除了大量关于林肯的电影和广播剧之外,罗伯特·E. 舍伍德创作了他那部感人的戏剧《伊利诺伊州的亚伯拉罕·林肯》(Abe Lincoln in Illinois,1938),桑德伯格撰写了他的四卷本《亚伯拉罕·林肯:战争岁月》(Abraham Lincoln: the War Years,1939),而南方人可能会对道格拉斯·S. 弗里曼四卷本的《R. E. 李》(R. E. Lee,1934)感到欣喜,利顿·斯特雷奇的流行已经结束,传记作者们正在放弃轻浮尖刻的机智,选择那些他们所敬佩的、而不是鄙视的人物作为描写对象。这样的实例有:亨利·詹姆斯的《查尔斯·W. 埃利奥特》(Charles W. Eliot,1931),艾伦·内文斯的《格罗弗·克利夫兰》(Grover Cleveland,1932),马奎斯·詹姆斯的《安德鲁·杰克逊》(Andrew Jackson，1933—1937)，泰勒·丹尼特《约翰·海》(John Hay，1934)，克劳德·鲍尔斯的《杰斐逊当权》(Jefferson in Power，1936)，以及卡尔·范多伦的《本·富兰克林》(Benjamin Franklin，1938)。雷伊·斯坦纳德·贝克为他大部头的《伍德罗·威尔逊》(Woodrow Wilson)增加了最后6卷，拉尔夫·巴顿·佩里的《威廉·詹姆斯的思想和性格》(The Thought and Character of William James，1935)大概是这十年里最具智性的传记。

自传把五花八门的菜肴端上了餐桌，其主要食物涵盖广泛，从林肯·斯蒂芬斯1931年的回忆录——他是一个改革家和扒粪者，晚年投身于各种愤世嫉俗的论争，内容涉及除了俄罗斯之外的几乎每一个主题——到"难懂教派"的高级女祭司格特鲁德·斯坦因那幅欢快而清澈的自画像《艾丽丝·B.托克拉斯的自传》(The Autobiography of Alice B. Toklas，1933)。在20世纪30年代晚期，医生的回忆录被证明非常受欢迎，领头的是哈维·库欣的《摘自一位外科医生的日记》(From a Surgeons Journal，1936)，接下来是维克托·雷泽的《美国医生的奥德赛》(American Doctor's Odyssey，1936)和阿瑟·哈茨勒的《马车时代的医生》(Horse and Buggy Doctor，1938)。

观念（社会的、政治的和经济的）激起了比20年代更强烈的兴趣和更激烈的争论。约翰·张伯伦的《告别改革》(Farewell to Reform，1932)过早发表了古老进步主义的葬礼演说，刘易斯·科里在《美国资本主义的衰落》(The Decline of American Capitalism，1934)中拼命鼓吹教条共产主义，而马克斯·勒纳则在《比你想的还要晚》(It Is Later Than You Think，1938)中要求以更快的步伐迈向民主集体主义的目标。埃德蒙·威尔逊的《到芬兰站》(To the Finland Station，1940)冷静地研究了现代世界中煽动革命的重大力量，与此同时，沃尔特·李普曼则在《良好社会》(The Good Society，1937)中则极力主张走更安全的受到控制的资本主义之路，以实现更有效的生产，提高生活水平、自由和自愿的秩序。耶鲁大学法学教授和新政支持者桑曼·W.阿诺德在《政府的符号》(The Symbols of Government，

1935）和《资本主义的传说》（*The Folklore of Capitalism*，1937）中认为（有时候是言不由衷）："公正"和"不公正"纯粹是相对的两个术语，就像"上"和"下"一样，成功的政府必须一次又一次地把自己卖给公众，就好像它是一盒牙膏似的，而且，"从人道主义的观点看，最好的政府就是我们在精神病院里找到的政府"，其目标就是"要让同院的病友尽可能地舒适"。

在学术方面，《社会哲学杂志》（*Journal of Social Philosophy*）创刊于1935年，《观念史杂志》（*Journal of the History of Ideas*）创刊于1940年，而在1930—1935年之间，出版了R. A. 塞利格曼和阿尔文·约翰逊编辑的15卷本《社会科学百科全书》（*Encyclopaedia of the Social Sciences*）。1938年出版了第一部四卷本《美式英语词典》，这是芝加哥大学的一个项目；1939年出版了《新英格兰语言地图集》（*Linguistic Atlas of New England*），由汉兹·库拉特编辑，为计划中的里程碑式的《美国和加拿大语言地图集》（*Linguistic Atlas of the United States and Canada*）破土奠基。

作家与学者之间的关系似乎比在20年代更亲密了。艾奥瓦大学破天荒地接受诗歌和小说代替学位论文，并通过严格的经验主义方法培养画家，与此同时，越来越多的学院和大学举办夏季笔会，维持实验剧院，并为作家提供奖学金。事实上，领薪水的职业作家——由大学、杂志、制片厂、广播电台或联邦政府养活——日益成为30年代后期的一种现象。作为从大萧条中逃出来的难民，才华平平的作家以此前从未有过的热情欢迎稳定收入的保障。

最惊人的新变化是WPA的"联邦作家计划"，从1935年持续到了1939年。在高峰时期，该计划养活了6,000多名新闻记者、自由作家、小说家、诗人、哲学博士及其他失业的有过捉笔为文经历的人。雇用文人、波希米亚分子和地方上的怪人都挤挤攘攘，与那些受过高级训练的专家和富有创造力的艺术家抢饭碗，后者当中有些人过去或未来负有盛名，比如康拉德·艾肯、麦克斯韦·博登海姆、瓦迪斯·费舍尔、约翰·斯坦贝克和理查德·赖特。总共，该计划

第12章 阅读、写作与革命 261

The Great
Depression 美国大萧条

的成员完成了378本书和小册子，通过商业渠道出版，版税除支付劳动成本外，其余的全部上缴联邦国库。其重点放在了集体任务上，主要是准备各州、市、公路和水路的旅行指南。收集了几卷民间传说，范围从以前奴隶的叙述，到南达科他州的吹牛故事，以及民俗方面的专门研究，比如新泽西州的瑞典人和芬兰人、马萨诸塞州的美国人的民俗，每一卷都配有照片。旅游指南提供了丰富的美国地图，一英里接一英里，挖掘了一些传说和小路，否则的话这些很可能就会湮没无闻了，或者以仓促却清晰的笔法勾勒了地方的经济形势。

WPA的历史档案调查开始于1936年，他们派出了救济工人去清查存放在市政厅地窖、法院顶层和图书馆阁楼里的地方公共档案，给老报纸档案编索引，为法院案例编摘要（地方史的金块就深埋在

这位女士的牌子上赫然写着"作家也要吃饭"

门可罗雀的剧院

这些案例中），检查商业文件和教堂记录，甚至为了生命统计去仔细查看正在朽烂的墓碑。这次联邦档案的联合调查，为了国家的行政和历史档案而掘地三尺，把全国各地彻底梳理了一遍。幸运的是，最近得以完善的缩微胶卷技术为照相保存数百万页正在朽烂文件提供了可能。一个专门的机构（最后被并入了国家公园管理局）测量了大约2,300幢历史建筑，制作和拍摄了成千上万的图表、草图和照片，留给子孙后代。就这样，很多社区在保存其过去历史上的疏忽，在很大程度上得到了补救。

在经济风暴的冲击下，剧院痛苦不堪地吱嘎作响。1931年，曼哈顿三分之二的剧场关门大吉，舒伯特剧院落入了破产事务官之手，在1932—1933演出季，80%的演出被取消了，成千上万的演员面临贫困。1932年，抱着从"有声电影"那里得到一份工作的一线希望，不少于22,000人跑到好莱坞挑选演员的事务所里去登了记。杂耍演员、合唱演员、临时演员、舞台工作人员、舞台机械工和音乐家也都在经济上破了产。一点也不奇怪，在这样的圈子中，左翼的福音发挥了其强大的吸引力，通过面向大都市的工人和知识分子的"宣传鼓动"剧团、并在1933—1937年间的纽约剧院工会上表演

第12章 阅读、写作与革命   263

The Great
Depression 美国大萧条

的宣传剧中，表达自己的观点。更有名的"团体剧场"发现了一位杰出的马克思主义戏剧家克利福德·奥德茨，此人的《等待老左》（*Waiting for Lefty*，1935）在一次出租车司机罢工中发挥了强有力的作用，这之后，紧接着又拿出了描写布朗克斯区的犹太人跟贫困做斗争的《醒来歌唱》（*Awake and Sing*）。埃尔默·赖斯从《街景》（*Street Scene*，1929）中的现实主义报道，转向了《我们，人民》（*We, the People*，1933）、《审判日》（*Judgment Day*，1934）和《两个世界之间》（*Between Two Worlds*，1934）中的社会和政治主题，与此同时，莉莲·海尔曼在她的《小狐狸》（*The Little Foxes*，1939）中树起了她的反资本主义大旗。

主要是多亏了专业戏剧的衰落，业余戏剧才得以迅速发展。迄今为止，流行标签"小剧场"往往指的是"社区剧场"，效仿诸如帕萨迪纳的社区剧场之类的先驱所树立的榜样，并追随当时的社会倾向。州立学院和大学，社区娱乐机构，甚至还有农业部的推广局，都帮助传播了乡村戏剧和地方戏剧节，直到1940年，将近1,000个业余和半业余剧团在生产戏剧，每年的观众估计有15,000万人。

正如在失业作家的情形中一样，联邦当局很早就着手改善演员的困境。先是在CWA、然后是在FERA的资助下，让失业演员受益的戏剧在纽约、波士顿、旧金山和洛杉矶上演。1935年8月，WPA刚创立不久，瓦萨大学实验剧院的头儿哈利·弗拉纳根受命担任"联邦戏剧计划"的主管。有一年700万美元的预算，这项计划很快就养活了

联邦戏剧计划让很多从未进过剧院的人大开眼界

全国大约12,500名演员，平均每人每月83美元的"保障工资"，比以往大多数人所领过的工资都更优厚、更稳定。热心的弗拉纳根夫人更喜欢美学上的冒险，而不是老一套的表演，无论后者可能多么赚钱。戏剧艺术的实验（白忙活的事情并不少见）因此往往战胜了经济的考量，尽管在其高峰时期，这项计划也赚取了每年100万美元的票房回报。起初不卖门票，着重在CCC营地、学校、医院、退伍军人之家和监狱演出，但后来开始向普通公众收取少量的费用，这部分观众估计有2,000—2,500万之间，他们当中大多数人以前从未看过一场戏。借助用于户外演出的在卡车上搭起来的可移动舞台，巡回马戏团和公路剧团得以渗透到达科他大草原和乡村南方，延伸到全国的各个角落和所有阶层。

联邦戏剧计划的主要技术创新是"活报剧"，这是广播剧手法和新闻影片的混合，试图把当前的事件转变为戏剧材料，有着利用大众充当普通演员的优势。最初的剧目是1936年在纽约演出的《三A翻耕》(Triple-A Plowed Under)，描述了最高法院的最近一项裁决给农民带来的困境；接下来是《力量》(Power)，表现了普通人对廉价公用事业的探索，以及他对TVA乐土的发现；还有聚焦贫民窟问题的《三分之一的国民》(One-Third of a Nation)。一出轰动全国的戏剧《此事不会发生在这里》，是根据辛克莱·刘易斯的反法西斯长篇小说改编的，同时在18个城市首演，在头几个星期便吸引了超过25万观众。另一出大获成功的戏剧是《麦克白》(Macbeth)，由奥逊·威尔斯执导，以海地作为背景，威尔斯是曼哈顿剧团的明星，他很快就离开了剧团，创办了自己的实验剧团"水星剧团"。《热天皇》(The Hot Mikado)——也使用了黑人演员——被证明更受欢迎。《摇摆乐天皇》(The Swing Mikado)是对吉尔伯特和沙利文的另一次诠释，在芝加哥首演，成了如此有力的"票房杀手"，以至于一些私营机构提出要在百老汇的戏剧生产中雇用它的演员班子。《纽约时报》的戏剧编辑布鲁克斯·阿特金森把联邦戏剧计划称作"剧院作为一家机构在这个国家曾经拥有过的最好的朋友"。

The Great
Depression 美国大萧条

百老汇的轻喜剧

给定了其所处的环境，联邦戏剧计划不可避免地展现出政治上的粉红色斑点，有时候甚至是公开的马克思主义。保守的国会议员们那敏感的神经，甚至被赞扬AAA和TVA的新政宣传以及工会劳工给弄得紧张兮兮。1939年1月，戴斯委员会的报告称："联邦戏剧计划的很多雇员，要么是共产党员，要么是共产党的同情者。"紧接着，人们便能在舞台之外听到磨刀霍霍的声音。国会下决心要"让山姆大叔从娱乐业脱身出来"，于是便从1939年6月30日起，切断了所有拨款，联邦戏剧计划也因此落幕。

在商业戏剧的舞台上，打磨光滑、老于世故的风俗喜剧从未完全断气——见证了菲利普·巴里连续不断的成功——而是不再占优势地位。罗伯特·E. 舍伍德从《重聚维也纳》(*Reunion in Vienna*, 1931)的欢快浪漫，转向了《化石森林》(*The Petrified Forest*, 1935)中的悲伤挽歌：哀叹在一个满是彪形大汉的世界中"知识分子的软弱无力"，接下来是《白痴的快乐》(*Idiot's Delight*, 1936)，描绘了战争的愚蠢，钟情于资本家和民族主义者，最后是《不再有夜晚》(*There Shall Be No Night*, 1940)，显示了反极权主义侵略战争的英勇气概（身体上的和精神上的）。麦克斯韦·安德森从高度伊丽莎白时代风格化的悲剧，转向了《你们这参众两院》(*Both Your Houses*, 1933)中分析新政幕后的理想主义和无情政治之间的冲突，在《福吉谷》(*Valley Forge*, 1934)中发现了一个历史主题，并在《冬景》

（*Winterset*，1935）中写下了一篇对"萨柯－万泽蒂"一案的雄辩评论。类似地，桑顿·怀尔德也放弃了他早期的逃避现实的浪漫故事，写出了一部描写新英格兰乡村生活的简单而感人的戏剧《咱们的小镇》（*Our Town*，1938）。

对美国场景的讽刺性评论在音乐剧中找到了理想的表达手段。在胡佛统治时期，乔治·格什温和艾拉·格什温以《为君而歌》（1931）点亮了周围的阴暗，这出戏是对白宫政治和生活的欢闹戏仿，而在1937年，在乔治·S.考夫曼和莫斯·哈特创作的生动活泼的滑稽剧《我宁可是对的》（*I'd Rather Be Right*）中，乔治·M.科汉以他最愉快的心情把罗斯福描绘为一个冒冒失失的总统。同一年，一个名叫哈罗德·罗姆的年轻作曲家在《手脚发麻》（*Pins and Needles*）中证明了曲调优美的浪漫故事可以被用来为无产阶级服务。由联邦戏剧计划提供某种帮助，由国际女装工人联合工会负责制作，这部成本极低的作品很快就发现自己能挣大钱，并在全国巡回演出。诚然，当时的社会氛围并不阻止大量传统风格的音乐讽刺剧，比如科尔·波特的《快乐的离婚》（*Gay Divorce*，1932）——该剧引入了持续不断的感伤恋歌《日与夜》（*Night and Day*）——他的《红与蓝》（*Red Hot and Blue*，1936），以及杰罗姆·克恩的《罗伯塔》（*Roberta*，1933）。

为了展示音乐艺术更严肃的一面，迪姆斯·泰勒1931年在大都会歌剧院冒险推出了他的大歌剧《彼得·艾伯特逊》（*Peter Ibbetson*），与此同时，美国主题的重新发现被反映在霍华德·汉森的《欢乐山》（*Merry Mount*，1934）和道格拉斯·S.穆尔与斯蒂芬·S.贝尼特的"民歌剧"《魔鬼与丹尼尔·韦伯斯特》（*The Devil and Daniel Webster*，1939）中。来自俄克拉何马农场的罗伊·哈里斯在他的《为就业放歌》（*Song for Occupations*，1934）和《再见，拓荒者》（*Farewell to Pioneers*，1935）中，以及在他这十年里所写的4部"交响乐"的部分曲目中，显示出了他苦心经营民间曲调的罕见技巧。好莱坞越来越多地雇用优秀作曲家中的天才。例如，穆

The Great
Depression 美国大萧条

尔曾为像《年轻人走好运》(Youth Gets a Break)和《权力与土地》(Power and the Land)这样的纪录片创作音乐,创作过一些交响诗和室内乐的阿伦·科普兰为《城市》(The City)、《人鼠之间》和《咱们的小镇》做过类似的事情。一些更年轻的作曲家,包括保罗·克雷斯顿——他的《第一交响曲》由NYA的纽约交响乐团演奏,赢得了1941年的乐评家协会奖——和厄尔·鲁宾逊——他在WPA制作的《为你的晚餐而歌唱》(Sing for Your Supper)中的《美国人的歌谣》(Ballad for Americans)在国家的危险日益临近的时候轰动了听众。它的更广泛的流行,很大程度上要归功于保罗·罗伯逊打下的宏伟基础,罗伯逊与伟大的女低音歌唱家玛丽安·安德森并列为最重要的黑人艺术家。

世道的艰难,结合了有声电影和广播电台的侵蚀,在这一时期开始的时候,大概让50,000名音乐演奏家丢掉了他们的饭碗。为重振社会对他们的需求,1935年7月,WPA启动了"联邦音乐计划",不久之后,该项计划便养活了大约15,000人。他们总共拿出了大约150,000个节目,听众超过1亿人,与此同时,他们举办的免费音乐培训班每个月吸引了50多万弟子,其中大部分人从来都请不起老师进行私人授课。尽管这项计划原本打算帮助演奏员,而非作曲家,但它却始终如一地强化着美国的音乐——像科普兰、哈里斯和维吉尔·汤姆逊这样一些名字,如今越来越被那些过去不太习惯的耳朵所熟悉——与此同时,其作曲家们的"论坛实验课"让这样一些艺术家跟他们的听众建立了直接的联系。迪姆斯·泰勒1938年写道:"我可以有把握地说,在过去两年里,仅WPA的管弦乐队所演奏的美国音乐,大概比我们其他交响乐团在过去十年里所演奏的加起

WPA联邦音乐计划的宣传招贴

来还要多。此外，多亏了联邦音乐计划，大约有2,000首原始的本土歌曲——从肯塔基山区的民歌小调和克里奥尔河口的祈祷歌，到黑人圣歌和牛仔歌谣——被收集在留声机唱片上。"

画家和雕塑家也从政府那里得到了类似的帮助。从1933年末开始，由财政部用CWA的资金发起的"公共艺术品计划"雇用了大约4,000名贫困的艺术家，在这项计划于第二年夏天结束之前，他们共制作了大约700幅壁画，还有超过15,000件其他艺术品，勾画了美国的历史和本土的景观。公立中小学、图书馆、法院、医院、孤儿院——它们当中绝大多数此前从未拥有过一幅画——受益于一批正在崛起的年轻艺术家的天才，比如弗兰克·米绍、彼得·布鲁姆和亨利·马特森。

财政部接下来发起了一项有点困难的冒险：创立"绘画和雕塑处"，更多的不是着眼于救济，而是要利用最有能力的艺术家去装饰联邦政府的建筑，特别是邮局。在这一赞助下，托马斯·哈特·本顿、博德曼·鲁宾逊、罗克韦尔·肯特、莫里斯·斯特恩、乔治·比德尔等人画满了巨大的墙壁空间，促进了壁画艺术的空前繁荣，这些壁画对新的社会意识做出了回应，不仅试图描绘美国人的生活，而且还试图批评它。最受喜爱的题材是罢工和罢工破坏者、领救济的队伍、暴民、谷租佃农、尘土盆地和洪水侵蚀。使这一趋势得以加速的，是若泽·克莱门特·奥罗斯科和迭戈·里维拉，在1932—1933年间，他们把一种独特的壁画艺术带到了美国，它带有一种原始主义的旨趣，以及他们的本土墨西哥的暖色调，并且结合了对马克思主义者的讽刺的趣味。著名的实例有奥罗斯科为达特茅斯学院创作的《羽蛇神》(*Quetzalcoatl*)系列，里维拉为底特律艺术馆设计的壁画，以及一些在政治上让洛克菲勒中心的业主们无法接受的作品。

出于救济至上的需要，1935年，WPA启动了"联邦艺术计划"，其高峰时期招募了5,000多人。在它1939年开始收尾之前，该计划的成员为公共建筑绘制壁画，为联邦剧院设计舞台布景，开办免费的艺术培训班（平均每月招收60,000名学生），扶持了66个社区艺术中

The Great
Depression 美国大萧条

联邦艺术计划扶持的一个社区艺术中心（田纳西州安德森县）

心（总共吸引了600万参观者）。一项被称作"美国设计索引"的计划，特别着重于草根题材和文化，在康斯坦丝·鲁尔克的指导下，该项计划雇用了大约1,000名艺术家。他们把古玩店、博物馆、历史学会、新英格兰农舍、震颤派教徒的谷仓、加利福尼亚传道区搜了个底朝天，寻找早期艺术和手工艺品的样品，对这些样品，他们偶尔会拍照，但通常是以准确而精细的色彩和纹理，把它们画下来。

联邦艺术计划的这一方面——可以媲美WPA在保存其他地方文化的丰富层面上所作出的努力——多半比它大多数原创作品都更有意义，这些作品在继续补充着冒充艺术品的涂鸦和教条主义的画布。不过，这项事业也帮助养活了一些缺少其他主顾的有价值的艺术家，弱化了那种把古典大师奉为神明、而忽视活生生的现代生活的敬畏和势利，缩小了艺术家与公众之间的距离，培养公众对于作为一种创造性过程的艺术的有鉴赏力的好奇心。然而，即使在联邦艺术计划本身的更高类别的项目中，人们也普遍承认，联邦政府无限期的资助很可能只是养一帮领取年金的庸才，而且，从更长远的观点看，让值得尊敬的艺术家以不失自尊的工资去竞争政府的合同能够产生丰硕的更好成果。

描绘美国场景的老一辈现实主义艺术家——年轻一代中有那么

270

多人正是通过他们的眼睛训练自己去观察世界——包括：查尔斯·伯奇菲尔德，从他的笔下我们可以看到阴森的农舍，以及下雪的阴暗天空下十字路口的店铺；爱德华·霍珀，他带给我们同样的准确忠实：孤零零的廉价公寓，荒废的街道，还有灯塔和草料仓；查尔斯·希勒，他吸收了震颤派教徒的宾夕法尼亚那朴素的民间艺术和手工艺；以及约翰·斯隆，他生动逼真地描绘了纽约拥挤不堪的人行道。乔治娅·奥基弗更喜欢微妙的、常常是抽象的形式感，以及由西南部高原乡村得到灵感的色彩，因而她的模仿者更少。格兰特·伍德笔下风景的光洁平滑和农夫的棱角分明，约翰·斯图尔特·柯里笔下的浪漫戏剧的风味，托马斯·哈特·本顿的画中对乡村生活的讽刺性评论，连同他对谷租佃农和黑人的同情，全都通过杂志上的彩色复制品到达了全国公众的手里。明显左倾的是乔治·格罗兹对纽约的刻

施工中的拉什莫尔山纪念巨像

薄描绘，以及威廉·格罗珀再现民众暴力和战争恐怖时的巧妙克制。这个阵营还出现了一些情绪消沉的画家，比如约瑟夫·赫希、米切尔·西波林、菲利普·埃弗古德、杰克·莱文和本·沙恩。

此外，联邦艺术计划还养活了很多穷困潦倒的年轻雕塑家，与此同时，政府和私人主顾都资助了那些已经成名的人，新艺术博物馆的建立增强了公众对雕塑和绘画的欣赏。例如，正是在联邦政府的资助下，格曾·博格勒姆才用了十多年的时间完成了1927年在南达科他州黑丘地区动工的拉什莫尔山纪念巨像，以颂扬华盛顿、杰斐逊、林肯和西奥多·罗斯福。最重要的新博物馆是1941年在华盛顿创立的国家艺术馆。4年前就已经宣布，安德鲁·W.梅隆将把他的一批极好的欧洲绘画和雕塑收藏捐赠给美国人民，据说价值35,000万美元，并追加了15,000万美元，用于建筑和捐赠基金。1939年，塞缪尔·H.克雷斯用他的将近400幅意大利绘画充实了这批收藏。

洛克菲勒中心的装饰让人想起现代风格的雕塑，比如摆放在前院里的李·劳瑞的《阿特拉斯》(*Atlas*)，以及威廉·佐拉奇和加斯顿·拉雪兹为RCA（美国无线电公司）大楼制作的雕刻镶板。有几位著名的手艺人，像卡尔·米勒斯和亚历山大·阿尔奇片科，是新近从旧大陆来的。本地艺术家包括：乔·戴维森，他给国会大厦雕塑的《威尔·罗杰斯》获得了大量民众的认可；约翰·弗拉纳根，名气稍逊，但得到了批评家更高的尊重，他那些富有表现力的雕塑是用田野里的石头凿成的；亚历山大·考尔德，他的"活动雕塑"的样本，似乎是美国佬精巧设计艺术的最终应用。这十年最雄心勃勃的委托项目（由玛尔维娜·霍夫曼在1930—1936年间完成）就是为芝加哥菲尔德博物馆的"人类馆"塑造100个人头和形体，代表所有人类种族当中的基本类型。

国家资本最大规模地集中在新建筑上，包括巨大却平庸的商务部大楼，最高法院的大理石的庄严，国会图书馆漂亮的大理石附属建筑，福尔杰莎士比亚图书馆隔壁微型宝石，以及托马斯·杰斐逊纪念堂的帕拉迪奥风格的优雅。1943年由罗斯福总统亲自主持落成仪

式的杰斐逊纪念堂，内有鲁道夫·埃文斯制作的比真人还要大的雕像，围绕以国会大厦到林肯纪念堂为轴线画出的十字形图案形成圆形，在华盛顿方尖碑处被另一条从白宫到潮汐湖岸画出的直线所分割。它在这一位置的建成——就像占地80英亩的杰克逊国家扩张纪念公园在圣路易市水岸边破土动工一样——郑重宣告了这位民主奠基人在他诞生200周年的时候声望日隆的英雄地位。

得益于1927—1936年间通过洛克菲勒的慷慨捐助对"殖民地威廉斯堡"进行的奢华修复，杰斐逊大学时代的场景也得以再现，与此同时，在全国各地，他曾经大力引进的古典品味继续作为"官方的"风格而受到青睐——从漂亮的新邮局（比如费城和明尼阿波利斯的邮局）到旧金山歌剧院的多利安式的简单朴素，注定十年后将成为联合国第一次开会的地方。除了少数教堂和大学建筑之外，哥特式建筑稳步衰落，但在另一极，所谓的"国际"风格却越来越受到人们

托马斯·杰斐逊纪念堂

的喜爱，多亏了弗兰克·劳埃德·赖特的世界领袖的地位，加上像乔治·豪和威廉·莱斯卡兹（设计费城储蓄金协会大楼的建筑师）这样的执业者，以及像哈佛的瓦尔特·格罗皮乌斯、芝加哥"新包豪斯"的拉兹罗·莫霍利—纳吉以及加利福尼亚州的理查德·诺伊特拉这样一些欧洲的新来者。

简单，干净的线条，空间，阳光，卫生，以及常识——这些在某种程度上都是现代医院教给建筑的优点——在大都市社区里似乎越来越受到重视。对于住宅，公众往往以欣赏的姿态接受了玻璃砖和浇筑墙角，但依然看不上玻璃墙、钢筋混凝土平面以及像真菌一样从母体上伸出的阳台，他们仅仅是带着娱乐的心态看待巴克明斯特·富勒的那种悬在桅杆上的"dymaxion"（即以最少结构提供最大强度的）房子。更具决定性的是，现代主义推进了最大化采光的工厂设计，布朗克斯区山坡住宅计划中对空间利用的激进规定，有着纯功能主义的TVA大楼，旧金山的金门大桥，以及大量诸如广播电台或机场大楼和飞机棚之类的建筑，其外观没有什么条条框框，然而却有足够的时间去定型。

第13章 消费与科学

The Great
Depression 美国大萧条

  1935—1936年间，在WPA所做的田野工作的基础上，国家资源委员会（NRC）极力回答这样一个问题：消费者如何花掉他的美元？据报告，全国总人口共包括3,900万个消费者单位——家庭或单身个人——平均年收入为1,500美元。事实上，超过三分之二的单位挣不到这么多钱，收入在1,000美元以下的占五分之二，不到780美元的占三分之一。由于这最低的三分之一每年花掉的12.07亿美元比他们所挣到的要多，因此几乎用不着惊讶，这一群体中有三分之一的人在这一年的时间里要依靠某种形式的救济。处在经济顶端的，大约有八分之一的消费者单位年收入在2,500美元以上，年收入5,000美元以上的占三十分之一，10,000美元以上的占百分之一。这是在大萧条的漫长冬天刚刚开始转暖回春时所做的调查，依然存在的悬殊与1929年10月之前的数据大致相当，在更低的阶层当中，情况甚至更糟。

  更新奇的是，全体国民的消费习惯出现了新的格局，数据显示，每年有500亿美元可用于当前开支，美国人在食品上用掉170亿美元，住房95亿美元，衣服52.5亿美元，家庭运转53.3亿美元，家具和家庭设备将近15亿美元。除了这些基本需求之外，还有个人护理占去了10亿美元，汽车38亿美元（但所有其他种类的交通费用只有8.84亿美元），娱乐16亿美元，烟草9.66亿美元。另一方面，读物只花掉了5.51美元，用于教育的私人支出是5.06亿美元。然而，就教育的情况而言，政府和捐赠机构把这笔费用增大到了将近24亿美元。

  教育因此被认为是一项公共事务，但看病却显然不是。个人在这方面花掉的22.05亿美元，远远超过政府捐助的区区5.16亿美元。

此外，穷人是最糟糕的被忽视的群体，平均年收入在500美元以下的家庭只有22美元用于医疗，而那些年收入在20,000美元以上的家庭则支出了837美元。胡佛总统的医疗费用委员会也报告了类似的悬殊，1932年，该报告声称，美国的人均医疗费用是每年30美元——其中23美元来自私人的腰包，剩下的则由政府和慈善机构提供——年收入在1,200—2,000美元之间的个人只花了13美元，而年收入1,000美元以下的个人则只用了区区9美元。然而，即便是在20年代末的平静时期这两个群体也占到了总人口的一半。不均衡的医疗费用增加了绝对贫困群体的负担，好年头身体健康，坏年头要做大手术或住几个星期的医院，这二者之间的差别，常常意味着偿付能力与一长串债务之间的差额，以及其本身就妨碍了康复的痛苦和烦恼。此外，医院的床位远远跟不上需求。全国将近一半的县——它们一般地广人稀，但包括了1,700万人口——没有注册总医院，与此同时，大多数乡村地区没有儿童健康中心或诊所。

一个惊人的悖论潜藏于这样一个巨大的反差中：一方面是美国人强烈的健康意识——反映在广告、报业医学咨询专栏、电台的卫生谈话、药店巨大的交易量和数不清的时髦症状中——另一方面是政府在处理公众卫生问题时由来已久的胆小或吝啬。因此，胡佛委员会的多数成员建议，通过保险或税收，把看病的费用"置于集体支付的基础之上"；但由于美国医学会的苦苦反对，这一建议也就不了了之。然而，在1930年还是取得了一个小小的进步，当时，卫生实验室（创办于1901年）被重组为国家健康研究所，在公共卫生局局长的指导下启动了一项人类疾病研究计划。

大萧条的不断加深使得条件进一步恶化。例如，在1932—1933年间，收入和生活水平突然下降的工薪家庭中的疾病率最高，而大体上，失业者当中的发病率比全时就业者要高出50%。儿童和青少年自然是主要的受害者，这些年里无疑为下面这个结果播下了很多的原因：1940—1941年间，根据义务兵役制报名体检的前200万登记者当中，将近有一半人被军队的体检医生给拒绝了。让事情变得更

The Great
Depression 美国大萧条

加困难的是，在底特律、代顿和洛杉矶这样一些地方，由税收支持的市政健康中心因为缺乏资金而纷纷关门大吉。即使在1929年，全国有一半的医生所挣得的净收入在3,000美元以下，到1932年，医术平庸的医生发现自己有三分之一到一半的工作时间无事可干。他们自己的收入减少了，医生们都抱怨把他们的技艺奉献给了慈善医疗，有时候甚至还遭到拒绝。1933年，FERA的地方单位着手付钱给民营机构的医生，让他们对领救济的患者给予免费的医学帮助，但是，需求是如此紧迫，以至于这一计划在尝试实施它的26个州几乎被求助者给淹没了。

新政设想了（但没有实现）一项全面的计划，以解决医疗费用的基本问题。作为半道上采取的步骤，《社会保障法》为残疾儿童和母婴保健提供了资金，同时，一些特殊的疾病均从两个方面着手解决：一方面是研究，比如国家癌症研究所在1937年的创立；另一方面是预防，比如1938年《性病控制法》的通过。此外，联邦政府试图培养合作自助的努力获得了相当大的成功。例如，1937年，联邦迁居管理局领头，在达科他州边远地区遭受旱灾、陷入萧条的农村家庭当中，以群组为基础，设立医药、外科、牙科、医院和保育等服务机

国家健康研究所

构；到1940年1月，县健康协会覆盖了30多万人；农业保障局与地方医生合作在30个州实施了类似计划。1940年，联邦政府各种公共卫生活动在马里兰州的贝塞斯达找到了新的驻地，这就是宏伟气派的国家卫生研究所，而且，大约就在同时，联邦政府的改组把公共卫生局从财政部转到了联邦保障局。

1938年2月，罗伯特·F.瓦格纳参议员提出了《国家卫生法》，计划向各州拨款，以促进一般医疗服务的税收支持系统，或者是把公共医疗与普遍的健康保险结合起来。该法案遭到了来自美国医学会的坚决反对，没能获得通过，尽管一次盖洛普民意调查显示，大多数医生支持自愿健康保险计划，而且，1938年7月，公共卫生局局长托马斯·帕伦公开指出："目前，人民普遍认为下面的命题是理所当然的：获得健康的平等机会是美国人的一项基本权利。"

尽管缺乏强制性，但是，把医疗费用置于保险的基础之上，确实是30年代带给数百万家庭——主要是中等收入家庭——的一项创新。正如医疗中心和私营集体诊所是上一个时期的主要发展一样，新十年的主要发展是集体卫生协会和住院计划。跟几个欧洲国家的强制保险体系不同，这一计划是在私营企业的框架之内运作的，客户只需支付固定的金额（仅医院门诊一项是平均每年约12美元，全范围的健康服务是这一数字的两到三倍），这笔钱可以确保他在任何需要的时候都能获得免费的医疗服务，靠他赡养的人则可以按成本价获得类似的治疗。在这一时期开始的时候，全国提供集体保险计划的医院不超过半打，但是，在美国医院协会于1933年2月认可这一原则之后，新的一天开始了。到1938年，该计划蔓延到了大约60个城市，注册登记了大约300万客户。

像深受欢迎的"蓝十字"这样的住院计划，跟集体医疗活动比起来，其所遇到的专业团体的反对通常要少一些。后者的典型是洛杉矶的兴旺而有效的"罗斯－卢斯"诊所，它是在1939年根据一些市政雇员的要求开始的，而华盛顿集体卫生协会是1937年在联邦住房贷款银行的雇员们的强烈要求下而成立的，据助理司法部长桑曼·阿诺

The Great
Depression 美国大萧条

德宣称，该计划在美国医学会的死对头违犯了《谢尔曼法》，因为他们企图限制一宗完全合法的"生意"。在俄克拉何马州尘土盆地的边缘，一家欣欣向荣的合作医院在农民联合会里找到了其最坚定的捍卫者。1936年，由外科医生詹姆斯·P. 沃巴斯领头的合作联盟在曼哈顿设立了"合作医疗局"，以促进全国各地的健康合作。在这一时期结束之前，据报告它有100多家机构在运转。

不管是为了看病，还是为了生计，20世纪30年代，合作的理念在经历了20年代的放缓之后重新迅速发展。节俭、规划和共同努力成了时代的主题。在1929—1934损失惨重的几年里，通过合作社购买的农场生活用品的数量翻了一倍，达到了2.5亿美元。汽油和油类产品合作社在很多农村地区繁荣兴旺，田纳西流域合作联社在联邦政府赞助的阳光下繁花盛开，而信用合作社全国联合会（1934年在威斯康星州的麦迪逊市组建成立）把合作的观念应用于银行，特别是为了贷款和分期付款购物。另一方面，随着新政的出现，销售谷物和牲畜的农民合作社的数量下降了，这显然是因为AAA接管了很多一直由农民自己干的事情，但供应其他农产品以及供应农场必需品的合作社却以前所未有的活力在发展。到1935年，10,000个农民的买卖协会拥有超过325万成员。尽管合作的观念也侵入了城市，但它的主根依然在农村，尤其是在古老的德国、斯堪的纳维亚和芬兰裔的殖民地带。

20年代给广告业带来了异常的喧闹和浮华，大萧条对很多制造行业的早期影响之一，就是促进了更小的包装容器、更不牢固的包装、低于正常水平的重量、假冒商标和劣等原材料。由于消费者被迫以前所未有的精打细算来消费，于是出现了大量的书，提醒他当

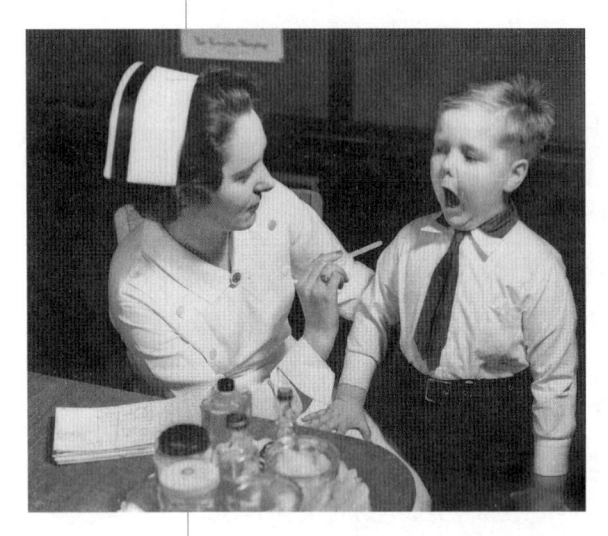

社区卫生中心给孩子看病

贴满商品标签的商店橱窗

心陷阱，比如阿瑟·卡莱特和弗雷德里克·J.施林克的《一亿豚鼠》（ *100,000,000 Guinea Pigs*，1933），詹姆斯·罗蒂的《我们主人的声音：广告》（*Our Master's Voice: Advertising*，1934），施林克的《吃、喝与留神》（*Eat, Drink and Be Wary*，1935），以及鲁斯·拉姆的《美国的恐怖屋》（*American Chamber of Horrors*，1936）。美国医学会的各委员会充当了药品市场改革的先锋，而其食品委员会（创立于1929年）不愿意盖上它的批准大印，拒绝提交三分之二的产品，坚持修改标签，降低对剩余产品的广告诉求。这一程序，比《好管家》（*Good Housekeeping*）杂志所经营的那家"学会"的程序更严厉，这家杂志尽管声称代表消费者，却把大量的星标慷慨地给予它最有价值的广告客户。更可靠的是像美国家政协会和美国标准协会这样一些团体所设计的标准，后者是同业公会、技术学会和联邦政府部门的同盟者。

很明显，从生产者经济到消费者经济、从匮乏到丰富的转换，从根本上改变了人们的购买策略。问题不再是如何买到商品——像亚当·斯密时代那样——而是如何以公平的价格买到最优质的商品。

到这个十年结束的时候,大约有25,000所中学为600多万未来的家庭主妇提供了消费教育,从此以后,她们的信条便是谁都不信和货比三家。这个年代的大学的化学课常常让学生分析药品、肥皂和汽油,而农业方面的课程则着重肉类购买和农产品的分级。1938年,密苏里州斯蒂芬斯学院在阿尔弗雷德·P.斯隆基金会的捐助下,创立了"消费教育学会"。全国各地的妇女俱乐部是消费运动的倡导者,由全国女选民联盟和美国大学妇女联合会担任强有力的领导。

一些更老成持重的组织则专注于商品的分析检验——比如全国消费者联盟,它最初的关切是不卫生的产品和血汗工厂——它们被一些更活跃的组织挤到后排去了。这样的组织有1929年成立的消费者研究会,其目的在于促进根据等级和详细说明、而不是根据登广告者的自吹自擂来买东西的消费习惯;以及1936年创立的消费者联合会,其所支持的不仅是消费者,还有工会工人,它对竞争资本主义的批评获得了稍嫌左倾的名声。它们的实验室所得出的发现,被打上"机密"的封印(为的是保护自己免遭诽谤诉讼)寄给了订户,通过借阅和口耳相传,其传播范围大概远远超过其组合邮件列表上的150,000个家庭。

新政也插手此事。除了在NRA领导之下所做的短命努力之外,新政还创立了AAA的"消费者咨询委员会",该委员会与农业经济局、家政局和劳动统计局合伙,创办了一份被称作《消费指南》(*Consumers' Guide*)的双周刊。此外,自1934年起,联邦贸易委员会迫使很多刊登广告的商家改正其广告中的错误、缓和其过火的诉求,而且,1938年通过的《惠勒—利法》大大增强了这样的控制。与此同时,要求把1906年的《纯净食品和药品法》彻底现代化的呼声有所增长,尤其是在70多位患者死于医药公司供应的"磺胺酏剂"之后。尽管有新闻媒体的漠不关心和来自很多商业公司的公开敌意,但在来自妇女组织的强大压力下,1938年6月4日通过的《食品、药品和化妆品法》抛弃了陈旧的立法,拓宽了联邦权威的领域,要求在新药引入市场之前对它们进行足够的测试,严格定义了掺假和冒牌,禁止通过包装和商标来实现欺骗。

如果消费者有现金或信用货币，他所能买到的商品——为了健康、效率、方便和奢侈——比早先任何一个美国人所能买到的都要多。工业研究极大地增加了合成化学的奇迹，以很低的成本连续不断地生产出新式的、有魅力的商品。1920—1940年间，工业研究实验室的数量从300家增长到了2,000家以上，它们所雇用的科学家和技术专家从6,000人增长到了60,000人，通用电气、杜邦、美国无线电公司和西屋公司起了带头作用。应用化学的奇迹保护了几家大公司，避免了大萧条给它们带来最糟糕的结果，尤其是杜邦公司，它们发动了一场销售被称作"玻璃纸"的无孔包装的营销大战。结果是如此成功，以至于公众开始争相购买用这玩意儿包装的洋李干、饴糖和香烟。也是这家公司，利用J. A. 纽兰博士所涉及的工序，率先开发出了一种名为"氯丁胶"的合成橡胶，并在1931年正式宣布。它的重要性在10年之后变得十分明显，当时，日本试图切断天然橡胶跨越太平洋流向美国，以报复美国的石油和金属禁运。

在新奇的农业化学领域——它很早就吸引了亨利·福特及杜邦兄弟的关注——范围广泛的农产品，从大豆到脱脂乳，都被转变成了塑料制品，而且，1939年，国会资助地方实验室开展进一步的研究。从诸如樟脑、石墨、酒精、尿素、石棉和甲醛之类的原材料，实现了更多其他的人工合成。尼龙——用煤、空气和水合成的聚酰胺纤维——在1939—1940年之间被引入市场，受到女性消费者的青睐，而同一产品的粗纤维则被制成牙刷。胶合板，从纤维素合成的纤维，以及包含了钼、钒、镍、铬和钨的合金钢，被证明在工业以及未来军事领域有着重要意义。另外一些发明还有：玻璃增强聚酰亚胺，防水人造革，树脂玻璃，粉状醋酸纤维素，透明合成树脂，以及乙烯基树脂。在很短的时间内，一个普通人也开始明白，这些令人惊奇的新物质如今组成了他写字的钢笔，他床头的收音机盒子，他浴室里的海绵，他所驾驶的汽车的轮子，他老婆的衣服，他所看的投射在银幕上的电影胶片。而且，多亏了像诺曼·贝尔·格迪斯这样一些富有想象力的设计师，很多这样的产品往往倾向于更大的功能性、美感和色彩清晰度。

在30年代中期，分解重油（提取气和汽油之后）的工序，为消费者增加了数百万桶燃料，也为工业酒精、油漆、塑料制品和合成纤维提供了原料。作为实验室守恒的另一个方面，聚合作用是一项导致可燃气体化合成汽油分子的技术，它最终确保了给全国的汽油年产量额外增加90亿加仑。

机器起到了取代人的感官的作用，包括精确测量形状、大小和重量以及测试压力和温度的能力，在30年代又结合了最早的在商业上可行的光电管。这个"现代科学的阿拉丁神灯"能够比人眼看得更清、更远，没有错误、疲劳和色盲。它证明了自己是一个无与伦比的仆人，可以用来分类物品，匹配色调，计算打眼前经过的物体，调整光亮，让电梯与地板自动对齐，开门，以及守卫大门和监狱的高墙。虽然电视在这一时期开始的时候受到热烈的欢呼喝彩，但由于过高的成本和技术上的缺陷而停滞不前。然而，在有限的程度上，它在1939年的纽约世博会上进行了展示，第二年，哥伦比亚广播公司论证了彩色电视的可行性。光学领域一个不那么激动人心的进步是通用电气在1932年对钠灯进行了完善。就算它的黄色对于室内使用来说通常让人难以接受，但它是所有长寿电灯中最有效率的，对公路照明来说十分理想；与此同时，埃德温·兰德发明的偏光灯和偏光眼镜有效地防止了眩目。

在实用声学中，无线电话已经趋于成熟，它在飞机和轮船上的使用，预示着二战临近时期的"步话机"。1937年，同轴电缆投入商业使用：一根电话线凭借晶体滤波器和真空电子管便可以传输250对同时通话。与此同时，30年代中期电子管风琴的引入——没有音管、簧片或其他振动部件，却能够达到近似于管风琴的标准——对于住在小房子和公寓里的音乐爱好者来说是一个恩惠，对学校、教堂和广播电台来说也是如此。对管风琴音乐的复兴，它功不可没。

新工艺也影响了人们的饮食习惯。固体二氧化碳（干冰）在1930

年的商业应用，使得更远距离装运新鲜食物成为可能，因为它逐渐释放的二氧化碳气体能够杀死细菌或阻止细菌的生长。1925年，克拉伦斯·伯宰发明了食品的快速冷冻——以保存它们的天然风味，通用食品公司买下了这一技术，并在1930年把它引入了零售业。4年后，总共销售了1,000万磅这样的食品，包括豌豆、玉米、浆果、牡蛎及其他容易腐烂的食物。到这个十年结束的时候，冷藏成本已经降低了四分之三以上，尽管价格依然高于新鲜食品，但数量已经增长到了2亿磅。

　　美国饮食中更具革命性的发展来自于跟维生素有关的生理学和医学研究。这些研究在第一次世界大战之前就已经开始了，但1911年发表的关于这一课题的论文总共只有区区47页，到1930年便发展到了1,500页。关于维生素的合成物，维生素互相之间以及维生素与荷尔蒙之间的关系，以及它们对新陈代谢、健康、感病性和长寿的总体影响，相关的知识取得了迅速的进步。维生素A的特性在很大程度上依然是个谜，直至耶鲁大学的M. D. 泰森和阿瑟·H. 史密斯在1929年所做的重要工作；第二年，它的植物来源被确认为胡萝卜素。1936年，人工合成出了维生素A和维生素B1，而且，主要是通过得克萨斯州的汤姆·D. 斯皮斯的研究，维生素B2合成物中的烟酸被发现可以用来治疗南方贫穷白人的痛苦根源：糙皮病。1937年，圣路易市的爱德华·A. 多伊西从紫苜蓿中分离出了维生素K，不久之后便显示出了它在止血上的威力。另一方面，药用肝素在这些年被投入使用，刚好带来了相反的效果，在30年代后期，这种抗凝血剂开始被使用，在防止血栓形成、治疗细菌性心脏病上取得了显著的成功。

最早的无线电话（1941年）

第13章 消费与科学　　285

The Great
Depression 美国大萧条

宣传维生素的招贴画

随着维生素效力由国际联盟委员会标准化，面向世界市场的制造商（尤其是美国的制造商）很快就以药片、胶囊和药酒的形式卖掉了巨量的维生素浓缩物。得益于对大萧条所引发的营养不良的公开宣传——例如，美国医学会主席在1935年宣布，有2,000万人生活在营养安全的水平上下——很多老百姓（包括吃得很好的人）开始摄入一定数量的维生素浓缩物。一次真正的自我配药的疯狂发生了，它或许是无害的，但常常是不必要地浪费金钱。1938—1939年间的冬天，一份行业杂志报告，在所有通过药店柜台销售的药品当中，维生素的销路仅次于轻泻剂，而制造商则宣布，他们每天根据订单生产700万粒药丸，一年的毛收入是5亿美元。食品工业做广告，说他们的商品里含有维生素，像浓缩牛奶和鲜奶、面包、谷类、酵母、甚至口香糖和唇膏这样的商品，商家在卖的时候都保证含有丰富的维生素。

更明显的是，关于维生素的宣传帮助改变了人们的烹调习惯。家庭主妇们学会了新鲜食品在吃掉之前不把它们保存太长的时间，也不把蔬菜煮得过烂；越来越多地使用高压锅被认为可以保存维生素；比起从前，有更多的蔬菜被生着端上餐桌。褐色的和全谷物的面包比白面包更受青睐——这是一项重新流行的饮食改变，在第一次世界大战期间曾作为一项环保措施来实行——与此同时，柑橘类水果汁被当作抵御寒冷的灵丹妙药给喝进肚子里，牛奶更是成了适合所有年龄段的全民性饮料，动物肝脏赢得了新的尊敬，因为广告说它有治疗贫血的功效。

生理学和医学还记录了其他的重要进步。最大的进步是磺胺药的发现，尤其是氨苯磺胺、磺胺嘧啶和磺胺噻唑。它们率先在德国被使用，自1936—1937年间的冬天起，在美国得以完善，并被应用于新的用途，尤其是被佩兰·H.朗博士及约翰·霍普金斯大学的其他临床学教师所使用。在一些令人谈虎色变的传染病中——比如肺炎、脑膜炎、沙眼和丹毒——磺胺药常常会创造奇迹，但它们在治疗像病毒性肺炎、伤寒症和肺结核这样一些依然未被征服的疾病时却并不怎么成功，有时还会给肾和造血器官带来有害的影响，这也给人们发出了危险的信号。

1931年，罗拉·E.戴尔医生把跳蚤确定为斑疹伤寒病毒的主要携带者。9年之后，1935年的那本关于这一主题的畅销书《耗子、虱子与历史》（*Rats, Lice and History*）的作者汉兹·津瑟医生在他去世不久之前公布了大规模疫苗生产技术的发展，这一成果在第二次世界大战当中的价值是无法估量的。洛克菲勒医学研究院的R. J.杜博斯博士在1939年开始的研究导致了短杆菌肽的发现，这是由一种土栖细菌所生产的抗生素，对付肺炎双球菌、链球菌和葡萄球菌非常有效。医院对干血浆（1940年左右得以完善）的广泛使用，对未来有着极其重大的意义。迅速的进展发生在胸科领域。例如，1930年，"铁肺"被发明了出来，使得那些胸腔肌肉瘫痪的人能够存活，新的外科技术使得摘除整肺以阻止癌细胞生长成为可能。

沿着生理学和精神病学的边界，产生了一些成果丰硕的发展，比如1937年采用胰岛素休克治疗精神分裂症。1934年，F. A.吉布斯、阿尔弗雷德·L.卢米斯、H. H.贾斯珀及其他医生开始研究人脑的电位——正如脑电图所记录的那样——因此对癫痫病的诊断和脑癌的定位有了更清楚的认识。在心理学领域，研究者们在继续提炼并细化他们早先在诸如弗洛伊德学说、行为主义和格式塔学派之类的影响下开始的调查。在一些非常实用的领域，比如交通事故心理学、少年犯罪与成人犯罪、职业心理学及测试，专家们也做了大量的工作。

与此同时，对地球上罕为人知的地方进行勘测探险，也吸引了那些有探索精神的人，比如理查德·E.伯德分别在1928—1930年间、1933—1935年间和1939年先后进入南极洲探险，或者纽约动物学会的威廉·毕比博士对海洋生命和深海地质学的持续研究，正如他的书《下潜半英里》(*Half Mile Down*, 1934)中所记录的那样。在这个十年的一项最有独创性的成就中，亚利桑那大学的A. E.道格拉斯教授根据在印第安人村庄的桁梁上找到的树木年轮，以及旱季和雨季周期之下的均质变化，为美国西南部地区绘制了一份绝对气候年表，时间上溯到了公元91年。

遗传与环境的老问题依然在发挥着它们的魅力，慢慢产生了更多的秘密。大量及时的质疑——从社会工作者和计划者们所提出的环境问题，到被纳粹辩护者们歪曲为人种神话的遗传问题——都转向生物学去寻找证据。在科学研究自由和言论自由依然毫发未损的美国，关于绝对种族纯洁和种族优越的主张，被诸如弗朗兹·博厄斯、奥托·克兰伯格、玛格丽特·米德以及鲁思·本尼迪克特之流的人类学家给重新激活了。在遗传学领域，加州理工学院的托马斯·亨特·摩根对醋蝇所做的20多年的研究，最终证明了突变在进化中所扮演的创造性角色。摩根的工作（他为此而获得了1933年的诺贝尔奖）揭示了遗传学家的新世界：染色体及其组成基因，把一些不为人知的微妙之处引入了孟德尔遗传理论更简单的系统中。

与此同时，赫尔曼·J.马勒显示了用X射线照射果蝇使得突变加速了150倍，导致它们在经过很少的几代之后，其后代显示出完全不同的新特性。

尽管私营企业——哪怕是在大萧条最黑暗的时节——继续把大量的经费倾注到工业化学及其他应用科学和工程学的研究中，但是，大的研究基金给予纯科学的支持在其收入逐渐消失的时候便减少了。1930—1934年间，一些科学和学术发展基金——拥有7亿美元的资本金——被迫把它们每年的专项拨款削减了将近四分之三。由各州和联邦政府的经费所支持的研究也在贫困的沙洲上搁浅了，只有到了1939年第二次世界大战开火之前才再一次漂浮起来。1930年，新泽西州普林斯顿高等研究院成立，该研究院由纽瓦克商人路易斯·班贝格和他妹妹费利克斯·福尔德太太慷慨捐赠。这家研究机构没有授予学位的常规程序，它很快就吸引了一批著名的数学家、经济学家、政治科学家和人文学者。然而，30年代却以一种辉煌而又矛盾的方式，在看似最不能立即实际应用的领域取得了杰出成就，尤其是天文学、原子物理、辐射、生物化学和生理化学，这进一步证明：世界的学术之都已经向西迁移，越过了大西洋。

1930年，位于亚利桑那州的洛厄尔天文台报告，发现了第八大行星：冥王星，位于迄今为止所观测到的那些行星之外。6年之后，罗伯特·麦克马思和他在密歇根大学的同事们采用了太阳单色光照相仪，拍摄太阳的电影，生动地显示了其大气层运动中的气态现象。在威尔逊山天文台，埃德温·P.哈布尔观测到了星云后退的视速度，正如其光谱线随着星云与地球的距离而增长所产生的红移所显示出来的那样，并推测：他掌握了宇宙度量的新尺度。1934年，他的同事

洛厄尔天文台

米尔顿·赫马森发现了人类已知的最大速度：牧夫座的一团星云正以每秒24,000英里的速度消散。进一步的发现，要等到使用装有200英寸反射镜的望远镜，洛克菲勒基金刚好在大萧条开始之前提供了这部望远镜的费用。这块巨大的反射镜，1934年在康宁玻璃厂铸造，并运到帕萨迪纳去打磨，1941年接近完成，此时，战争的爆发导致它停工数年。最后，当它终于在圣迭戈市附近的帕洛马山顶安装起来的时候，它将能够穿透超过10亿光年的空间。

紧跟着相对论之后，时间、空间、物质、以太、电流以及古典物理的其他方面继续被重新解释，以全新的时空观念以及远不那么紧凑和确定的科学哲学，取代了古老学派那丝丝入扣的机械论因果关系。关于宇宙射线的特性，存在着一些彼此冲突的假说，如今我们知道，这些射线正以巨大的能量轰击着地球，每一次轰击的能量，比我们从前所发现的存在于任何种类的原子工程中的能量都要大1,000倍以上，尽管轰击的次数是如此稀少，以至于它们只为地球带来相当于稀薄星光中涉及的能量。1932—1934年间，罗伯特·A.米利肯和H.维克托·内尔开展了一次世界范围的调查，想摸清不同的经度和纬度宇宙射线的强度变化，芝加哥大学的阿瑟·H.康普顿和他的同事们也做了这样的事。这样的调查产生了确凿无误的证据，证明了这些从所有方向轰击地球的强射线是——至少主要是——由带电粒子（据推测应该是电子）所组成，并混合了未知比例的光子——与光有着相同特性的以太波。米利肯和内尔在1934—1940年间所做的实验——用测风气球把仪器带到接近大气层顶部的位置——证明了这种光子成分所携带的能量不可能超过总的进入能量的三分之一，或许还要少很多。

与此同时，1931年，哥伦比亚大学的哈罗德·C.尤里借助分光镜发现了氢的同位素氘，跟普通的氢原子不同，氘的原子核不是由一个质子组成，而是由一个中子和一个质子的紧密结合所组成。它的质量两倍于平常的氢原子，而且，当我们在水分子中置换它的时候，便产生了"重水"。通过诸如此类的发现，街头巷尾的寻常百姓也感觉到了，牛顿和富兰克林做梦也想不到的令人难以置信的力量，如今已掠过人类经验的地平线。一种测量这种巨大的粒子能量的方法，1932年在加州理工学院的实验室里被年轻的卡尔·D. 安德森所使用，他拍摄了这种射线在云室中的结果，发现这种看不见的力量从原子中撞击出了一种质量很轻的带正电荷的粒子，他称之为正电子。安德森因为发现负电子的这位孪生兄弟而获得了诺贝尔奖。

哈罗德·尤里（中）和同事们

为了以更大的力量（比那种使得阿尔法粒子从镭中射出的力量还要大）轰击粒子从而产生出人工产品，人们展开了一场竞赛，1928年，加州理工学院以查尔斯·C. 劳里森的百万伏X射线管——所有粒子加速器的先驱——开始了这场竞赛。其运作的关键在于射出带电原子，通过一连串电场，在每一个电场它都会接收额外的能量。麻省理工学院的罗伯特·J. 范·德·格拉夫接下来建造了一台机器，它通过不断增加这样的"踢"的数量，推动原子核分裂成粒子所产生的潜能，直至达到几百万电子伏特。1932年，另一位竞争科学最高荣誉的年轻参赛者、加利福尼亚大学的欧内斯特·O. 劳伦斯（1939年获诺贝尔奖）建造了他的第一台实用回旋加速器，这是一个带有金属壁的11英寸磁共振加速器。尤里和劳伦斯的工作在某种程度上是互补的，因为氘粒子在被高频振荡电场加速的时候成了能量更大的抛射体，其能量比经过处理的质子以类似方式产生的能量更大。回旋加速器以一股带有约2,000万电子伏特能量的轰击流把它们射出来，轰向那颗打算要击碎的原子核。

公众好奇地（即使是一知半解）阅读关于这些原子粉碎实验的报道，尽管他们很少能预见到这些实验的实际意义。然而，1939年，随

The Great
Depression 美国大萧条

爱因斯坦接受美国国籍

着德国透露出通过中子轰击实现了铀核裂变，一个新的阶段开始了。当时，六家实验室的专家们开始努力实现铀裂变的"链式反应"。那一年的秋天，在听取阿尔伯特·爱因斯坦（在美国避难的一位难民）及其他人关于原子研究的潜在军事价值的建议之后，罗斯福总统任命了一个铀顾问委员会。不久之后，从铀238中获得了一种新的放射性元素"钚"（94号），还有一点也变得越来越清楚了：它的成分正是我们在中子轰击未分裂铀时所观察到的大部分裂变的主要原因。在1940年夏天法国陷落之后，一道厚重的审查之幕拉了下来，遮住了核裂变的进一步进展。它是新近组建的"科学研究与发展局"的所有活动中最机密的，是那种曾开发田纳西与哥伦比亚河流域的巨大水力发电潜能的区域主义最意想不到的结果，其最终的结果，只有当1945年8月5日原子弹在广岛爆炸的时候才能被世界所知。

尽管科学家出于爱国的需要以这样那样的方式对日渐迫近的这场战争的破坏力做出了各自的贡献，但一个新的起点显示在这样一个事实当中：在20世纪30年代，他们表现出了一种比此前任何时代都更敏感、表达更清楚的社会意识。1934年的诺贝尔奖获得者尤里教授说："我们的目标并非要创造就业岗位和红利。我们希望消除人们生活当中的苦工、不适和匮乏，带给他们快乐、悠闲和美。"不管多么无心插柳，科学家和工程师们的成就终归为技术性失业的现象出了一把大力，认识到这个事实，美国科学促进会（AAAS）的几个部

292

门早在1932年便举行了一场严肃认真的讨论会，讨论机器时代的周期性失业。1937年，AAAS决心把"审视科学对社会的深远影响"作为其目标之一，邀请它的世界各地同行们加强合作，"促进各国之间的和平和知识自由，为的是让科学能够继续前进，并且更丰富地把它的福祉传播给全人类"。次年，一群由卡尔·康普顿、阿瑟·康普顿、尤里、安东·J. 卡尔森和弗朗兹·博厄斯领头的科学家组成了美国科学工作者协会，作为AAAS的分支机构，它致力于科学对人类福祉的应用和专业自由的捍卫。大萧条时代的社会意识，以及形成鲜明对照的纳粹党人的残忍和镇压的公开展示，都加速了这一发展。

公众对应用科学功效的兴趣，在1932—1933年间冬天专家统治论的短暂流行中显露无遗，这是格林威治村的一位先知霍华德·斯科特所设计的一套伪科学方案，为的是把国家转变成工程师和技术专家的天堂：货币、银行、私营企业和经济失调全都应该在计划经济面前俯首帖耳，那里，任何人每天的工作时间都不得超过4小时，人人享有同样的收入，价格反映了生产任何给定商品所需要的能量单位。更有意义的是，涉及技术的社会责任的图书迅速猛增。斯图亚特·蔡斯的《人与机器》（*Men and Machines*，1929），拉尔夫·弗拉德斯的《驯服我们的机器》（*Taming Machines Our Machines*，1931），以及阿瑟·达尔伯格的《工作、机器和资本主义》（*Jobs, Machines, and Capitalism*，1932），在罗斯福时期紧跟着这些书的有：哈罗德·鲁格的《伟大的技术》（*Great Technology*，1933），威廉·F. 奥格本的《与机器共存》（*Living with Machines*，1933），以及刘易斯·芒福德《技术与文明》（*Technics and Civilization*，1934）。

一年之后，在联邦政府提供一定津贴的支持下，60位技术专家搞了一次全国性的调查，调查报告称，如果国家"为消费者生产诚实的商品和服务"的潜在能力被利用起来的话，总产出按照大萧条之前的美元计算将会达到平均被个家庭4,400美元，或者说达到实际值的2.5倍。像空调设备、整形外科、活动板房、光电管、纤维素、合成橡胶、电视、从煤中提炼汽油、摘棉机和溶液栽培这样一些技术创新，使得有一点变得很明显：在这样一个数百万人徒劳地寻找工作而大量的工厂在闲置中生锈的时期，技术却扎扎实实地向前迈进了。1937年，无须增加劳动力便可以生产出比1929年多20%的商品和服务，有一位工程师估算，工人每周用不着工作24个小时便可以满足美国的所有生产需要。1939年6月的一次盖洛普民意调查询问那些领救济的人："你把我国眼下的失业归咎于何种原因？"结果显示，所占比例最大的答案是："机器取代了人。"这个理由是不带偏见的，也是聪明的。

一份很有独创性的分析和预测，出现在这一时期临近尾声时被人们广泛阅读的一本书中。詹姆斯·伯纳姆的《管理革命》（*The Managerial Revolution*，1941）预言，最终接管这个世界的，既非资本家，也不是共产主义者，而是经理人，因为他们像应用科学家和工程师所继续扮演的角色一样至关重要，工业秩序中力量的关键被协调者所掌握：生产管理者，工厂负责人，金融执行者。他还把新政解释为政府中的一次管理革命，因为联邦政府的主管们接管了私营企业的巨大领域，可以亏本运作，并因此拥有对利润制经理人的巨大优势。

争议较少的、更切实的是这些年的三次博览会所展示的技术奇迹。芝加哥的"进步的世纪"博览会在1933年的第一个展览季便吸引了大约1,000万参观者。不像40年前的那次博览会专门颂扬旧大陆的文化，这次世博会的特征是展示本国创造发明和工程建设中所取得的成就，它的"科学馆"吸引的观众最多。1939年夏，第二次世界大战爆发之前的最后一个展览季，在大陆的西海岸出现了类似的展览，铁路公司利用这一情况，提供优惠的旅行价格，去"看两次世博会"。旧金山的"金门博览会"，忠实于其源自前哥伦布时期和西属美洲的建筑学主题，多少有点倾向于贬低现代主义，除了最野心勃勃的彩色泛光灯照明和奢华的航空展览之外。

规模更大、更带有天主教色彩的博览会，是纽约的"明天的世界"，它的三角尖塔和正圆球的徽标（一个从地球上升起的尖顶），

象征了"社会重建的主题"。它在1939年吸引了2,900万参观者,其中包括了当时正在进行一次空前的亲善旅行的英国国王和王后,见证了大规模荧光灯照明的首次露面,传真报纸的无线电广播,以及每隔一段时间放射出的千万伏特闪电,"以显示人是如何束缚住了大自然的力量"。"明天之城"里充满了住宅创新和"电气化农场",向人们展示了水栽培(植物的无土栽培)的奇迹,吸引了数百万观众。外国占据了"和平之宫"侧面的22座多姿多彩的展馆,纳粹德国引人注目地缺席了。尽管捷克斯洛伐克的独立不久前被摧毁了,但她依然努力把展览办下去;意大利展馆以一个巨大的瀑布为特征,日本展馆有一座神道教圣祠,里面有一座独立钟的复制品,由11,000颗养殖珍珠和400颗钻石制作而成;而在苏联展馆的上方,竖着一尊巨大的雕像,塑的是一个工人高举着红星,高耸入云。无论是在比喻的

纽约世博会

意义上，还是在反讽的意义上，它确实是"明天的世界"。但是，不管在这样的展览之下设想出怎样的政治寓言，技术的胜利终归是清楚地凸显出来了，并在某种程度上预言了它给现代人的命运所带来的至今尚未成文的、多半是无法计算的影响。

第14章 与命运约会

The Great
Depression 美国大萧条

到40年代开始的时候，民族精神已经显露出了一种理想、动机和情感的复合体。20年代的精神满足，像去年的败叶一样被大萧条的寒风给吹得七零八落，紧接着是新政的春潮，充满希望，活力充沛，丰饶肥沃，在1936年罗斯福以压倒性的优势再次当选的时候达到了繁花盛开的高峰；接下来，几乎在不知不觉之间，开始显露出枯黄的色调。

就缓解物资短缺而言，新政所取得的成就是坚实而广泛的。实际上，它从闲暇的富人那里索取，用于养活闲暇的穷人，而当需求更大的时候，便开始搞赤字财政。极端的新政支持者坚持认为，财富的重新分配原本就是现代政府的主要功能；极端的保守派则指出，某些领取救济的人愚蠢地花光了他们所拥有的很少的一点财富，并严厉地质问：纳税人是否应该为这样的不负责任而受惩罚。总体上，国民压倒性地支持均衡的创造就业，而不是腐蚀性的施舍，但在某些心态下，对不断增长的公债感到惊慌，常常觉得政府在娇惯那些游手好闲的人，过度热衷于毫无价值的琐事。1939年6月，一次盖洛普民意调查要求公众指出新政所作出的"最大成就"和"最糟糕的事情"，结果发现，"救济和WPA"分别以相当大的差额遥遥领先——这无疑是一种分歧精神的缩影。

新政没有解决、显然也不可能解决基本的复兴问题。它的某些工作，尤其是NRA，实际上似乎妨碍了复兴，但另一些工作，像注水泵式的PWA和WPA，却帮助加速了国内经济环境的改进，自1933年初起，这种改进就在全世界开始了。然而，这一时期的大部分时间里，待在失业的这潭死水池里的人数，一直保持在600万到1,000万之间，而农业则由于联邦政府的慷慨补贴而免于经济困难。相比之下，新政的"三个R"当中，有一个R被证明在30年代中期的适应性较强的心态中相对比较容易。百日新政之始，正如有人评论的那样，大约在1935年之后，改革便把聚光灯从复兴那里转移到了自己的身上。成就是令人印象深刻的，并且明显有着持久的重要性。国会议员和地方政客纷纷爬上了进步主义的乐队花车；艺术、文学、音乐和电影纷纷以社会意义的语调做出回应。如今，用杰斐逊派的自由主义旨趣来解释历史越来越成为习惯，正如在19世纪汉密尔顿的联邦主义一时间独领风骚一样，这种风尚甚至一直持续到了伍德罗·威尔逊的那些学院派著作。

这个毕生的理想主义者，从他20世纪20年代漫长的冬眠中苏醒了过来，他深深地吸了一口气，再一次积极地投身于对社会正义的寻求征程中。另外一些迄今为止麻木不仁或者沾沾自喜的人，则从总统的演说中，以及从文章、小说和戏剧中，十分震惊地、常常也是深怀忧虑地得知：全国有三分之一的人住得很糟、穿得很糟、吃得很糟。例如，一些妇女俱乐部越来越多地把它们的计划投入到这些事情，而不是"纯文学"或花园上。大萧条的剧痛及其所带来的后果，就这样培养了更温柔的社会良心，使人们关注到对一个长期不幸的社会阶层——贫民窟的居民、血汗劳工、下层社会的孩子、边缘化的农民、谷租佃农及其他阶层——他们的存在，远远早于当前的这场危机。作为回应，出现了各种各样的改革和缓解措施，像贫民窟的清除和模范住宅的建立，反对童工的新

前路漫漫，出外寻找机会的失业者

第14章 与命运约会

立法，工资和工时法律，乡村迁居，贷款给苦苦挣扎的农民，以及对土壤保持的促进。

最重要的是，社会保障的观念已经在美国人的生活中扎下了根，试图保护个人抗御超出其控制能力的风险，无论是寻求其与生俱来的权利的失学青少年，还是面对疾病、工伤事故和技术性失业的成年人，抑或是面临最终失业的老年人。回想起詹姆斯·布赖斯对这一代人的父辈和祖父辈所做的分析，一些在1935年再次关注中等城镇的社会学家指出："最惊人的差别，在于美国人对冒险精神的看重和如今中等城镇对可靠和安全的看重之间形成了鲜明的对照。"在30年代，很多人都把他们的信任押在新政对保障的许诺上，而另一些人则渴望那种"让美国变得伟大"的旧秩序，珍爱个人奋斗和自由竞争，对激进主义和革命总是满怀忧惧。但无论从哪一边看，其基本的迫切要求却出人意料地保持着完全相同。

罗斯福本人和他的大多数追随者都看不出新政中有什么激进或革命（贬义）的东西，事实上，他们坚持认为，新政促进了个人奋斗和自由竞争，这恰恰是因为它青睐于小企业而反对大企业，青睐于普通公民而反对垄断，青睐于劳资双方集体谈判而反对集中的资方权力。对他们来说，它虽说是一次新政，但手里拿的却是一副老牌，就像——比方说——在往往以合同规则取代了拍卖规则的劳动力市场上所打的那副牌一样。毋庸置疑，在这样一个时代，政府的干涉增强了劳动者的力量，因为，这不仅是一个要求工人能够得到保障、能够更充分地分享工业利润的呼声不断高涨的时代，而且还是一个反映了一种更深刻不满的时代，这种不满源自枯燥乏味的非人身折磨，死气沉沉的机械性重复使得工人再也没有了早些年那种与手工业和小作坊相伴而生的工作趣味和创造性满足。这种普遍深入的动荡不安潜藏在这样一个背景上：工会要求有更大的集体威信，无论是在政治中，还是在纯粹的经济领域。

保守派首先倾向于指出劳工"沙皇"的傲慢自大，他们的生意就是把事情搞大，或者说是劳工讹诈者的违法战术。此外，准司法性的全国劳资关系委员会时不时地表现出要逾越它自称的不偏不倚，以确保工会有机会通过摆向另一个极端来补救古老的不平。即使是在战争的阴影下，像约翰·L. 刘易斯这样的工会领袖们也给人留下了这样一种总体印象：劳工的唯一目标就是要得到国民收入中更大的份额，而不是在更大的国民收入中得到应得的份额。很多在新政的早期阶段对劳工运动友好的人，在1937年的静坐罢工时期都改变了原先的态度，并且，打那以后便倾向于批评联邦政府对工会的纵容，正像他们在柯立芝和胡佛时期曾经不赞成相反的倾向一样。

罗斯福与霍普金斯

　　对于保守派的另一项陈词滥调的指控——即华盛顿政府过多地干涉个人自由——公众舆论显示出了较少的同情。《财富》杂志在1940年初秋所做的一项民意调查显示，将近三分之二的人确信，现有的干涉并不过分，只有四分之一的人认为它是过分的，十分之一的人没有发表看法；即使是在成功人士当中，对这种干涉的否定也只是以非常接近的差额领先。这次民调以及另外一些调查都显示，大多数人对新政的管制方面持有相对较少的异议，总体上，这种管制最重的是针对股票交易所、企业、很高的个人收入以及遗产。就新政触及普通百姓的范围而言，被触及的人都认为它是有益的，尽管——正如多种民意调查所显示的那样——他们可能会反对常常处在自己领域之外的某个方面，比如农民对WPA的担心，城市里领取救济的人对生猪屠宰的忧虑等等。一般而言，不管是好是坏，罗斯福政府培养了地方政府的依赖习惯——不仅依赖华盛顿的慷慨施舍，而且依赖于它的决定权，另外还有个人自治的发展。

　　新政的整个计划——为了救济、复兴、改革——本质上是实验

第14章 与命运约会　　301

The Great
Depression 美国大萧条

性的，同时具有方法流动性的优点和缺点，不管它的共享繁荣和社会正义的终极目标有多么坚定。有时候，它的即兴之举看上去似乎反复无常，比如在1933—1934年间的货币操纵中，但决非不忠实于罗斯福早期誓言：行动，持续不断地行动，不管要经过多少次试错。作为威廉·詹姆斯的哈佛大学的一位子孙，他拿起了实用主义作为自己的政治工具，在这个困惑、流动和转变的时期，美国的精神给予了它衷心的认可。

新政不得不如此仓促地努力做如此之多的事——实现了辉煌的成功、一些明显的失败，这在很大程度上源自于重新点亮那盏进步主义明灯的需要，在老罗斯福、塔夫脱和威尔逊时代，这盏灯曾闪耀着明亮的光芒，但却在"大改革"的兴奋骚动中熄灭了，在20年代的停滞氛围中再也没有重新点亮过。可是，尽管新政有种种错误和缺点，但它的公众信任度依然异乎寻常地高，它的领导层依然是真诚的，所以，后代子孙要是读到罗斯福的名字在相当少的一部分既不缺乏聪明才智也不缺乏公民责任的人当中所激起的却几乎是病态的仇恨，很有可能要感到迷惑不解。在其众多的工作中，新政把它的很多计划打造成了社会和政府结构的组成部分。就连共和党人也在1936—1940年间稍嫌含糊地许诺要做很多同样的事情——只不过更好、更廉价。新政拼图的另外一些部分经过了试验，在法律上被宣布无效，被自愿抛弃或被彻底修改了。在某些着重点上，一个新的"常态"时代的肇始，无疑会导致进一步的屈服。但是，美国人的生活决不会再次一样，这一点，无论是朋友还是敌人都会同意。

到30年代结束的时候，改革的立法慢得几乎要停止了，虽然保持了它已有的成果，但没有再做更多的努力。共和党人和南方保守派在1938年的选举中所取得的进步显然标志着潮流的转换，因为

罗斯福夫妇
（1940年）

打那以后，新政的狂热和革新似乎越来越少地引起公众的关注。随着距离1929年的全国性大崩溃越来越远，以及相当程度的复兴加上新的当务之急，改革在这一代人当中已经大功告成。仿佛是要呼吁1935年分道扬镳的两股溪流重新汇合起来，1939年1月4日，总统告诉国会："我们充沛的能量如今可以被释放出来，赋予复兴的进程以活力，为的是保护我们的改革成果。"如今，我们正看着那些"我们在沿途看不到的"东西，他指出，在最宽泛的意义上，新政的改革是一种防卫措施，不仅要拯救国内的经济使之免于崩溃，而且还要构筑更牢固的抵抗外敌的堡垒。毫无疑问，罗斯福还觉察到了，在日益迫近的世界冲突的威胁之下，他的政党和国家的内部必须更紧密地团结起来。在这样一个时期，当某些曾经支持他的国内计划的国会议员们正抛弃他、把他留在孤立主义的帐篷里生闷气的时候，他需要南方保守派的选票，需要干涉主义的共和党人支持他重整军备。这份年度咨文以一个严肃的暗示收尾："来自外部的危险比内部的危险更令人担心……我曾经预言，这一代美国人与命运有一次约会。这个预言正在成为事实。给予我们的已经很多，我们所期待的还有更多。"

  1933年3月5日，《纽约时报》在头版的位置（紧挨着那篇关于罗斯福就职典礼的报道），以《希特勒的胜利指日可待》为题，报道了来自德国的最新消息。沿着德国边境的每一座山头上都点燃了熊熊的篝火，以"彰显纳粹党人的民族觉醒的理想"，打那以后，火焰便沿着一根通向第二次世界大战的导火索迅速蔓延。起初，极权主义的崛起，对于中等城镇来说，似乎主要是报纸上读到的某种东西，几乎不是一件美国人所关注的事情。但是，专栏作家、电台评论员、云游天下的新闻记者都在他们书和文章中，一些教育工作者和少数归国旅行者，都开始估量这场危险。危险稳步推进，从希特勒在1935年重启义务兵役制和1936年的修筑莱茵河防御工事，以及与此同时墨索里尼对埃塞俄比亚的征服，到1936—1938年间轴心国独裁者联手摧毁西班牙的人民阵线政府，再到1938年春天希特勒对

第14章 与命运约会 303

The Great Depression 美国大萧条

逃出德国的犹太难民

奥地利的征服，以及本年秋天至次年春天对捷克斯洛伐克的征服。

难民——无论是在原则上憎恨希特勒的非犹太人，还是希特勒在精神病态的立场上所憎恨的犹太人——是世界末日的先兆，在大城市和大学社区里比在中等城镇更为常见。1933—1939年之间，仅来自德国的配额移民就有大约60,000人，即使是这个数字也远远不能囊括所有向美国领事馆申请移民许可的人。这股汹涌的移民潮与一般移民的急剧下降正好同时发生。事实上，随着美国生活的前景不再那么诱人，很多已经人在美国的侨民开始回流，纷纷回到生活成本更低的旧大陆，回到等待已久的家庭庇护所。1931年，历史上破天荒头一次，离开美国的人数超过了来到美国的人数，这一趋势一直持续到了1936年，当时，流入人数终于再一次略有胜出，而且，由于难民流量的扩大，流入人数一直稳步增长，直到第二次世界大战爆发之后。总体上看，这个十年与过去几个十年形成了令人吃惊的鲜明对比。1921—1930年间，输入移民总数达到了4,107,209人，1931—1940年间，这个数字下降到了528,431人，是自1820—1830以来人数最少的十年。

尽管在欧洲的知识分子圈子中谈论美国文明的缺点——种族骚乱、盗匪歹徒、腐败政治、傲慢的资本家和普遍的粗俗——是一个长期流行的话题，但美国再一次扮演了其作为自由主义流亡者的避难所的公认角色。这些难民，不像早先的几拨德国和意大利的农民、技师和劳工，而是包括了比例非常高的医生、科学家、学者、音乐家、艺术家和作家，他们渴望把自己最好的技艺贡献给这个收留他们的国家。他们当中，有物理学家阿尔伯特·爱因斯坦，小说家托马斯·曼，指挥家阿图罗·托斯卡尼尼和奥托·克伦佩勒，作曲家阿诺德·勋伯格、保罗·亨德米特和库尔特·魏尔，建筑师瓦尔特·格罗皮乌斯，画家乔治·格罗兹，遗传学家理查德·戈兹施密特，细菌学家卡尔·兰格，文化历史学家朱塞佩·A.博格塞，以及德国前总理、作为哈佛大学公共管理学教授而定居美国的海因里希·布吕宁。大多数难民很快都找到了工作。帮助转移德国学者紧急委员会帮助资助了一些在大学里工作的学者，或者为他们提供研究基金，直到他们的适应性和价值能够得到恰当的评估，与此同时，曼哈顿的社会研究新学院在1933年创办了"流亡大学"，雇用了178

流亡大学的教授们

位欧洲教授。

犹太人在新来者当中显得异常突出,这无异于给反犹主义火上浇油——反犹在美国还是一个相对较新的现象。在某些群体中,反犹看上去仿佛就是一场仇恨的细菌战,在第三帝国的政治实验室里被如此狂热地炮制出来,并立即在西班牙和意大利被仿效,如今正把它的感染源传播到了大西洋彼岸。或许,每个人,就像每个地区和民族一样,其自身的内部都携带了种族和宗教偏见的潜在病毒,只不过健康的心态和正派的先天抵抗力能够阻止这样的细菌繁殖。像库格林的"基督教阵线"、乔治·迪塞里奇的"白山茶骑士团"和弗里茨·库恩"德美联盟"这样一些组织,在一些杂志——像堪萨斯州杰拉尔德·温洛德的《捍卫者》(*Defender*)——的支持下,搅动了不容异说这口沸腾的大锅。最狂热的显然是威廉·达德利·佩利的"银衫党",该组织1933年在北卡罗来纳州创立,如此彻底地继承了白人至上计划和垂死的三K党的策略,以至于一位观察者得出了这样的评论:"这是从床单到衬衫的大转变。"1936年,有人估计,反犹组织的成员总数高达15,000人;当然,它们在实力上从未达到过很大的数字。

然而,到了1938年,一个像阿尔文·约翰逊这样的自由主义的信奉者都能够报告"美国的反犹主义显著增长。人人都知道这是真的"。1939年4月,《财富》杂志所做的一次民意调查询问被调查者:"你是否相信在本国针对犹太人的敌意正在增长?"结果显示,将近46%的人回答是否定的,33%的人回答"是",21%的人不发表看法。小镇、乡村和农场里的人(在这些地方犹太人很少见),否认偏见有所增长,而城市居民、白领工人和东北海岸地区的居民则得出了不同的结论。此外,大约四分之一的受访者本身就表现出了反犹的姿态。比职业煽动家更为严重的,是那些缺乏思考能力的,或者心怀不满的个人,他们总是偶然地、不负责任地、常常甚至是轻率地表达混合了几种事情的偏见,主要是这样一种信念:犹太人属于不可同化的少数族群,他们垄断了某些生意和职业,加上一些精心灌输的谬论，比如：他们全都是共产主义者（有时候只不过是新政支持者），然而却是一些"国际银行家"。对于希特勒的公然迫害犹太人，压根不觉得有什么可恶之处的美国人并不多，但是，有欠考虑地对纳粹党人的谈话鹦鹉学舌的人并不是无足轻重的少数。

尽管反犹主义有所增长，但对外国宣传的轻信吸引了比从前更多的关注，主要是源自于第一次世界大战期间英国、法国和美国自己的"克里尔委员会"广为散布的关于肢解比利时儿童和钉死加拿大士兵的那些耸人听闻的故事。像亨利·埃尔默·巴恩斯和学术水平更高的西德尼·B.费伊这样一些"修正主义"历史学家们的著作，在诸如沃尔特·米利斯的《通向战争之路》（*Road to War*，1935）之类的畅销书的支撑下，试图（在普鲁士海军上将阿诺·斯宾德勒和马克斯·蒙特格拉斯伯爵的帮助下）推翻关于1914年德国战争罪行的"神话"，并常常强调英国的宣传在说服美国"为英国火中取栗"的过程中所扮演的角色。诸如此类的出版物，助长了30年代不断上升的孤立主义情绪。

1937年秋天，在纽约市创立了非营利性的"宣传分析研究所"，由一个顾问委员会领导，该委员会的成员包括：历史学家查尔斯·A.比尔德和詹姆斯·T.肖特维尔，经济学家保罗·道格拉斯，以及社会学家罗伯特·S.林德，其主要活动就是出版《宣传分析：一份帮

奔向自由：一群刚逃离纳粹的犹太孩子来到美国（1939年）

第14章 与命运约会 307

助聪明的公民洞察和分析宣传的每月通讯》(*Propaganda Analysis: a Monthly Letter to Help the Intelligent Citizen Detect and Analyze Propaganda*),不管这些宣传是国外的还是国内的。它把7种基本的宣传技术分类为：辱骂法、粉饰法、转移法、佐证法、平民法、叠牌法和乐队花车法。尽管这样的学者无疑掌握了很多的真相，并因此帮助教育了国民超越"大改革"时代那种兴奋的天真，但他们也起到了这样的作用，即构建一种反宣传的宣传，它——尤其是在年轻人当中——转变成了怀疑主义，并变得越来越冷硬，最后对所有的民族理想都玩世不恭，助长了面对极权主义威胁时的一种孤立主义的冷漠。这种人并不区分只容忍同类的专制独裁的宣传和信仰自由、多样性和分权制的民主主义的宣传。

和平主义的伴奏也贯穿了这一时期，在它的早期，经济也被视为裁军的一个理由。威拉德·M.基普林格在1929年7月29日的《时事通讯》(*News Letter*)中写道："感情用事的和平冲动与国内的口袋书联手合作，致力于强调战争的特性之一便是花费昂贵。"胡佛在很大程度上把大萧条的责任归咎到重整军备的头上，1930年春，他为伦敦海军会议所作出的努力而欢呼喝彩，此次会议任命了"战争政策委员会"，一年之后开会，听取了大量关于"从战争中牟利"的证词，连同对一场银行家阴谋的隐晦暗示，据说，这场阴谋由J. P.摩根领头，是1917年美国介入一战的主要原因。打那以后，关于战争让纳税人掏腰包的话题，便让位于战争让资本家大发横财的话题。1934年出现了一些书，像H. C.恩格尔布雷希特和F. C.哈尼根的《军火商》(*Merchants of Death*)和乔治·塞尔迪斯的《铁、血和利润》(*Iron, Blood, and Profits*)，还有《财富》杂志上一篇被广泛阅读的文章，题为《武器和人》(*Arms and the Men*)，以及参议院的一个特别委员会（由北达科他州的孤立主义者杰拉尔德·P.奈领头），都试图撬开第一次世界大战中牟取暴利的盖子。获取过高的利润最终得以确认，但是，奈竭尽全力要证明的命题——来自大企业的压力影响了威尔逊总统对战争所做的决定——在一大堆勤勉不懈地搜集起来的证据中却得不到证实。

1934年，出于对"外国纠缠"的反感，国会通过了《约翰逊法》，禁止拖欠美国债务的国家再次借债，考虑到南美的厦谷战争授权总统禁止销售武器给外国的交战各方。1935年，参议院再一次拒绝了国际法庭的成员身份，国会着手制定一系列中立法案的第一部。实际上，这一立法放弃了美国传统上对公海自由的主张，禁止武装商船，禁止借款给交战国或者向它们赊账，强制推行武器禁运——对侵略者和受害者一视同仁。

在老百姓当中，和平主义表现为多种形式——从20年代末女童军的制服由"军国主义的"土黄色改为灰绿色（这无疑是因为它们不会让人联想到德国人的"原野灰"），到全国教育协会1935年对奈参议员的雷鸣般的欢呼，以及接下来几乎一致投票谴责在由税收支持的学校中搞军训。妇女俱乐部发起了反对玩具兵的运动，有人建议废除阵亡战士纪念日连同它装饰军人坟墓的习惯做法。在纽约的一次和平游行中，人们扛着一幅挂着拐杖的独臂退伍军人的画像，冠以人们熟悉的征兵标题："军队造就男人。"一度，和平运动看来很有可能被左翼劳工组织和激进团体从中产阶级的、理想主义者的、并且主要是女性的手中给夺走，前者在法西斯主义中看到了资本主义最后的抵抗，在战争中看到了一个垂死秩序最后的抽搐。一个这样的组织、西奥多·德莱塞和厄普顿·辛克莱等人在1933年组建的"反战大会"不久就发展成了共产主

女人始终是反战的主力军

义者支持的"反对战争和法西斯主义联盟"。

　　神职人员满心悔恨地回忆起他们在1917年曾如何"举枪敬礼",如今有大量的人下定决心决不祝福另一场圣战。1931年,在19,000名新教牧师中所做的一项全国范围的调查显示,有12,000人相信,教会应该公开表示不赞成未来的任何战争,超过10,000人宣誓不支持或不积极参与任何一场战争。1934年的一次规模稍大一些的民意调查显示,四分之三的人希望他们所属的教派反对一切武装冲突,但是——这多少有些不合逻辑——只有不到一半的人谴责防御性的战争。

　　尽管战斗的正面冲击不可避免地要落在年轻人的身上,但这个群体,一方面倾向于把一切战争都看作是徒劳无益的,同时,其表现出来的迹象更多的是渴望避免和阻止战争,而不是坚定不移的和平主义。1935年1月,《文摘》杂志在大学生当中做过一次调查,结果显示,而25个人当中有21个人表示愿意打仗——如果国家遭到攻击的话,25个人当中愿意参与侵略别国的人不超过4个。两年之后,一次针对全国13,000个年轻人所做的民意调查揭示,三分之一的男性表示,如果宣战的话他们愿意当志愿兵,另有三分之一的人表示,如果强行征兵的话,他们会平静地应征,十二分之一的人只有在出现入侵威胁的时候才愿意当兵,另有十二分之一的人在任何环境下都会拒绝参军。女孩们纷纷宣布,她们打算劝阻自己的兄弟、情人或丈夫不要参军,反对战争的人有男性的两倍之多。

　　1937年10月,当总统放出一只试探性的气球,发表他的芝加哥演说,建议"封锁"世界和平的破坏者的时候,一次盖洛普民意调查显示,将近四分之三的美国人支持"勒德洛修正案",该修正案试图规定:除了在遭到入侵的时候之外,未经全民公决,国会不得宣战。然而,多亏了总统的强烈反对,以及来自像亨利·L. 史汀生这样一些具有国际意识的共和党人对他的道义支持,众议院才在1938年初以微弱多数搁置了这一议案。

　　与此同时,在地球的两侧爆发了两场恶战。1936年,一伙法西斯主义者在希特勒和墨索里尼的唆使下,由弗朗西斯科·佛朗哥领头,发动了一场叛乱,试图推翻合法的西班牙政府,后者从苏联那里得到的帮助太少,不足以扭转局势,但却足够离间美国的天主教教士团,并因此确保了华盛顿强有力地支持搞武器禁运,这实际上伤害了西班牙的共和政权。美国一些年轻的理想主义者和左翼分子纷纷加入到了西班牙自由主义的旗帜下,组成了"亚伯拉罕·林肯旅";支持西班牙共和政府的电影《战火中的西班牙》(*Spain in Flames*)的放映,激起了兴奋和控诉的浪潮;老百姓如今普遍都听说了"第五纵队"——从内部里应外合的佛朗哥军队的密探。

1937年7月日本发动全面侵华战争(图为日军进入北京城的情形)

注定要更直接地影响到美国的那场战争突然在东方爆发了。1931年,日本入侵中国东北;尽管胡佛的国务卿史汀生提出了抗议,但既没有引起来自英国的热烈响应,也没有引起国内民众的强烈关注。在试探了国际社会漠不关心的态度之后,1937年7月,日本发动了对中国的全面进攻。这一次,罗斯福政府又抗议了,很多大学女生纷纷抛弃了丝袜和连锁店,联合抵制日本的制造商;但这些姿态,跟美英两国的厂商加速销售石油和铁屑以喂养天皇的战争机器比起来,

第14章 与命运约会 311

The Great
Depression 美国大萧条

似乎是太软弱无力了。然而，1937年底，在美国炮艇"帕奈"号沉没之后，美国提出的要日本道歉并赔偿的要求立即有了结果，尽管全国防止战争委员会试图禁止放映描写这一事件的电影，因为对话"直接针对日本人，毫无疑问会起到唤起美国人怒气的作用"。同时，禁运的要求被白宫搁置起来了，1938年的一次民意调查显示了来自人民的肯定授权。

　　是事情的严酷逻辑，而不是民众的热情，把国家越来越近地拖向了战争。因此，尽管1938年10月的民意调查显示大多数人支持内维尔·张伯伦首相在慕尼黑达成的协议，尽管有更多的人同意：希特勒的要求是不公平的；但1939年的另一次抽样调查却显示，依然希望美国能够置身于另一场世界冲突之外的人刚刚超过五分之二。4月，总统向希特勒和墨索里尼发出了电报，代表邻国要求订立一份十年互不侵犯条约，但遭到了无声的轻蔑。8月底，那份出乎意料的

战争狂人希特勒把整个世界拖入一场灾难

以牺牲波兰为代价的《苏德互不侵犯条约》——这是一个比《慕尼黑协定》更加玩世不恭的绥靖政策的例证——执行了如此突然的转向，以至于其离心力把所有同路人都给猛地甩了出去。一周之后，希特勒入侵波兰，英国和法国向德国宣战，尽管除了道义上的声援之外，它们也无力给予更多的帮助。

"这个国家将依然是一个中立国，"在一次炉边谈话中，罗斯福这样告诉国民，"但我不可能要求每一个美国人在思想上也是中立的。就算是个中立者，他也有权考量事实。就算是个中立者，我们也不能要求他关闭自己的头脑，或自己的良心。"次年，出现了公众情绪的逐步动员——从"现金购买、自行装运"军备的政策（1939年11月的《中立法》的修订使之成为可能）所推行的仁慈中立，到迅猛增长的对遭到苏联进军的芬兰的同情热潮和经济援助，再到"向盟国提供除了战争之外的所有帮助"和"即使冒卷入战争的风险也要提供帮助"，正如盖洛普民意调查所显示的那样，这是大多数人在1940年底之前的愿望。总统通常会走在民意的前面——在某些步骤上还会走在国会的前面——并强化民意的表达。就连过去的事情，也被这场新燃起的大火所照亮，看上去更清楚了，盖洛普民意调查显示，在公众的历史判断的空前逆转中，认为美国曾错误地卷入了第一次世界大战的公民从1937年春的64%，下降到了1940年12月的39%。与此同时，到1940年10月，盖洛普民意调查显示，有90%的人支持对日本禁运所有供应品。

像参议员伯顿·K.惠勒和众议员汉密尔顿·菲什以及他们的朋友这样一些孤立主义者团结了起来，组建了"美国第一"委员会，继续大声疾呼，与此同时，在另一个极端，新闻记者和《现在联盟》（*Union Now*，1939）的作者克拉伦斯·斯特赖特的追随者们则鼓吹把北大西洋和斯堪的纳维亚地区的15个民主国家的主权合并为一个自卫联盟。在这个混乱的世界上，另一些人则更多地指望泛美地区的团结，而不是指望说英语民族的核心作用，他们很高兴罗斯福的"睦邻"政策在"扬基帝国主义"摇摇晃晃的桥墩上建起了看似经久耐用的友善之桥。考虑到这些已经改变了的关系，赫尔国务卿便能够在1940年7月公正地说：门罗主义的本质就是共同安全中的一根支柱，并不意味着对美洲各国的霸权。

他对形势所做的这个概括，有助于加强美洲国家间的谅解，其意义丝毫不亚于加拿大与美国之间的联合防御委员会的建立。9月，美国在北大西洋地区的责任，采取了更具体的形式，根据一项政府间的协议，美国获得了8个英国的军事基地，租借期99年，从纽芬兰一直延伸到英属几内亚，以交换50艘超龄的驱逐舰。1940年5月，当希特勒侵占荷兰和比利时的时候，威廉·艾伦·怀特领导的"援助盟军保卫美国委员会"组建成立，其名字所蕴含的逻辑被越来越多的人所赞成。又过了一个月，只剩下一个主要盟国在跟轴心国战斗，法国已经屈服于纳粹党人的闪电战。

用来保卫英国的军事物资的生产和美国的备战一起稳步上升。随着飞机制造厂的设备改造，拖拉机装配线转变成坦克和炮架的生产线，造船厂和精密仪器车间不停的轰鸣声，美国自己的战争潜力也被现代化了，被扩大了。此次英美合作在1941年3月11日的《租借法》中达到了一个重要的转折点，该法案承诺根据需求而非支付能力向轴心国的敌人提供物资。通过借款帮助中国、并最终在

援助英国的军事物资正在装运

1940年终止向日本输出高级汽油和废金属的试探性姿态尽管得到了民众的认可,但它所吸引到的关注度远不及大西洋彼岸的事件。

为响应日益加深的战争危险,WPA越来越转向如安置飞机和军需品工人、国民警卫队兵营、兵工厂和步枪靶场之类的计划,直到1941年10月,三分之一的WPA工人都在从事这样的工作。国防的需要,不可避免地使国债屡创新高,但作为一个抵销的因素,救济的需求倒是变得越来越少了。到1940年的初秋时节,在欧洲战争的头12个月里,联邦储备委员会的工业生产指数增长了将近7个百分点,大约200多万人在私营企业里找到了工作。一个不同的人力需求,源自美国第一个和平时期的《义务兵役法》(1940年9月16日签署)。几个月的时间里,服装制造商的广告便开始这样说:"军绿色是穿着入时的年轻人正在穿戴的流行色。"

又一个总统选举年所带来的兴奋骚动,增加到了上述这些征兆中。让有组织的共和党人感到懊恼的是,共和党全国大会屈服于民众的要求,提名温德尔·威尔基作为候选人,威尔基是一个精力充沛、认真热诚的印第安纳州人,在华尔街做律师,管理着一家大型公共事业公司,在与新政的方法(而不是它的理想)产生严重分歧之前,他一直是个民主党人。作为一个真诚的国际主义者,他并没有太多的理由跟政府作对,因此拒绝发动那种可能会导致国家分裂的论争。然而,当民主党人"计划"让罗斯福连任第三个任期的时候,威尔基便试图让这场选战成为一个有争论的问题,因为它打破了先例。作为罗斯福最具挑战性的竞争对手,威尔基以他简单、直率的理想主义,以及作为一个领袖人物迅速成长的能力,给数百万民众留下了深刻的印象。

然而,在危机时期越来越黑暗的天空下,共和党的国会议事录却远不如威尔基自己的立场那么清晰。1939年秋,对于废除武器禁运的议案,共和党参议员中,8人投了赞成票,15人投了反对票,而在众议院,共和党人的投票记录是21票赞成、153票反对。1940年,在威尔基强烈支持义务兵役制之后,共和党参议员当中8人投票支持这一措施，10人反对，共和党众议员的投票记录是52票赞成、112票反对。再往后，在选举得而复失之后，参议院的共和党人支持《租借法》的有10人，反对者17人，在众议院里有24人支持、135人反对。随着夏季的过去，尽管总参谋长乔治·C.马歇尔呼吁不要在危险的时刻毁了新建的美国军队，但只有7位共和党参议员投票支持延续义务兵役制，有13个人支持终结它，而在众议院，共和党人的投票分别是21票和133票，所以，这一至关重要的措施仅以203票赞成对202票反对勉强通过了。

多少有些惊讶地看着他们孵出的这位羽翼未丰的候选人，孤立主义占优势的共和党保守派越发觉得不安，因为对于政党的老板制来说，威尔基是不可预知的，而且明显是难以驾驭的。他还太嫩，或者说太理想主义，没法操纵核心集团政治以实现自己的目的，相比之下，罗斯福却越来越老练，学会了与泽西城的"老板"黑格、纽约市的埃德·弗林及其他坦慕尼协会成员和芝加哥的凯利—纳什团队结成权宜的（即使未必是过分讲究的）联盟。然而，威尔基的那些杂七杂八的支持者当中不可避免地包括：所有专门憎恨罗斯福的人，很多德裔美国人和患有恐英症的爱尔兰裔美国人，鱼龙混杂的库格林和道森的追随者，以及这个国家占压倒性多数的日报，加上心怀不满的约翰·L.刘易斯给这个少数派带来了大量的矿工。结果是决定性的——尽管不像1936年那么壮观。罗斯福2,700万张普选票赢了其对手的2,200万张，至于选举人票，罗斯福赢得了38个州的449张，对手只得到了10个州的82张。一项选举分析显示，最初有将近300万选民投票支持罗斯福，而支持威尔基的却只有190万张。

更重要的是，《财富》杂志所做的一项民意调查显示，跟选战高潮时所做的调查比起来，民族团结有了显著的增进；到11月初，依然把罗斯福视为一种威胁的悲观论者寥寥无几。尽管围绕战争与和平的大争论仍在继续，但大量的持不同政见者如今更紧密地团结起来了，以爱国主义的精神接受总统的领导。事实上，很多长期以来批评新政的保守分子都热诚地加入了支持总统的国际计划的行列。1939

罗斯福在国会上发表咨文（1941年）

到1941年之间，罗斯福几乎是不知不觉地从穷人的保护者过渡到了危机时期全体人民的代言人。

总统在1941年1月6日给国会的年度咨文中，清楚地表达了一个挑战性的信念："人的四项基本自由"——即言论自由、信仰自由、免于匮乏的自由和免于恐惧的自由——作为美国向法西斯主义进军的另一个路标。这年春天，美国扣留了所有停泊在国内港口的轴心国的船只，并先后在4月和7月分别把格陵兰岛和冰岛置于军事控制之下。6月，德国人击沉了美国货船"罗宾·摩尔"号，此事导致罗斯福宣布了"无限期的全国紧急状态"，接下来是对驱逐舰"格里特"号的攻击，罗斯福命令海军"见到纳粹潜艇就开火"。6月24日，在希特勒入侵俄罗斯、温斯顿·丘吉尔首相把轴心国的一切敌人称为英国的朋友之后，美国的《租借法》扩大到了苏联这样一个强国：在战争的紧急状态下，在对它顽强抵抗共同敌人的赞赏中，它的政治立即被抛诸脑后。

8月，罗斯福总统在海上会晤了丘吉尔首相，起草了《大西洋宪章》(Atlantic Charter)，提出了一些让人回想起威尔逊"十四条"的共同原则，他们把"让世界有一个更好未来的希望"建立在这些原则的基础之上。这些原则包括：不承认领土的扩张，所有民族有权选择他们的政府体制，公海自由，改善各地的劳工标准和社会保障，各国之间经济合作最充分的可能，以及一个"永久性的普遍安全体系"。美国人的全球教育正快步前进。1937年的一次盖洛普民意调查询问被调查者："你认为美国是否应该加入一个有权维护世界和平的国际组织？"结果显示，只有四分之一的人给出了肯定的回答；但是，到1941年，大约有五分之二的被调查者认为应该加入，次年的头几个月里，这个数字攀升到了五分之三。

官僚作风总是落在民意的后面，1941年夏，官方终于强制推行了针对日本的所有原材料的有效禁运，日本如今是公开宣称的轴心国成员，决心要征服法属印度支那。政府还冻结了日本人在美国的所有资产。11月，东京派出了它最八面玲珑、最玩世不恭的外交官来栖三郎，去华盛顿兜售绥靖政策，与此同时，日本军队加紧了对印度支那的严格控制，占领了泰国周围的入侵据点。诚然，这是一个黑暗的时刻，英国的后援及其航运在德国潜艇的攻击下一天天地消失，希特勒的陆军元帅埃尔温·隆美尔正在逼近苏伊士，纳粹党人已经到了莫斯科的大门口，日本正准备侵占她所奢望的"大东亚"。

只有世界上首屈一指的工业军事强国竭尽全力的参与，并在这个最大的民主国家实现各群体间的团结，才能阻止这场侵略洪水的泛滥。总统和他的人民都面临着要随时做出决定，但又不愿意产生更早的醒悟，孤立主义和长期争论似乎要阻止最后的投入。12月6日，罗斯福向裕仁提出了个人的呼吁，要求保护受到威胁的和平。第二天，日出之后不久，日本人的一支飞机编队——105架轰炸机和鱼雷飞机连同护航的战斗机——从航空母舰上起飞，出人意料地

烈火浓烟中的珍珠港

突然出现在夏威夷的上空。它们炸毁了停放在机场上的飞机、飞机棚、储油罐和主岛上的其他设施，随后便集中到了珍珠港，太平洋舰队的骄傲就停泊在那里。早在三小时的攻击结束之前，战列舰"亚利桑那"就已经葬身海底，在甲板上、轮机舱里、漂浮着汽油的水里以及正在燃烧的兵营里，共3,000多名水兵和军人被杀；"俄克拉何马"号、"加利福尼亚"号、"内华达"号和"西弗吉尼亚"号被倾覆了，或者再也没有修复的希望，再加上三艘驱逐舰、一些小船和一座巨大的浮船坞都悉数被毁。还有三艘战列舰和三艘巡洋舰，尽管严重受损，尽管现场177架飞机的被毁留给了侵略者一片几乎是干干净净的天空，但还是能够以猛烈的防空火力予以还击，结果是，美国遭受了其军事史上最大的羞辱——这次偷袭和损失惨重的失败，使整个国家陷入了白热化的愤怒当中，从而紧密团结成了一个整体。

在华盛顿，那是一个安息日，阳光灿烂得有些不合时宜。赫尔国务卿正准备接见日本大使兼特使来栖三郎，他那田纳西人的脾气，由于日本人的拖延战术，早已是怒火中烧。在白宫的椭圆形办公室里，总统刚享用完盘中的午餐，在开始对着他的集邮册愉快地

第14章 与命运约会　319

消磨一个小时的闲暇时光之前,他跟哈里·L.霍普金斯聊了一会儿天,正在这时,电话铃响了。海军部长弗兰克·诺克斯手里拿着一份在马雷岛截获的给舰队的电报,语调平和地说:"总统先生,看来日本人好像进攻了珍珠港……""不可能!"总统满腹狐疑地叫了起来。接下来的几句话便把所有的怀疑都一扫而空。霍普金斯预想着他的千百万同胞的想法,嘟哝道:"果然如此。"

对社会正义的追求又一次被另一场世界大战的紧迫需要所吞噬。

缩写对照表

AAA	Agricultural Adjustment Act	《农业调整法》
AAAS	American Association for the Advancement of Science	美国科学促进会
AFL	American Federation of Labor	美国劳工联合会
CBS	Columbia Broadcasting System	哥伦比亚广播公司
CCC	Civilian Conservation Corps	民间资源保护队
CIO	Congress of Industrial Organizations	产业工会联合会
CWA	Civil Works Administration	民用工程署
FCA	Farm Credit Administration	农业信贷管理局
FERA	Federal Emergency Relief Administration	联邦紧急救济署
FHA	Federal Housing Authority	联邦住宅管理局
FLSA	Fair Labor Standards Act	《公平劳动标准法》
FSA	Farm Security Administration	农业保障局
FSA	Federal Security Agency	联邦保障局
HOLC	Home Owners' Loan Corporation	房主贷款公司
ICC	Interstate Commerce Commission	州际贸易委员会
MBS	Mutual Broadcasting System	相互广播公司
NBC	National Broadcasting Company	全国广播公司
NLRB	National Labor Relations Board	全国劳资关系委员会
NRA	National Recovery Administration	国家复兴署
NRC	National Resources Committee	国家资源委员会
NYA	National Youth Administration	全国青年事务局
PWA	Public Works Administration	公共工程署
REA	Rural Electrification Administration	农村电气化管理局
RFC	Reconstruction Finance Corporation	复兴金融公司
TVA	Tennessee Valley Authority	田纳西流域管理局
USHA	United States Housing Authority	美国住房管理局
WPA	Works Progress Administration	公共事业振兴署